墨香财经学术文库

"十二五"辽宁省重点图书出版规划项目

The Study on Formation

and Effects of Economic Agglomeration

经济集聚的形成
与效应研究

王晓硕 ◎著

东北财经大学出版社
Dongbei University of Finance & Economics Press

大连

图书在版编目（CIP）数据

经济集聚的形成与效应研究 / 王晓硕著. 一大连：东北财经大学出版社，
2016.5

（墨香财经学术文库）

ISBN 978-7-5654-2291-1

Ⅰ．经… Ⅱ．王… Ⅲ．产业经济-区域经济发展-研究-中国 Ⅳ．F127

中国版本图书馆CIP数据核字〔2016〕第072769号

东北财经大学出版社出版发行

大连市黑石礁尖山街217号 邮政编码 116025

教学支持：（0411）84710309
营 销 部：（0411）84710711
总 编 室：（0411）84710523
网 址：http：//www.dufep.cn
读者信箱：dufep @ dufe.edu.cn

大连住友彩色印刷有限公司印刷

幅面尺寸：170mm×240mm 字数：214千字 印张：15 插页：1
2016年5月第1版 2016年5月第1次印刷
责任编辑：李 彬 王 斌 责任校对：那 欣 王 娟 惠恩乐
封面设计：冀贵收 版式设计：钟福建
定价：42.00元

前　言

　　回顾工业革命以来的人类社会发展历史，可以发现广泛存在的两个事实：其一，从时间的维度上观察，经济产出表现出了持续增长的趋势；其二，从空间（或经济地理）的维度观察，经济活动总是向小范围集聚而不是均匀分散。改革开放以来，中国逐步形成了以东部沿海地区为"中心"，以中西部为"外围"的经济格局。经济集聚的形成对中国经济的高速发展产生了巨大的推动效应，同时也造成了地区间经济差异的扩大。在这一背景下，研究经济集聚的形成与经济集聚效应，对于中国经济可持续增长与区域间的平衡发展具有十分重要的意义。

　　本书以新经济地理学理论为基础，从城市、产业和区域不同层面对于中国地区所呈现出的以东部沿海地区为"中心"，以中西部为"外围"的经济集聚现象的形成和由此所产生的经济增长效应、工资效应进行了详细的刻画和检验，并在此基础上提出可行性的政策建议。

　　首先，本书从城市和产业（选择服务业为研究对象）的层面上，对经济集聚的形成进行了研究。

　　关于城市集聚规模的形成研究，考虑了房价水平和差异化产品分布两个影响要素，其中重点考察了房价水平。研究动机是，在中国城乡和区域协调发展的问题中，有一些问题是很重要的：最优的城市规模是多大？像上海、北京、天津这样规模的大城市应该有多大，是应该放宽对大城市规模的政策控制，还是应该顺应其自然的发展？合理的城市布局是怎样的？是应该发展东部沿海地区的大型城市圈，还是兼顾地区差异而将大城市分散化？因此，研究城市集聚规模的形成是很重要的一个问题。进一步，随着经济的发展，除了劳动力成本的不断上涨，环境资源的约束（特别是土地资源的稀缺），使得在东部沿海城市中，房价因素在决定城市集聚规模的作用机制中起到了日益重要的作用。

关于服务业集聚的形成研究，从理论框架上对服务业集聚的影响因素进行了分析，然后从区域和行业两个方面，分别考察了服务业在区域间的集聚和服务业不同行业（14 个行业）的集聚。研究动机是，利用新经济地理学理论的检验多集中在制造业领域，特别是有关中国数据的检验。这主要是源于：相对于农业和服务业而言，制造业有更强的流动性，可以在地区间转移，故集聚效应最为显著。随着世界经济从"工业经济"向"服务经济"转变，特别是生产性服务业逐渐从制造业中分离出来，服务业的集聚效应日益显现。然而，服务业集聚机制方面的系统研究和完整分析框架的建立仍然很缺乏，同时测度产业集聚的指标仍然多用于制造业，对于服务业空间集聚趋势的综合而全面的测度仍然很少。

接下来，本书从地区的层面上，对经济集聚的效应（经济增长效应和工资效应）进行了研究。

关于经济增长效应的研究，检验了经济集聚对于地区经济增长的门槛效应，即检验了 Williamson 的"倒 U 形假说"和 Krugman & Elizondo 的"开放性假说"。研究动机是，在经济集聚的过程中，不可避免地会面临"效率"和"公平"的问题：放弃东部沿海地区的集聚优势，就会丧失"效率"，难以实现中国经济的可持续发展，然而一味地追求集聚效应，又可能造成中国城乡和地区间的巨大差异。那么，在经济的不同发展过程中，怎样正确看待"效率"和"公平"呢？Williamson 的"倒 U 形假说"和 Krugman & Elizondo 提出的"封闭经济较开放经济更容易受到内部地理（集聚）的影响"的"开放性假说"均指出：经济的空间集聚和经济增长之间的联系不是一种简单的、具有普遍性的规律，而是存在非线性的影响。因此，对两个假说中非线性关系的检验，对于正确认识经济发展过程中的"效率"和"公平"问题有着重要的意义。

关于工资效应的研究，将新经济地理学中经典工资方程推广到多区域，然后检验了两种不同的外部性——金融外部性（采用市场潜能指标）和技术外部性（采用非农就业密度指标）所产生的工资效应。在对外开放的背景下，将市场潜能细分为三种类型，更进一步地检验了国外市场潜能和国内市场潜能是否具有替代关系，即检验了市场范围和分工模式之间的关系。研究动机是，随着贸易的自由化，如果市场范围是重要的，那么国外市场和国内市场就是相互替代的，对外贸易可以弥补国内市场狭小的不足。从这个意义上来说，可以减弱国内市场的重要性，地区间的差距可以得到缓解；如果分工模式是重要的，国外市场和国内市场并没有替代的关系，此时如果盲目地发展一些并非适合本地优势的产业，就会出现地区间的重复建设，这种分割市场的做法会阻碍集聚效应的发挥，由于"中心"地区可以借助国外市场的需求来进行弥补，因此这种做法下"外围"地区的损失更大，会进一步加大地区间的差距。

本书共分为 7 章，各章的主要内容和研究结论如下：

第 1 章主要介绍选题的意义，研究方法、思路以及研究内容和结构。

第 2 章是集聚机制和新经济地理学的理论综述，为本书的研究提供理论基础。

第 3 章和第 4 章是经济集聚的形成研究。第 3 章是关于城市集聚规模的形成研究，利用推广到多区域的 Krugman-Helpman 模型以及相对房价与相对就业关系模型，使用广义矩估计方法，对中国长三角、珠三角和环渤海地区的房价水平、差异化产品分布对城市集聚规模的形成进行了检验。对于城市的经济集聚规模的测度，是通过模型中所推导出的修改后的市场潜能函数中"非黑洞条件"的检验体现出来的。检验结果满足"非黑洞条件"，即东部沿海地区的城市体系出现了"扁平化"的形态，房价的上涨的确抑制了城市集聚规模，东部沿海地区各个城市经济集聚规模之间的差异有所减小。

第 4 章是服务业集聚的形成研究，在新经济地理学和城市经济学等经济理论研究的基础上，对服务业空间集聚（特别是生产性服务业）的影响因素进行了理论上的分析。接着采用全域专业化指数、产业平均集中率和服务业中心值研究了服务业在区域间集聚的形成；采用空间基尼系数、SP 指数和偏离份额分析法等研究了服务业不同行业集聚的形成。研究结果显示：服务业在区域间的集聚主要是集中在东部沿海地区，同时伴随着其他地区服务业的萎缩。服务业不同行业的集聚呈现不同的特点，从偏离份额分析的结果来看，绝大部分的服务行业在东部沿海地区都显示出了较强的竞争优势。

第 5 章和第 6 章是经济集聚效应的研究。第 5 章是经济集聚增长效应的研究，本章对经济集聚与经济增长关系的理论研究和实证研究做了文献综述，利用中国 30 个省（自治区、直辖市）的面板数据，对于经济集聚与区域经济增长关系的门槛效应进行了检验，由于对经济变量的非线性效应采用外生分组和单纯引入交互项的方法都无法内生地确定门槛值的大小，所以本章的模型构建在 Hansen 的面板数据门槛模型基础之上。本章主要检验了 Williamson 的"倒 U 形假说"、Krugman & Elizondo 的"开放性假说"以及经济集聚自身的门槛效应。结果显示：经济集聚所带来的增长效应有所减小，但是经济集聚对经济增长的影响仍为正效应，即仍处于 Williamson "倒 U 形"曲线的左侧；贸易自由度较高的地区较贸易自由度较低的封闭地区，经济集聚对于经济增长的正向促进作用有所减小，这个结果符合 Krugman & Elizondo 的"开放性假说"；非农就业密度自身的双重门槛效应显著。

第 6 章是经济集聚工资效应的研究，利用推广到多区域的经典工资方程，使用中国 2000—2011 年 30 个省（自治区、直辖市）的面板数据，检验了各种类型的市场潜能（金融外部性）、非农就业密度（技术外部性）和地区工资的关系。实证结果显示：无论是全国样本还是东部、中西部的分样本，国内市场潜能对地区工资的正向效应都是十分显著的，用非农就业密度度量的技术外部性对地区工资具有"门槛"效应；在全国和东部地区样本中，国外市场潜能和国内市场潜能的交互项为负，表明两者具有替代关系，但是该结论在中西部地区不成立。

第 7 章对本书的主要观点、结论和创新点进行了总结，并在此基础上提出了政策建议，最后指出了本书研究的不足和未来进一步研究的方向。

本书得到国家社会科学基金重大项目"新常态下我国宏观经济监测和预测研究"（15ZDA011）和辽宁省特聘教授（2012）的资助。

本书在撰著过程中得到我的博士导师东北财经大学王维国教授的悉心指导，他给予我的帮助令我终生难忘，在此表示最诚挚的谢意。我要感谢东北财经大学学科建设处陈磊教授，经济学院高铁梅教授、佟孟华教授，数学学院王雪标教授、吕延方副教授等专家的大力帮助，对东北财经大学出版社田世忠社长的帮助表示由衷的感谢，对出版社编辑们付出大量辛勤的劳动表示真诚的谢意！感谢我的硕士导师杜瑞芝教授，她对我的教导和母亲般的关怀让我永生难忘。东北财经大学数学学院的领导、老师在工作和学习上给予了我有力的支持和帮助，他们承担了大量的教学工作，并用各种方式帮助我、支持我、鼓励我，在此深表谢意！

感谢我的家人，他们给予了我全力的支持与无限的爱。

由于本人学识水平有限，书中难免有错漏与不妥之处，诚恳地欢迎同行专家和读者批评指正，提出宝贵意见。

作　者
2016年1月

目　录

第1章 绪 论

1.1 研究背景

经济活动最突出的特征是什么？著名经济学家、新经济地理学的开创者 Krugman 在 1991 年的《地理和贸易》中的回答简洁而明确：是"集中"。集聚，又名（空间）聚集，英文为"Spatial Agglomeration"。《简明牛津地理学辞典》解释为"产业、资本、人口向空间的集中"。回顾工业革命以来的人类发展，可以发现广泛存在的两个典型事实：其一，从时间的维度上观察，经济产出表现出了持续增长的趋势；其二，从空间（或经济地理①）的维度观察，经济活动总是向小范围集聚而不是均匀分散。

---

① 经济地理或称地理经济、空间经济、区域经济，泛指人类经济的空间组织。Krugman 所定义的经济地理，是指"生产的空间区位"，它研究经济活动发生在何处且为什么发生在此处。Krugman 同时给出了研究经济地理的三个理由：第一，国家内部的经济活动的区位研究本来就是一个很重要的主题；第二，在一些重要的情形中，国际经济学和区域经济学之间的界限变得很模糊；第三，经济地理为新贸易理论、新增长理论等提供了一个思想和实证的实验室（Fujita & Krugman，2004）。第一性地理适用于解释重工业等受自然环境影响的经济活动的集聚。第二性地理适用于解释诸如东京、硅谷等现象。经济地理研究的目的就是当控制了第一性地理后，到底是何种经济力量可以用来解释第二性地理（Ottaviano & Thisse，2003）。

　　藤田昌久、雅克-弗朗科斯·蒂斯（2004）[1]指出："经济理论的意义在于它能够解释经济现实。一个不容置疑的经济现实是，经济体系当中都普遍存在着"簇群"（Clusters）或产业集聚的现象（簇群就是位于某个地方，在特定领域内获得不同寻常的竞争胜利的集合，是集聚的一种类型）。例如，纽约、东京等国际大都会的出现，欧洲及亚洲产业带的形成等等。还有，为什么在波士顿找到一家世界级的共同基金的可能性要远远高于其他任何地方呢？为什么在德国南部找到高品质的汽车公司或者在意大利北部找到生产时尚鞋的可能性同样远远高于其他地方呢？事实上，尽管这些集聚现象规模不同并且形式各异，但是它们的确是每个国家国民经济、区域经济甚至都市经济的一个显著的共同特征。我们甚至可以说，集聚现象支配着当今的世界经济地图。"

　　在不同的地理尺度上，集聚现象都非常显著。从世界范围来看，经济社会的人口、就业和收入等现象在空间分布上是不平衡的。从大范围来说，这些不平衡存在于不同的国家和地区之间；从小范围来说，这些不平衡存在于城市、小镇，甚至商业区和工业区之间。由此可见，经济集聚的概念非常清晰地反映了真实世界的情形。纵观世界经济的发展历史，就会发现经济的空间集聚是一种普遍存在的、世界性的经济现象：世界主要产业活动总是趋于共同的特定区位；世界主要工业制成品也大多在数量有限、高度集中的工业核心区生产；而且这种地理上的集中趋势并没有随着经济全球化的到来而有所减缓，相反呈现出愈演愈烈的趋势。正如一些历史学家和发展理论学家们所注意到的那样，经济增长已经趋于区域化。

　　在世界层面上，经济集聚的一个最极端的例子就是世界经济的南北分化现象。

　　在国家层面上，以日本为例[2]，日本位于亚洲东部的太平洋上，人口数量约为1.26亿（2012年），占整个东亚人口（约16亿）的比重约为7.87%，国土面积377 835平方公里，占整个东亚面积的比重约为

---

① 引自译者序。
② 引自百度百科（http://baike.baidu.com/view/1554.htm）。

3.5%。日本工业的特点是现代化程度高，对外依赖性大，分布偏于"三湾一海"（东京湾、伊势湾、大阪湾、濑户内海）地区。据统计，2012 年日本的 GDP 为 5.984 万亿美元，占整个东亚 GDP 的比重为37.2%，因此日本国民拥有极高的生活质量，日本是全球最富裕、经济最发达和生活水平最高的国家之一。

即使在同一个国家内，也存在严重的经济集聚现象和由此引发的严重的地区差别。以韩国为例[①]，首都首尔是韩国最大的城市，也是世界性的国际化大都市。虽然首尔的面积仅占韩国国土面积的 0.6%，但首尔的 GDP 却占韩国 GDP 的 21%。同时，首尔还集中了韩国的各种企业总数的 29.7%，金融、机关、商店总数的 41.6%，批发零售额的 37.4%。在中国，这种地区层面上的集聚和经济差距现象也有很多。以长三角地区（以上海为龙头的江苏、浙江经济带）为例[②]，这里是中国经济发展速度最快、经济总量规模最大、最具有发展潜力的经济板块。2004 年的统计数据表明，长三角地区土地占全国的 1%，人口占全国的 5.8%，却创造了 18.7%的国内生产总值、全国 22%的财政收入和 18.4%的外贸出口。2010 年，长三角地区的国内生产总值已超 1.6 万亿元，位列全国第一。在"长三角"这个都市圈里，作为经济发展主力军的企业独领风骚。这里集中了近半数的全国经济百强县，聚集着 100 多个年工业产值超过 100 亿元的产业园区，还有包括万向集团、金山石化、扬子乙烯、大众汽车、上海贝尔、东方通信等在内的数千家巨人型企业。

另一种经济集聚尺度可以反映在城市和区域的专业化和多样性方面，一些城市或区域会专注于某些特定的产业，而另一些城市和区域的产业却是高度多样化的，即在城市和区域的层面上存在着规模大小和活动配置的巨大差异。例如[③]，美国的硅谷是世界上第一个专业化的研究园，20 世纪 70 年代的半导体、80 年代的 PC、90 年代的Internet 都发生在硅谷。硅谷的桑德希尔大道是世界上最大的风险投资

---

① 引自百度百科（http://baike.baidu.com/view/4005.htm?subLemmaId=9376484&fromId=269075）。
② 引自百度百科（http://baike.baidu.com/view/48994.htm?fromId=181899&redirected=seachword）。
③ 参见梁琦. 产业集聚论[M]. 北京：商务印书馆，2006：151-153.

资金中心。再比如，美国的波士顿128公路、北卡三角研究园，英国的剑桥科学园，法国的法兰西科学城、索菲亚安蒂波利斯科技城。在中国，以台湾的新竹为例：新竹是一个多样化高新技术园区的典型例子，从1982年发展至今，逐步形成了六大支柱产业（集成电路产业、电脑及周边产业、通信产业、光电产业、精密机械产业和生物技术产业）。还有北京的中关村科技园区，它依赖信息产业起家，经过20多年的发展建设，已经聚集了以联想、百度为代表的高新技术企业近2万家，形成了以下一代互联网、移动互联网和新一代移动通信、卫星应用、生物和健康、节能环保以及轨道交通等六大优势产业集群以及集成电路、新材料、高端装备与通用航空、新能源和新能源汽车等四大潜力产业集群为代表的高新技术产业集群和高端发展的现代服务业，构建了"一区多园"各具特色的发展格局，成为首都跨行政区的高端产业功能区。与之相反的是，对于一些传统、成熟性行业，产业集聚更容易形成地方专业化。例如浙江的嵊州，全市共有领带企业1900多家，从业人员5万多人，年产领带近3亿条，占全国的90%，世界的40%，被浙江省人民政府命名为"21世纪国际性领带都市"①。再例如，海宁的皮装、柳市的低压电器、戴南的不锈钢，这些成熟型产业集聚，重要的是市场信息的共享，而不是缄默知识的共享。

集聚尺度的另一个极端，可以体现在城市中心的大的商业区的建立，例如，东京的银座区、伦敦的梭霍区、北京的王府井商业区、天津的和平路、上海的南京路等。

以上典型事实所反映的经济活动在空间中的集聚现象，也从侧面反映了世界范围内的高收入国家或地区往往"抱团"在空间上集聚的特点。

中国地域辽阔，各个区域发展不平衡的现象更是十分显著，表1-1给出了2011年中国东部、中部、西部和东北地区在人口、人均GDP、产业、固定资产投资方面的基本情况。

---

① 引自百度百科（http://baike.baidu.com/view/143309.htm）。

表 1-1　　　2011 年中国按四大区域划分下的基本经济指标

	东部	中部	西部	东北
土地面积占全国比重（%）	9.5	10.7	71.5	8.2
人口占全国比重（%）	38.1	26.7	27	8.2
全社会固定资产投资占全国比重（%）	42.6	23.2	23.6	10.7
出口额占全国比重（%）	85.5	4.9	5.7	3.9
人均 GDP（元）	53 350	29 229	27 731	41 400
第一产业 GDP 占全国比重（%）	35.6	27.2	26.9	10.3
第二产业 GDP 占全国比重（%）	50.3	21.2	19.3	9.1
第三产业 GDP 占全国比重（%）	57.9	17	17.3	7.8

资料来源　中华人民共和国国家统计局.中国统计年鉴[M].北京：中国统计出版社，2011.

由表 1-1 可以看到，东部地区人口密度最高，固定资产投资的比重最大，出口额比重最大，三大产业 GDP 的比重最大，其中服务业的比重最高，达到了 57.9%。较高的人口密度，决定了东部地区具备较高的市场需求，根据新经济地理学的观点，企业为了运输成本的最小化，一般会定位于消费者市场大的地方；反过来，企业在大市场的经营利润得到了提高，工人的工资也会得到相应的提高，这样就会刺激工人的消费，从而市场需求又进一步得到了提高，这种逻辑符合"循环积累因果律"所强调的特点。当然，当人口密度过高时，也会出现一系列的负面影响，即加大集聚过程中的离心力。较高的出口比重进一步加剧了产业向东部地区的集聚。较高的投资比重，奠定了东部地区经济可持续发展的基础。在这种人口集聚、投资集聚、产业集聚以及对外开放水平较高的背景下，东部地区相应的人均 GDP 的水平也是遥遥领先于其余三个地区，达到了 53 350 元。西部地区的人口密度最小，相应的市场需求也小。经济在人口、投资、产业方面的集聚，通过本地市场效应和前后关联效应所带来的循环累积因果效应的作用下，中国东部沿海地区已经形成了新经济地理学意义下的"中心"，而其他地区则形成了"外围"。

表 1-1 中东部地区之所以成为"中心"地区，与该地区的产业结构有着密切的关系。图 1-1 和图 1-2 给出了 2003 年和 2011 年五大区域第二产业和第三产业的产业平均集中率的比较。

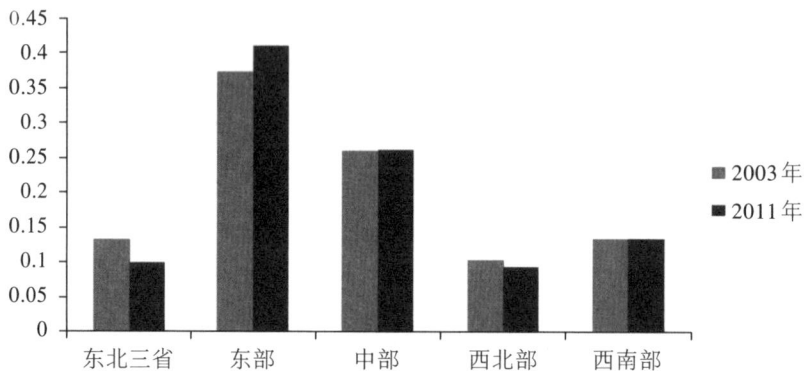

图 1-1　2003 年和 2011 年五大区域第二产业的产业平均集中率

资料来源　根据《中国统计年鉴》数据整理计算得到。

从图 1-1 中可以发现，2011 年，东部地区的第二产业的产业平均集中率达到了 41%，涨幅为 4%，中部和西南部的第二产业平均集中率分别达到了 26.1%、13.4%，均有小幅度的上涨；东北三省和西北部地区的第二产业平均集中率约为 9.9%、9.3%，且均有一定幅度的下降，其中东北三省的下降幅度较大，为 3.31%。

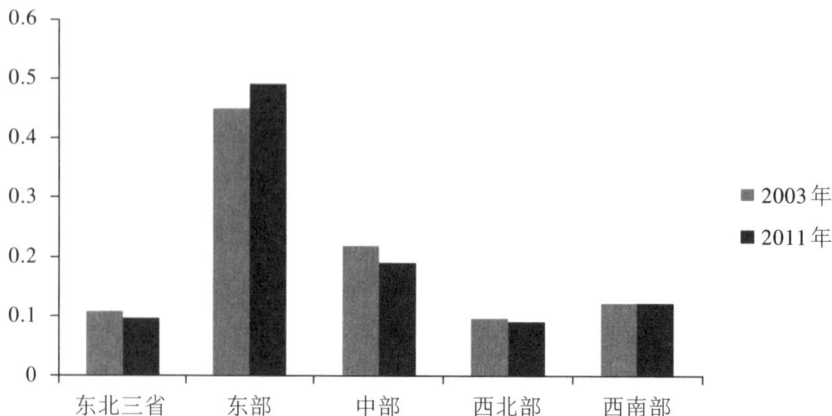

图 1-2　2003 年和 2011 年五大区域第三产业的产业平均集中率

资料来源　根据《中国统计年鉴》数据整理计算得到。

从图 1-2 中可以发现，2011 年，东部地区的第三产业的产业平均集中率达到了 49.2%，涨幅为 9%，西南部的第三产业平均集中率分别达到了 12.4%，且有小幅度的上涨；东北三省、中部和西北部地区的第三产业平均集中率约为 9.7%、19.2% 和 9.2%，且均有一定幅度的下降，其中中部的下降幅度较大，约为 12.3%。

由此可见，东部沿海地区的服务业和工业的增长是以中西部地区相应产业的萎缩为代价的，尤其是服务业，这种以东部为"中心"、其他区域为"外围"的模式则更加明显。中国内地这种"中心-外围"模式势必造成地区间经济差距进一步扩大。图 1-3 中的基尼系数走势显示：20 年以来，地区差距的总体趋势是缓慢上升，1998—2000 年地区差距缩小较为显著，此后基尼系数处于相对平稳的上升之中。图 1-4 给出了三大产业对总基尼系数的贡献率，其中第二产业的贡献率最大，其次是第三产业，贡献率最小的是第一产业。1990—2009 年，第一产业和第二产业的贡献率均出现了下降的趋势，其中第二产业表现出了 20.6% 的下降幅度，不过第二产业的地区差异仍然是中国地区间总体差距的决定性因素；第三产业的贡献率出现了上涨的趋势，其上涨的幅度为 58.3%，到 2009 年，第三产业的地区差异对中国地区间总体差距的贡献率已经十分接近于第二产业。综上可以看到：通过地区收入来计算的 30 个省（自治区、直辖市）的总体基尼系数刻画了中国地区间差距不断扩大，但是扩大的趋势出现了减缓的事实，而且三大产业中，尽管

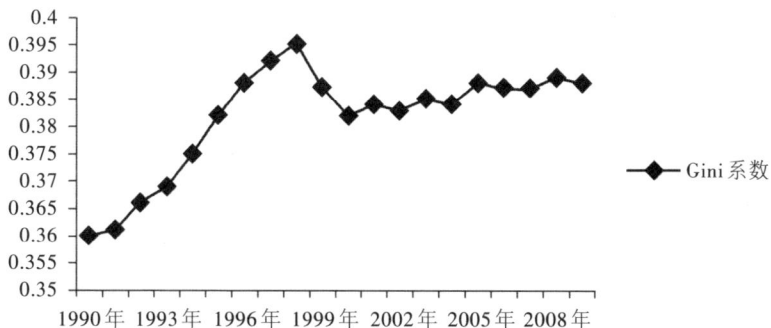

图 1-3 1990—2009 年 30 个省（自治区、直辖市）收入的基尼系数走势

资料来源 周明，黄慧.中国地区经济差距演变及其结构分解：1990—2009[J].统计与决策，2012（16）.

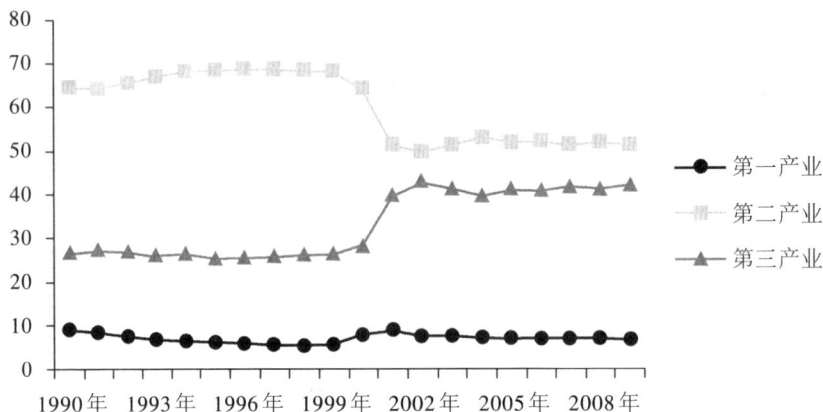

图 1-4　1990—2009 年 30 个省（自治区、直辖市）三大产业对总基尼系数的贡献率

资料来源　根据周明、黄慧（2012）的数据绘制得到。

第二产业仍然对于解释地区间的差异具有最主要的影响力，但是第三产业对于地区差距的影响力已经不容小视，且影响也是日益深远。

按照新古典经济学的理论，随着全球经济一体化的深入，要素的流动性更强，经济水平和劳动力的报酬（即工资）应该呈现出逐渐收敛趋势，然而这种情况在现实世界中出现了很多与之相矛盾的地方。例如，为什么有些经济落后的国家或者是该国家中的某些地区实现了经济水平的提高，并缩小了与发达国家或发达地区的差距，而另一些落后国家或者是该国家内的某些地区的经济水平却始终处于落后的阶段。新古典经济学的理论是建立在完全竞争和规模报酬不变的假设之上的，这个假设越来越脱离现实的世界。此外，新古典经济学模型中的投入和产出的关系好似一个"黑箱"，不能清晰地了解到经济增长的内在机制是怎样运作的，因此新古典增长理论的框架是有待完善和改进的。最为重要的是，"空间"因素一直被新古典经济学等主流理论排除在外。正如新经济地理学所表明的那样，现实中存在的收益递增规律让空间概念变得越来越重要，那么排除了空间维度的理论怎么来恰当地解释现实世界中无所不在的"收益递增"的现象呢？

空间因素又为什么一直难以登上主流经济学的大雅之堂呢？Krugman（1997）给出了直观的说明：

"为什么有些思想能被接受，而有些则不能？对于熟知经济学的人来说，道理显而易见，只有那些可以模型化的思想才是可以被经济学家们所重视的。一个经过适当模型化的思想对于经济学家的意义就如同一位 18 世纪的绘图工匠得到一个经过正确勘查的地区。"

正是由于经济学理论和方法长期滞后于解决复杂经济地理问题的需要，即难以用严谨的数学模型表达经济地理，因而对经济地理的研究一直被排除在主流经济之外。这种"休眠"的状态一种持续到 20 世纪 90 年代初期，正如前面所述，新经济地理学的开创者 Krugman 倡导了空间经济学向主流经济学领域的回归，他利用迪克西特（Dixit）和斯蒂格利茨（Stiglitz）建立的垄断竞争模型（D-S 模型），阐述了经济集聚形成过程中规模经济、多样化偏好和运输成本之间的相互作用。此后藤田昌久（Fujita）、维纳布尔斯（Venables）也加入行列，利用对这种机制的分析来探讨区域经济增长的规律与途径。新经济地理学的目标就是发明一种建模方法、一个讲述故事的机制，以便人们很方便地谈论使经济活动集聚的向心力和使经济活动分散的离心力，很清楚地理解经济活动的地理结构和空间分布是怎样在这两股力量的相互作用下形成的。近年来新经济地理学家们又进行了把原来的静态模型动态化的努力，试图把经济增长和空间集聚放到一个统一的框架下进行研究，并且取得了一系列的研究成果。这为本书从新经济地理学的视角去解释中国的经济集聚和地区经济差异提供了坚实的理论基础①。

1.2 研究目的和意义

改革开放以来，中国逐步形成了以东部沿海地区为"中心"、以中西部为"外围"的经济格局。经济集聚的形成对中国经济的高速发展产生了巨大的推动效应，同时也造成了地区间经济差异的扩大。在这一背景下，研究经济集聚的形成与经济集聚效应，对于中国经济可持续增长与区域间的平衡发展具有十分重要的意义。

---

① 藤田昌久，克鲁格曼，维纳布尔斯.空间经济学：城市、区域与国际贸易[M].梁琦，译.北京：中国人民大学出版社，2005：7.

本书以新经济地理学理论为基础，从城市、产业和区域不同层面对于中国地区所呈现出的以东部沿海地区为"中心"、以中西部为"外围"的经济集聚现象的形成和由此所产生的经济增长效应、工资效应进行了详细的刻画和检验，并在此基础上提出具有可行性的政策建议。

1.3　研究思路和方法

本书研究的基本思路是：首先对于新经济地理理论以及集聚机制进行了综述，并作为研究的理论基础，然后对理论模型进行实证上的检验，使用了现代计量经济分析技术，如广义矩估计、面板门槛模型估计方法、指数分析法等，对于经济集聚现象的形成和由此产生的经济增长效应、工资效应进行了详细的刻画和检验，并在此基础上提出具有可行性的政策建议。

在研究方法上，本书主要运用实证分析方法，利用中国城市、产业和区域层面上的数据，对于经济集聚的形成与经济集聚效应进行了详尽的定量分析。考虑到中国土地资源稀缺的现实，本书重点考察了房价水平对于城市集聚规模的影响。关于服务业集聚的形成研究，为了更加全面和综合地分析，本书从区域和行业两个角度，研究了服务业在区域间集聚的形成和服务业不同行业集聚的形成。关于经济集聚的增长效应研究，Williamson 的"倒 U 形假说"和 Krugman & Elizondo 的"开放性假说"都指出经济集聚对于经济增长存在着非线性的影响，本书利用Hansen 的面板门槛模型对两个假说进行了检验。关于经济集聚的工资效应研究，本书从经济集聚产生的外部性角度，同时考虑了市场潜能（金融外部性）和非农就业密度（技术外部性）对职工平均工资的影响。在对外开放的背景下，本书将市场潜能细分为三种类型，更进一步地检验了国外市场潜能和国内市场潜能是否具有替代关系，即检验了市场范围和分工模式之间的关系。除了实证分析的方法，本书也采用规范分析的方法，即除了回答"是什么"的问题，而且通过对"是什么"问题的研究，最终解决"应该怎样"的问题。但是两种方法相比较而言，本书更偏重于实证分析。

1.4　研究内容和结构

本书以新经济地理理论为基础，以数理经济学和计量经济分析方法为研究工具，图 1-5 给出了本书的研究框架。

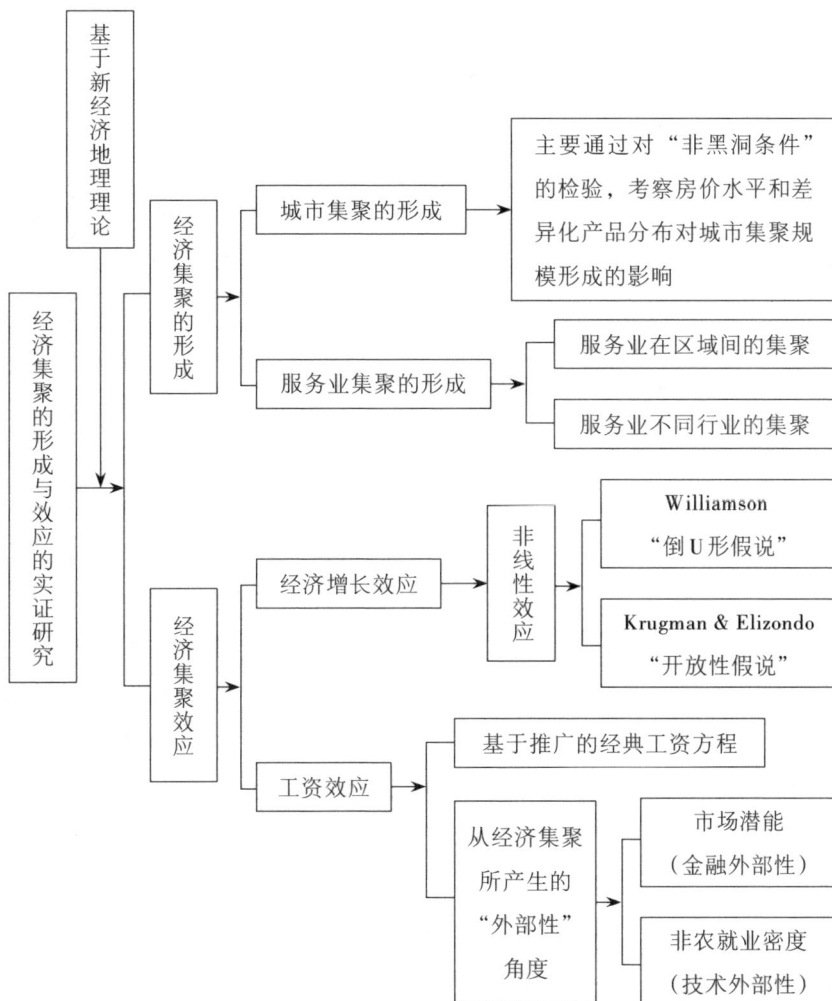

图 1-5　本书的总体研究框架

根据前面的研究框架，本书共分为 7 章，各章的主要内容如下：

第 1 章是绪论，主要介绍选题的动机、意义和研究背景。最后，给出了全书的结构安排。

第 2 章是集聚机制和新经济地理学的理论综述，介绍了集聚理论的发展脉络以及新经济地理学对于集聚现象进行刻画的经典模型，即"中心-外围"模型（简称 CP 模型）的一般均衡分析的逻辑。最后，对于新经济地理学各种类型的关联效应的理论模型进行了综述。这些都是本书进行研究的理论基础。

第 3 章是城市集聚规模的形成研究，利用推广到多区域的 Krugman-Helpman 模型以及相对房价与相对就业关系模型，使用广义矩估计方法，对中国长三角、珠三角和环渤海地区的房价水平、差异化产品分布对城市集聚规模的形成进行了检验。对于城市的经济集聚规模的测度，是通过模型中所推导出的修改后的市场潜能函数中"非黑洞条件"的检验体现出来的。

第 4 章是服务业集聚的形成研究，在新经济地理学和城市经济学等经济理论研究的基础上，对于服务业空间集聚（特别是生产性服务业）的影响因素进行了理论上的分析。然后采用全域专业化指数、产业平均集中率和服务业中心值研究了服务业在区域间集聚的形成；采用空间基尼系数、SP 指数和偏离份额分析法等研究了服务业不同行业集聚的形成。

第 5 章是经济集聚增长效应的研究，本章对于经济集聚与经济增长关系的理论研究和实证研究做了文献综述，利用中国 30 个省（自治区、直辖市）的面板数据，对于经济集聚与区域经济增长关系的门槛效应进行了检验，由于对于经济变量的非线性效应采用外生分组和单纯引入交互项的方法都无法内生地确定门槛值的大小，所以本章的模型构建在 Hansen 的面板数据门槛模型基础之上。本章主要检验了 Williamson 的"倒 U 形假说"、Krugman & Elizondo 的"开放性假说"以及经济集聚自身的门槛效应。

第 6 章是经济集聚工资效应的研究，利用推广到多区域的经典工资方程，使用中国 2000—2011 年 30 个省（自治区、直辖市）的面板数据，检验了各种类型的市场潜能（金融外部性）、非农就业密度（技术外部性）和地区工资的关系，同时也检验了市场范围和分工模型之间的关系。

第 7 章对全书的主要观点、结论和创新点进行了总结，在此基础上提出了本书研究的不足及未来进一步研究的内容和方向。

第2章 集聚机制与新经济地理学理论综述[①]

2.1 引 言

经济活动在空间上的构成形式是集聚力（或称向心力）和分散力（或称离心力）相互作用产生的结果。作为经济活动的主体，消费者和厂商在这两种力量的推拉下，经过一系列复杂调整后所达到的平衡的结果，就形成了在现实生活中所看到的经济活动在空间上的各种构造形式。

经济社会的人口、就业和收入等现象在空间分布上是不平衡的，从大范围来说，这些不平衡存在于不同的国家和地区之间，而经济活动最突出的特征是什么呢？克鲁格曼（Krugman）在《地理和贸易》中的回答简洁而明确：是"集中"。

对于现实世界中普遍存在的经济集聚或集中现象，一般可以从两个方面来进行解释：不均衡的经济发展是由于不均衡的自然资源的分配所决定的，即第一性地理（First Nature）；还有一些经济活动的集聚，由

---

① 本章内容主要参考文献：藤田昌九、雅克–弗朗科斯·蒂斯（2004）《集聚经济学：城市、产业区位与区域增长》，Ottaviano & Thisse（2003），Krugman（1997），梁琦（2006）《产业集聚论》，范剑勇（2008）《产业集聚与中国地区差距研究》。

第一性地理无法解释的第二性地理（Second Nature）所决定。在经济学发展的历史上，很多学派和理论（新古典经济学、新古典贸易理论、新贸易理论、发展经济学理论、区域经济学理论、新经济地理理论等）都关注过经济集聚现象，并给出过相应的解释。

对产业空间集聚现象的研究最早可以追溯到 19 世纪形成的古典区位理论。古典区位论和马歇尔关于产业区的论述构成了产业集聚理论的古典基石。从集聚理论的发展脉络上看，大致经过了这样几个阶段：从古典区位论到现代区位；从新古典贸易理论到新经济地理理论；从内部规模经济到外部规模经济。

2.2 集聚理论的研究与发展脉络

2.2.1 早期的区位理论

屠能的《孤立国》讨论的是农业区位问题，他设计了孤立国六层农作物圈层结构，就是著名的"屠能环"。屠能的模型中着重分析了理解经济活动的向心力和离心力，向心力包括：厂商水平上的规模报酬递增、技术溢出、对产品的需求规模；离心力包括：较高的运输成本、高昂的地租、食品和燃料的价格。屠能对于集聚过程中向心力和离心力的表达非常接近于新经济地理学的解释，不过他的表述中没有利用到严格的数学模型。此外，屠能对于中心城市的存在是假定的，因此他对于向心力的表述在逻辑上是有欠缺的，正如索洛模型不能解释经济增长一样，屠能模型也无法解释城市的形成。

韦伯（Weber）于 1909 年发表《工业区位论》，创立了完整而系统的现代区位理论，并首次将集聚规模经济分析纳入到区位选择理论中。韦伯认为工厂最佳位置由运输成本、劳动力成本和集聚经济这三大因素决定。工业区位论的重要理论和现实意义在于：首次从微观企业的区位选择角度，阐明企业是否相互靠近和集聚一地取决于生产成本是否最低。不过，韦伯仅说明了企业空间选择和集聚的基本动因，没有系统阐述其中的过程和机制。

2.2.2 马歇尔的"外部性"理论

新古典经济学的奠基人马歇尔（Marshall）（1920）是较早将产业集聚现象纳入古典经济学分析框架的经济学家，他在《经济学原理》中指出，在经济集聚形成过程中外部性起到了关键性作用，并且还对产业集聚的内涵、外延进行了界定。马歇尔所提到的与集聚形成相关的外部性分为三个方面：劳动力池共享、专业化投入和知识溢出。

这种外部性会产生锁定效应（Lock - in Effect）或滚雪球效应（Snowball Effect），而集聚现象就是这种效应作用下的产物。马歇尔指出：

"当一个产业为自身选择了一个区位，它就会趋于在该区域内停留一段时间，同时人们也会发现与之邻近而遵循相同的贸易所得到的好处是如此之大。贸易的神秘不复存在，即使是儿童也可以在无意识下学得一些贸易之道。如果一个人有了新想法，这一想法会被其他人采纳并加入他们的建议，从而使其成为更进一步的新想法或新思路的源泉。"

尽管马歇尔的外部性的概念比较模糊，但是他对于集聚经济的研究是奠基性的、开创性的。马歇尔对经济集聚所产生的外部性的表达，被广泛地应用于经济学和区域经济学的研究之中。

2.2.3 发展经济学对集聚理论的研究

发展经济学是 20 世纪 40 年代兴起的，不过很快就衰落了，究其原因是由于没有使用一种合适的建模技术将其思想更好地表达出来，这并非数学基础的缺乏，而是没有将规模经济与完全竞争相容的手段。然而，发展经济学的诸多思想对于后期新经济地理理论都产生了很大的影响，下面列出几个代表性的理论。

最早提出增长极概念的是法国经济学家佩鲁（Permux）（于 20 世纪50 年代提出），佩鲁指出：当政府将某种推动性产业植入一地区后，将产生围绕推动性产业的集聚，通过乘数效应以及关联效应，就会导致地区经济的增长。增长极理论既强调推动性产业的作用，也强调政府和企业对推动性产业的巨大影响。因此，增长极理论中的集聚不能称为自发型的，政府在产业集聚的形成和发展过程中担当着重要的角色。

瑞典学者缪尔达尔（Myrdal）于 1957 年提出的累积循环因果原理与佩鲁的增长极理论有着类似的观点：由于规模收益递增，最初的、偶然的增长刺激或增长障碍造成的偏离，将扩展到空间单位内的其他部门，从而使偏离得到进一步的加强。由于正向反馈机制的存在，这一过程不会再回到均衡状态，而强化了非均衡状态。这种"循环累积因果关系"使得经济发达地区越来越发达，经济落后地区越来越落后。基于循环累积因果关系的集聚理论认为，一旦一种新的产业被配置在一个地区，就会发生一系列连锁效应，如地方就业机会增加，居民收入提高，市场需求扩大；由于产业的关联效应，吸引该产业的前向和后向关联产业入驻该地区；熟练劳动力市场的形成及基础设施、辅助服务业的共享，强化了外部经济效应，吸引该产业的企业进一步集聚在该地区，即产业集聚具有自我增强机制。

赫希曼（Hirschman）在思考经济发展理论和实践的问题时，在 1958 年提出了"前向联系"和"后向联系"的概念，这两个概念的含义是：当一个产业的需求使得它的上游产业至少可以达到最小的经济规模，它就创造了一个后向关联，可以用该产业使其他产业有利可图的能力来度量一个产业的后向关联的能力；对于前向关联的定义也包含了规模和市场容量间的相互作用，不过前向关联较后向关联的概念更模糊，似乎指的是一个产业减少其产品的潜在下游使用者的成本，从而使得其有利可图的能力。

2.2.4　传统贸易理论

传统贸易理论受到李嘉图的影响，将城市视为无空间维度的，极少关注贸易成本带来的诸多影响。在这样的框架下，如果忽略掉自然资源在空间上分布的非匀质性，那么世界将变成"无城市的、自给自足"的状态。在均衡状态下，所有直接或间接满足消费者需要的产出都能够在一个邻近消费者的小区域内完成生产，因此上述规模报酬不变的范式不能解释大规模的经济集聚现象。

传统贸易理论认为，"比较优势"是解答产业在特定区域集聚的重要理论基础，市场一体化将促使每个区域将专门生产有比较优势的产品，这种比较优势源于外生的生产技术水平差异或者各个国家和地区不同的资源禀赋。传统贸易理论模型的主要特征是完全竞争、同质产品和不变的规模报酬，最终可以得到如下推论：贸易自由化和经济一体化将会带来以比较优势为基础的生产的重新配置和专业化水平的提高，生产要素需求变化的结果将会导致在不同国家和地区间要素价格和报酬的均等化。传统贸易理论虽然能够解释大部分的产业间的专业化，然而，比较优势并不是专业化的唯一解释要素。在现实中，具有相似的要素禀赋和生产技术的地区或国家却存在着生产结构差异的例子并不鲜见，很多工业化国家间的贸易主要以差异产品，也就是产业内贸易为主。

2.2.5　新贸易理论

到了 20 世纪 80 年代，为了解释传统贸易理论所不能解释的产业内贸易现象，新贸易理论应运而生。该理论认为各国并不一定因为本国的资源禀赋而参与国际分工，国际分工在一定程度上是本国的历史、某个偶发事件和过去政策的产物；国际贸易产生的原因也不完全是比较优势，而在很大程度上是由规模报酬递增驱动的，表现为现实国际贸易中的很大一部分常常发生在要素禀赋相似的国家之间。新贸易理论模型建立在收益递增、差异产品和不完全竞争等假设的基础之上，认为导致产业集聚的最本质的力量是规模报酬递增，其核心思想是规模收益递增的厂商将会倾向于向少数地区集中它们的生产。因而，较大的地区，或者更一般地说，拥有较好的市场通达性的地区将会对企业的生产定位具有特别的吸引力，即企业总是选择本地市场规模大的地区进行投资。这已经反映出新贸易理论或新经济地理学最显著的特征，即本地市场效应。但不可否认的是，新贸易理论的最大缺陷是决定产业份额的源头仍是外生给定的要素禀赋差异，忽视了内生的劳动力等要素的跨区域流动对产业集聚的影响；同时，新贸易理论也没有解释相类似的企业为什么总是倾向于集聚在同一地区，从而导致地区的专业化生产。

2.3 新经济地理学的理论基础及集聚的解释

2.3.1 新经济地理学产生的背景

空间经济学一直被排除在主流经济研究之外，这主要是因为早期的模型对于经济集聚的解释都是在完全竞争模式下的，而斯塔雷特·马凯特（Starrett Market）的空间不可能定理指出，竞争的价格机制是无法解释经济集聚的内生形成的。因此，怎样建立区位选择理论到集聚的逻辑路径，即建立严格的微观基础是早期的空间经济学能够融入主流经济学的关键所在（段楠、郝寿义，2011）。从完全竞争的分析框架中脱离出来，艾萨德（Isard）、霍特林（Hotelling）、卡尔多（Kaldor）、伊顿（Eaton）、利普西（Lipsey）等都意识到应该采用垄断竞争的分析框架，他们指出，由于消费者向企业支付的是包含运输成本在内的最低价格，这样每一个企业是与它临近的企业进行竞争，所以空间竞争的本质是垄断竞争。Krugman（1991b）在 Dixit-Stiglitz（1977）垄断竞争框架下把被主流经济学家长期忽略的空间因素纳入了一般均衡分析的框架，采用严格的数学模型讨论了在考虑到运输成本、规模经济和制造业份额的情况下一个国家是如何内生地分化成工业"中心"和农业"外围"两个部分的。新经济地理学理论和新贸易理论都是建立在不完全竞争和存在运输成本的基础上的，两者的主要差别在于：新经济地理学中地区间的劳动力要素是完全流动的，这也是新经济地理模型中向心力的一个主要来源。

2.3.2 经典模型："中心-外围"模型[①]

从 Krugman（1991b）的"中心-外围"模型，到 Fujita & Krugman & Venables（1997）的《空间经济学》一书的问世，这一阶段可以看成是新经济地理学研究的经典阶段，这一阶段学者们的主要工作是致力于

---

① 此处主要参考文献：安虎森 . 空间经济学原理[M]. 北京：经济科学出版社，2005.

开发具有微观集聚机制的各种新经济地理理论模型，同时也标志着主流空间经济分析的新时代的到来。

Krugman 在分析制造业在地理上的集中时，利用了 Marshall 的外部性观点，对需求或成本关联而引起的金融外部性[①]（而非纯技术外部性）进行建模，并且与以往利用外部性研究不同的是，CP 模型将外部性观点用于一般意义上的制造业（而非某一特定行业）[②]。

模型假定：南部地区（区域 1）和北部地区（区域 2）；制造业 M 和农业 A；农业完全竞争、规模报酬不变、没有运输成本；制造业垄断竞争、规模报酬递增、冰山运输成本；只使用劳动，不使用资本；工人流动，农民不流动。

在 D-S 框架下，消费者效用函数为：

$$U = C_M^\mu C_A^{1-\mu} \quad （C-D 型） \tag{2-1}$$

$$C_M = (\sum_{i=1}^{n} c_i^{\frac{\sigma-1}{\sigma}})^{\frac{\sigma}{\sigma-1}} \quad （CES 型） \tag{2-2}$$

其中，C_M 和 C_A 分别是工业品组合与农产品的消费量；c_i 是对第 i 类工业品的消费；μ 是工业品的支出份额；σ 是两类差异化工业品之间的替代弹性（$\sigma > 1$）。

生产者的利润函数为：

$$\pi_i = p_i x_i - w_i (F + \alpha x_i) \tag{2-3}$$

其中，p_i 和 x_i 是第 i 类工业品的价格和产量；w_i 是工人的名义工资；F 是劳动的固定投入；α 是边际成本。

利用消费者效用最大化和生产者利润最大化的推导结果，在分区域（下标 1，2 表示区域 1 和区域 2）情况下，有下面的结果成立：

$$\frac{p_1}{p_2} = \frac{w_1}{w_2}, \quad x_1 = x_2, \quad \frac{n_1}{n_2} = \frac{L_1}{L_2} \tag{2-4}$$

---

① Marshall 的外部性可分为三个方面：劳动力池共享、专业化投入和知识溢出。前两个方面对应着此处的需求关联和成本关联，统称为金融外部性，第三个方面即技术外部性。对于金融外部性的理解，经济地理学家们并不陌生，例如：Myrdal 的"循环因果律"；Hirschman 的"前向联系"和"后向联系"；Arthur 的"正反馈"：制造业更倾向于靠近大市场，反之制造业集中的地方市场也更大。Krugman 所做的重要贡献是将上面的观点用严格的数学模型来表示。

② 梁琦（2005）指出，Krugman 为了追求模型的完美，忽略了很多重要的因素，比如对外部性中知识溢出的建模。Sunley（1996）指出，克鲁格曼的理论的一个最为重要的局限是：他近乎顽固地固守那些能被数学模型所处理的外部性，而拒绝讨论技术和知识外部性的空间影响。Ottaviano & Pinelli（2006）指出，新经济地理在研究区域问题时，在一般均衡分析中是从市场（金融或货币外部性）的角度，而不是从非市场（技术外部性）的角度。

其中，n 为产品种类，L 为劳动使用量。

在流动要素（工人）的空间分布给定的条件下，模型分析了区域的短期均衡。

名义工资 w_1，w_2 可由短期均衡系统方程组求得，但是由于存在非线性关系，所以 CP 模型无法给出名义工资的显性解。

在研究区域长期均衡时，工人的空间流动由两个地区实际工资差异决定。

劳动力区域间的流动方程为：

$$\dot{f} = (\omega_1 - \omega_2)f(1-f) \tag{2-5}$$

其中，f 是北部所占的工人份额，在长期中是一种状态变量；$\omega_1 = \dfrac{w_1}{p_1}$，$\omega_2 = \dfrac{w_2}{p_2}$ 表示区域 1 和 2 工人的实际工资，但 CP 模型仍无法给出两者关于劳动力空间分布 f 的显性解。

长期中的三种作用力为：本地市场效应（大市场效应）、价格指数效应、竞争效应（拥挤效应）。前两者形成区域分异的力量，后者为区域趋同的力量。同时本地市场效应会形成"需求关联"的循环因果链，这种由于需求在空间上的变化而形成的机制被称为"后向联系"机制。价格指数效应会形成"成本关联"的循环因果链，这种由于成本的变化而形成的机制被称为"前向联系"机制。长期均衡是否稳定取决于上述的集聚力和分散力的大小。

虽然模型的解析性差，只能通过数值模拟来分析，但是 CP 模型的结论十分丰富，具有本地市场效应、循环因果链、内生的非对称性、突发性集聚（即上述内生的非对称性的发生是突发性的）[1]、区位的黏性（具有路径依赖性）、多重均衡和自我实现预期等诸多特征。

CP 模型由 Krugman 于 1991 年提出，后来经过了很多学者不断的补充和完善。此模型的建模思路和讨论模式是空间经济学诸多模型的基础，并且模型的结论也作为讨论其他模型结论的参照物和比较标准，这

---

[1]　由于交易成本的大小对于集聚力和分散力的影响很大，因此随着贸易自由度的提高，当超过某一临界值时（突破点），就会发生突发性的集聚，原始的对称均衡不再稳定，此时"中心-外围"形式是唯一的稳定均衡状态。这个特征也是新经济地理学区别与经济地理学的最突出的特征（Baldwin，1999）。

也为其他后续模型建模时在解释能力和解释特征丰富性这两者之间作出相应的权衡提供了思路。

2.3.3 新经济地理模型中的各种关联效应

新经济地理（NEG）沿袭了经济地理的很多思想，但其主要的创新是其代表人物 Krugman（1991b）在 Dixit & Stiglitz 于 1977 年提出的垄断竞争框架下把被主流经济学家长期忽略的空间因素纳入了一般均衡分析的框架，并采用了严格的数学模型讨论了在考虑到运输成本、规模经济和制造业份额的情况下一个国家是如何内生地分化成工业"中心"和农业"外围"两个部分的，因此模型也被形象地称为"中心–外围"模型。

一、形成集聚力和分散力的因素

新经济地理学在分析集聚力的时候，强调了各种类型的关联效应的作用，例如 Krugman 的 CP 模型和 Venables 于 1996 年提出的垂直关联模型。这些模型中讨论了形成集聚力和分散力的因素，包括价格指数效应、本地市场效应和拥挤效应，其中本地市场效应会形成"需求关联"的循环因果链，这种由于需求在空间上的变化而形成的机制也被称为"后向联系"机制，价格指数效应会形成"成本关联"的循环因果链，这种由于成本的变化而形成的机制被称为"前向联系"机制。这些累积因果链进一步放大了初始的冲击对经济系统的影响，而长期均衡是否稳定取决于上述的集聚力（价格指数效应和本地市场效应）和分散力（拥挤效应）的大小。本地市场效应也称大市场效应（Home Market Effect，HME），指厂商选择市场规模较大（支出较大）的地区进行生产，然后将产品出售给市场规模小的地区。价格指数效应也称生活成本效应（Costing-of-living Effect），指在厂商集聚的地区，产品的种类多，这样从其他地区输入的产品就会减少，从而减少运输成本，使得厂商集聚地区的价格较低，消费者的生活成本较低，实际收入水平较高。拥挤效应也称竞争效应（Crowding Effect），指在厂商集聚的地区，不完全竞争厂商倾向于选择竞争者较少的地区。由于消费者的支出水平是既定的，当厂商聚集于某一地区时，随着产品种类的增长，消费者对每一个厂商所生产的产品的需求就会降低，进而厂商的利润下降，这样就会降低厂商支付给工人的工资，于是其他地区的劳动力就不会继续向该地区转移，这样就消除了初始扰动的影响，形成一种保持地区趋同的力量。

本地市场效应和价格指数效应形成集聚力，拥挤效应形成分散力。这两种力量的大小取决于交易成本的大小。不是所有的厂商都会定位于大市场，当交易成本较大时，厂商为了缓解对消费者的竞争，也会定位于小市场①；当交易成本较小时，自由贸易减弱了厂商对本地市场的依赖，这可以形象地理解成随着贸易自由度的提高，企业越来越"自由"。新经济地理研究的一个重要的结论是，集聚力和分散力通常都随着交易成本的下降而下降，但分散力的下降更快一些，此时价格指数效应和本地市场效应突出，因此经济系统存在正反馈机制，不对称均衡是稳定的。在交易成本较大时，通常分散力较大，拥挤效应突出，此时经济系统存在着负反馈机制，对称均衡稳定。

二、各种关联效应所形成的循环累积因果律

对于关联效应和循环累积因果律的研究很早就开始了，例如，Myrdal 的"循环因果律"，Hirschman 的"前向联系"和"后向联系"，Arthur 的"正反馈"：制造业更倾向于靠近大市场，反之，制造业集中的地方市场也更大。Krugman 等新经济地理学者所做的重要贡献是将上面的观点用严格的数学模型表示了出来。

CP 模型中具有需求关联的循环因果链和成本关联的循环因果链，该模型的一个重要假设是工人把自己的收入花费在工作地点，这样"工人的转移"必然导致"消费支出的转移"，而对于厂商来说，由于消费支出大的地区会提高厂商的销售额，所以厂商倾向于接近大市场（本地市场效应），这样上面提到的"消费支出的转移"又会引起"生产的转移"，而"生产的转移"使得就业机会增长，进而又引起了"工人的转移"。这种循环机制被称为需求关联的循环累积因果关系，其中"需求关联"是指需求在空间分布上的变化，该机制也称"后向联系"机制

---

① Kaldor（1935）指出，消费者从厂商手中购买到的产品包含了运输成本，所以每个企业都与这个经济中很少的几个相邻企业进行直接竞争。

（安虎森，2009）。需要注意的是，交易成本是很关键的，当交易成本很小时，即贸易自由度很大时，此时厂商对本地市场的依赖减少（厂商不必在意由于集聚而带来的产品种类的增长而造成的本地消费者对其需求的减少），因此厂商的利润以及它们支付给工人的工资方面均没有受到影响，这说明市场的拥挤效应减弱，分散力减小。此外，CP 模型具有的一个典型特征就是"突发性集聚"：经济的集聚不是渐进的而是突变的，当贸易自由度 ϕ 达到某一临界值（突破点 ϕ_B）以前，尽管有很多的力量被积累下来，但是此时并不会发生集聚现象，当贸易自由度 $\phi > \phi_B$ 时，集聚力将超过分散力，此时非对称均衡出现。

上面所述的"工人转移"也会带来此地区的工业品种类的增长，这样在运输成本存在的条件下，进口的商品会减少，于是就降低了该地区的生活成本，提高了生活质量，这就是价格指数效应。进一步，生活成本的降低相当于提高了该地区工人的实际工资，这样就又刺激了"工人的转移"，这种机制就是成本关联的循环累积因果关系，也称为"前向联系"机制（安虎森，2009）。

从 CP 模型的分析中可以看出，无论是需求关联还是成本关联的循环累积因果关系，都强调了工人的收入要消费在工人就业的地方，即工人转移到哪里就在哪里消费。然而在现实中，地区间的要素流动的假设不一定成立，比如欧盟不同国家间的劳动力流动就是相当有限的，这些问题促使研究者对集聚的机制进行更广泛的研究，垂直关联类模型就是对集聚机制的另外一种解释，它们指出在地区间劳动力不发生流动的情况下也可以发生集聚。Venables 提出垂直关联模型（Krugman、Fujita和 Venables 在《空间经济学》一书中对此模型进行了修改，修改后的模型中的消费者效用函数与 CP 中的很相似，所以也称为具有"中心–外围"结构的垂直关联模型，简称 CPVL 模型），罗伯特–尼克德于2002 年提出自由资本的垂直关联模型（简称 FCVL 模型）以及Ottaviano 在 2002 年提出具有自由企业家结构的垂直关联模型，这三个模型都是垂直关联类模型。

Baldwin（1999）假设从长期均衡处开始，由于保护政策的实施，本土的企业利润增加，国外企业利润减少，由于资本不能流动，所以本土企业的高利润提高了本土资本的回报率，这促进了本土新资本的形成（新工厂进入），同时也使得国外资本损耗（工厂倒闭），增长效应和水平效应交替在一起，出现了与 CP 模型和垂直关联模型中类似的需求关联的累积因果链，最后两个地区分别形成"增长极"和"塌陷区"。

Martin & Ottaviano（2001）的模型借鉴了 Krugman（1991b）和 Venables（1996）中"循环累积因果律"的思想。以上的两个模型中，消费者对产品的多样性需求和生产者对中间产品的多样性需求构成了经济集聚的向心力，同时集聚产生的对劳动力的密集需求提高了生产要素的价格，这样就构成了离心力，为了克服这种离心力，Krugman（1991b）假设工人在地区间可流动，Venables（1996）假设垂直关联部门间劳动要素可流动，进而来解释集聚的产生。Martin & Ottaviano 指出在引入了经济增长的新经济地理学的动态模型中，即使排除了上面两个静态模型中的关于劳动力流动性的假设，仍然可以保证循环累积因果律效应的发挥。模型的结论显示：增长通过"前向联系"影响创新和生产活动的集聚；反之，由于交易成本的存在，经济活动的集聚通过"后向联系"影响经济增长。

Fujita & Thisse（2003）中 R & D 活动集中于某一个地区，此时有两种"中心-外围"模式的空间结构：一种是此地区拥有现代部门的大部分份额；另一种是此地区拥有现代部门的全部份额。R & D 部门是多区域模型中强大的向心力，进一步强化了 CP 模型中的循环因果链，对称均衡不再是稳定的。

2.4 本章小结

正是由于经济学理论和方法长期滞后于解决复杂经济地理问题的需要，即难以用严谨的数学模型表达经济地理，因而对经济地理的研究一直被排除在主流经济之外。这种"休眠"的状态一种持续到 20 世纪 90 年代初期，正如前面所述，新经济地理学的开创者 Krugman 倡导了空间经济学向主流经济学领域的回归，他利用迪克西特和斯蒂格利茨建立了垄断竞争模型（D-S 模型），阐述了经济集聚形成过程中的规模经济、多样化偏好和运输成本之间的相互作用。此后藤田昌久（Fujita）、维纳布尔斯（Venables）也加入此行列，利用这种机制的分析探讨区域经济增长的规律与途径。新经济地理的目标就是发明一种建模方法、一个讲述故事的机制，以便人们很方便地谈论使经济活动集聚的向心力和使经济活动分散的离心力，很清楚地理解经济活动的地理结构和空间分布是怎样在这两股力量的相互作用下形成的。近年来新经济地理学家们又进行了把原来的静态模型动态化的努力，试图把经济增长和空间集聚放到一个统一的框架下进行研究，取得了一系列的研究成果①。这为本书从新经济地理学的视角去解释中国的经济集聚的形成和效应提供了坚实的理论基础。

---

① 关于经济集聚与经济增长关系的理论研究和实证研究的文献综述可参见本书第 5 章的介绍。

第3章 城市集聚规模的形成与房价水平

3.1 引 言

在城乡和区域协调发展的问题上，似乎面临着两种情况：其一是加强要素（劳动力和土地）的跨地区流动，进而追求由此产生的集聚所带来的经济效率；其二是限制要素（劳动力和土地）的跨地区流动，进而追求经济分散所带来的区域间的平衡发展。近年来，中国沿海地区的集聚效应已经成为经济快速增长的巨大动力，但是随之又会产生一个困扰人的难题：选择经济效率似乎难以避免地会扩大地区间的差异，带来社会的不稳定。

以 Krugman 为代表的新经济地理学，强调了空间概念和收益递增，指出了要素的自由流动最终会促使地区间的经济发展趋于收敛。从这个角度来说，地区间差异的日益扩大，限制要素的流动才是真正的问题所在，因此应该意识到，在这个全球化、知识经济的时代，充分发挥集聚效应是城乡和区域协调发展中必然要经历且不可逾越的过程，并且也是保证中国经济持续而稳定增长的重要条件。

差异化产品是相对同质产品而言的，指在垄断竞争下的厂商所生产的具有类似功能的产品，该产品中每一大类中都包含满足消费者多样化需求的子类产品。与其他国家相比较，中国的差异化产品的分布较为平均，集聚水平较低，尤其是在沿海地区内部各个省市之间的分布十分相似（范剑勇等，2011）。这种差异化产品的较为平均的分布状况也从侧面反映了中国城市体系中大城市集聚规模相对不足而中小城市相对过多的状况。在城市体系的发展上，Zipf's 经验法则可以解释一国内部各城市所呈现的错落有致的层次关系，这也说明了城市规模是由很多随机的因素决定的，因此经典城市模型中只考虑单独的一个因素并不能很好地对Zipf's 经验法则给出解释，而利用修正后的城市模型便可以很好地解决这个问题（Lee & Li，2013）。Au & Henderson（2006）利用 1990—1997 年中国 225 个地级市的数据，首次对中国城市的净集聚经济（考虑到集聚经济和集聚不经济）进行了测度，借此研究所得出的关于中国城市规模的结论是：由于中国户口政策的约束，中国城市的规模过小（Undersized），其中在 1997 年，所分析的中国的 205 个地级市中，有51% 的城市规模都是过小的，进而造成了规模效应上的巨大损失。在经济快速发展的过程中，除了劳动力成本的不断上涨，环境资源的约束特别是由于土地的稀缺性而引起的房价的上涨，也会显著地影响差异化产品的区位分布，进而造成城市集聚规模过小的情况（范剑勇等，2011）。

Krugman（1991b）所提出的"中心-外围"模型，利用 Dixit-Stiglitz（1977）提出的垄断竞争框架，使用一般均衡分析的方法讨论了差异化制成品在两个地区的分布情况，但是这个模型更适用于解释"大地理范围"内的差异化产品的分布，而更现实的情况是考虑到土地等自然资源不可流动性的时候，对土地这种稀缺型资源的竞争会对差异化产品的区位分布起到较强的离心力作用。与 Krugman（1991b）相对比，Helpman（1998）更适用于分析小空间尺度（Spatial Scale）（比如城市）下的集聚机制，因为在考虑到拥挤成本和土地价格的情况下，这种尺度比较适合分析厂商和消费者的定位。Moni（2004）指出，消费者在面对相对廉价的日用品与高昂的生活成本（例如房子）之间的压力的时候，更像是对生活在城市中的一种生动的描述。Glaeser 等（2006）首先构造了一个理论框架，将房屋供给分布异质化的因素整合到了城市发展模型之中。他指出，生产效率的提高可能会产生更大的城市规模，也可能仅仅会产生高昂的住房成本和工

资成本，然而影响力的大小和房屋供给弹性息息相关，之后的实证研究也
得到了相似的结论：房屋供给在空间上分布的不均匀，不仅会导致高昂的
房价，而且也会制约生产效率提高对于城市发展规模的影响程度。Zhang
等（2013）指出，中国的高房价在很大程度上是由于中国实施保护耕地的
政策的同时不允许土地指标的跨地区配置。Wang 等（2012）首次利用中
国的省级和地级的面板数据研究了房屋供给的弹性：省级面板数据的检验
结果显示，供给弹性在 2.8~5.6 之间；城市层面的检验结果显示：除了制
度因素之外，地理因素对于房屋供给弹性的影响是非常显著的。

　　本章是关于城市集聚规模的形成研究，利用推广到多区域的
Krugman-Helpman 模型以及相对房价与相对就业关系模型，使用广义矩估
计方法，对中国长三角、珠三角和环渤海地区的房价水平、差异化产品分
布对城市集聚规模的形成进行了检验。在实证分析中，主要测算了三大地
区的政府对土地的管制强度，检验了"非黑洞条件"以及满足"非黑洞条
件"下的劳动力流动和产业分布。本章的结构安排如下：3.1 节是引言；
3.2 节对中国的土地制度背景和政府的供地行为以及考虑房价水平的劳动
力流动和产业分布进行了介绍和描述性的分析；3.3 节给出了推广到多区
域的 Krugman-Helpman 理论模型；3.4 节提出了计量模型，介绍了数据来
源、数据的描述性统计以及广义矩估计的结果；3.5 节是本章的小结。

3.2　土地稀缺、房价水平与劳动力流动

3.2.1　土地制度背景与政府供地行为

　　根据 2011 年的《中国国土资源统计年鉴》，中国平原面积为 115 万
平方公里，仅占国土面积的 11.98%，耕地面积为 212.7 万平方公里，
仅占国土面积的 12.8%。中国面临着土地制度的约束性条件，无法让农
村的土地、宅基地变成进城的资本，尤其是出于对粮食安全的顾虑，
2006 年十届全国人大四次会议上通过的《国民经济和社会发展第十一
个五年规划纲要》明确提出，18 亿亩耕地是未来五年一个具有法律效
力的约束性指标，是不可逾越的一道红线。

这一制度的实施，的确保障了 13 亿人口的粮食供应的安全，但是也加剧了由于土地稀缺所引致的沿海地区城市房价的大幅度攀升。土地资源在生态保护、基础设施建设、工业生产与城市发展的多项选择中成为极度稀缺的产品。

从图 3-1 中可见，2000—2011 年中国重点监测城市的综合地价指数中，定基指数持续攀升，同比指数小幅波动，但基本保持在 103～110 之间。其中，受国际金融危机的影响，土地市场较为低迷，2008年，同比指数回落至 100，地价水平与 2007 年持平；2011 年，在一系列严格调控政策与宏观经济形势的综合作用下，同比地价指数再次高位回调，从 2010 年的 111 降至 2011 年的 107。

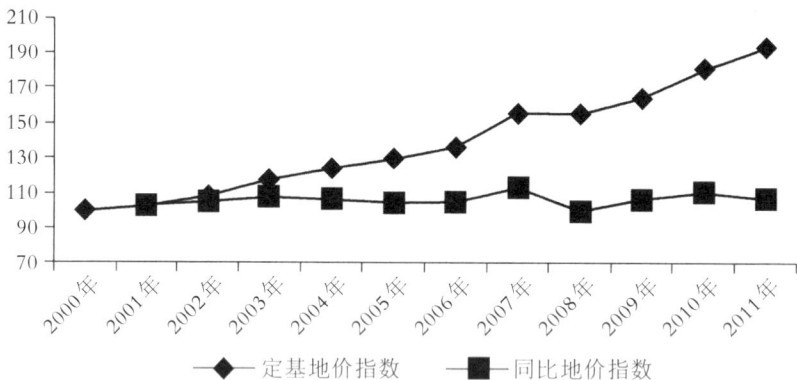

图 3-1　2000—2011 年全国重点监测城市平均综合地价指数[1]

在中国特色的基本政治经济制度与环境下，中国的城乡二元土地结构是指：地方政府依据法律赋予的权力征收农村集体土地，并独家垄断供给城市化与工业化过程中所需要的土地，一切企事业单位都要向地方政府申请自己所需要的国有土地。各级地方政府都要受到上一级政府的垂直任命与控制，为了使自身与上一级政府保持一致，地方政府会采用一切手段来保证 GDP 的增长，包括利用压低工业用地价格等各种优惠的税收政策招商引资、利用土地市场的垄断地位进行土地要素的扭曲配置以及利用"土地金融"来进行城市基础设施建设，并以投资直接推动经济增长。正是由于切断了企业与农村集体组织直接进行谈判而使用集

---

① 数据来源于中华人民共和国国土资源部。

体土地的渠道，地方政府在工业化与城市化过程中取得了土地供给的独家垄断地位。从土地出让的类型来看，可以分为协议出让、招标出让、拍卖出让和挂牌出让四种类型。根据《中国国土资源年鉴》的数据，2003—2008年，协议出让的土地类型中工矿仓储用地的平均比例为71%，招、拍、挂三种出让类型中商服用地和住宅用地的平均比例为75%。与范剑勇等（2012）的做法类似，用协议出让的土地价格近似代替工业用地价格，用招、拍、挂出让的土地价格近似代替商服和住宅用地价格，并且用后者与前者的比值来衡量政府在土地供应中所体现的管制强度。图3-2中分别列出了2003—2010年珠三角、长三角和环渤海地区的政府土地管制强度。详细的数值结果见附录表A-1。

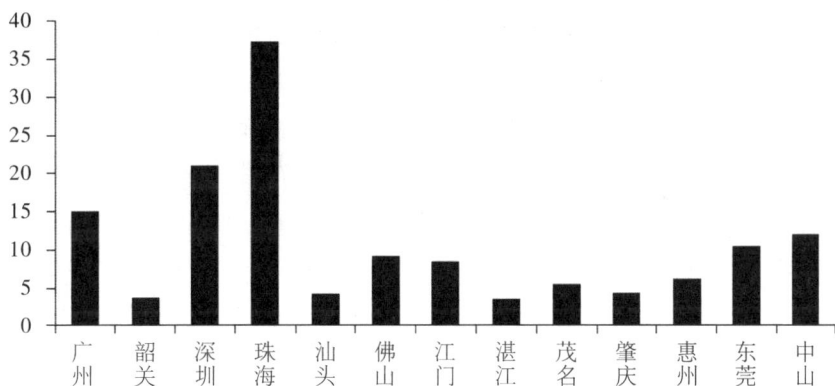

（a）珠江三角洲13个城市

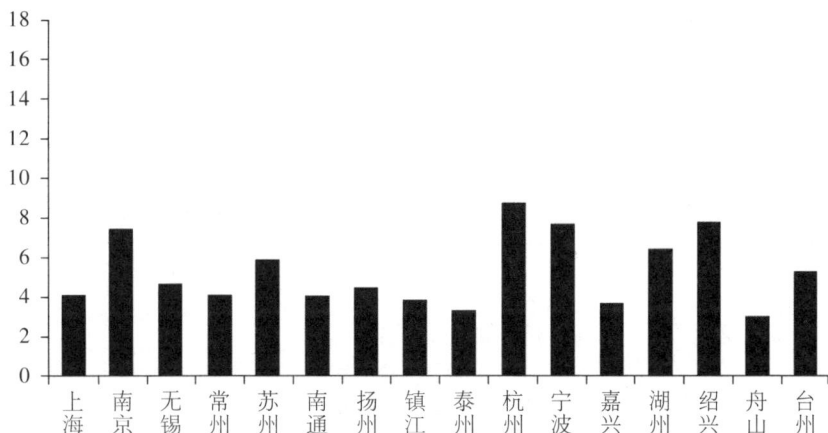

（b）长江三角洲16个城市

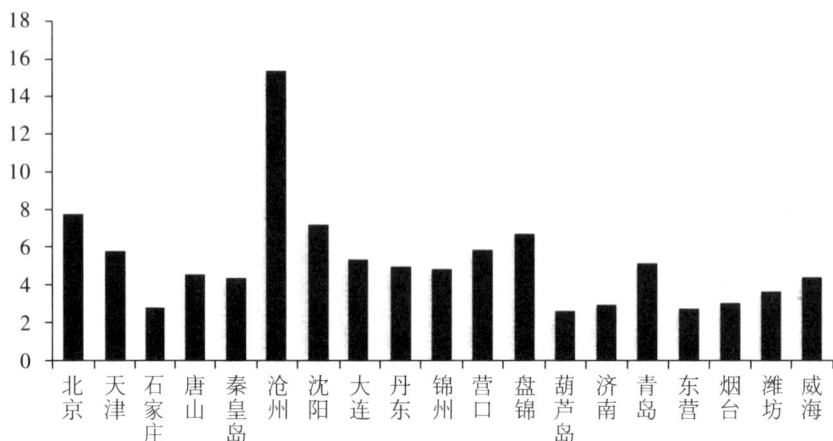

（c）环渤海地区 19 个城市

图 3-2　2003—2010 年三大地区政府对土地管制强度的平均值

资料来源　根据《中国国土资源年鉴》（2004—2011）整理计算得到。

按照政府对土地管制强度从高到低的排名依次为：1. 珠海；2. 深圳；3. 沧州；4. 广州；5. 中山；6. 东莞；7. 佛山；8. 杭州；9. 江门；10. 绍兴；11. 北京；12. 宁波；13. 南京；14. 沈阳；15. 盘锦；16. 湖州；17. 惠州；18. 苏州；19. 营口；20. 天津；21. 台州；22. 茂名；23. 大连；24. 青岛；25. 丹东；26. 锦州；27. 无锡；28. 唐山；29. 扬州；30. 威海；31. 肇庆；32. 秦皇岛；33. 汕头；34. 上海；35. 常州；36. 南通；37. 镇江；38. 嘉兴；39. 潍坊；40. 韶关；41. 湛江；42. 泰州；43. 舟山；44. 烟台；45. 济南；46. 石家庄；47. 东营；48. 葫芦岛。其中排名前 10 位的城市中，珠三角地区占了 7 个，长三角地区占了 2 个，环渤海地区占了 1 个；排名后 10 位的城市中，珠三角地区占了 2 个，长三角地区占了 2 个，环渤海地区占了 6 个。总体来看，珠三角地区的政府对土地的管制强度较大，而环渤海地区较小。

3.2.2　房价水平与劳动力流动

Helpman（1998）在 Krugman（1991b）的基础上引入了"房价"因素，指出作为不可贸易品的房屋价格会成为抑制产业集聚的主要分散力，进而影响劳动力的效用水平、抑制劳动力的流入。Murphy（2006）利用英国的面板数据验证了高昂的房价会抑制劳动者的迁移的行动，尤其是那些对于房价敏感的消费者。Saks（2004）指出，由于对房屋的管制不同，美国房屋管制强的地区明显地表现出限制了劳动力和人口的增长的形势。关于房价水平与劳动力和产业转移之间的关系：土地的稀缺性作为一种产业集聚的分散力，会抑制产业集聚的程度，而由土地稀缺引致的高房价作为消费者的主要生活成本，会影响劳动力的流动，进而间接地影响厂商的分布和差异化产品的分布。

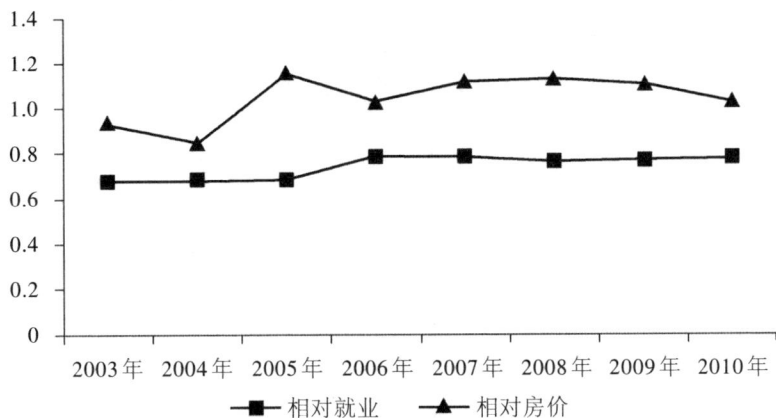

（a）珠江三角洲13个城市

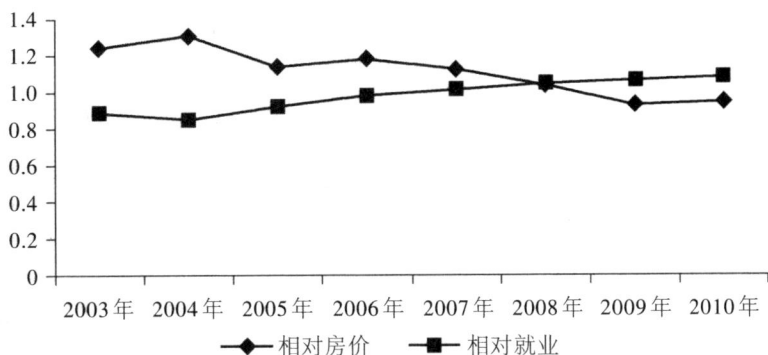

（b）长江三角洲16个城市

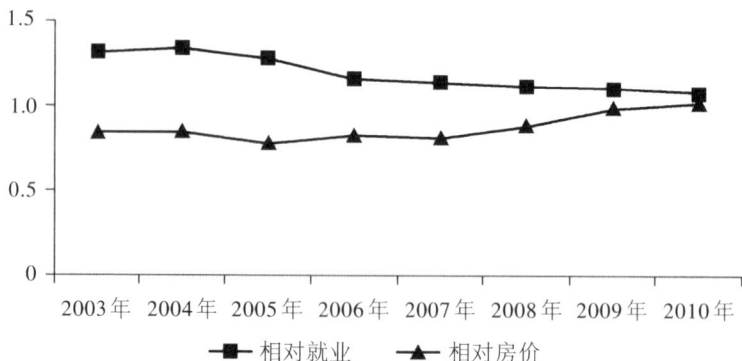

（c）环渤海地区 19 个城市

图 3-3　三大地区相对就业与相对房价的关系

注：相对就业采用城市 k 的单位就业人数除以所有城市的单位就业人数的平均值；相对房价采用城市 k 的房价除以所有城市的房价的平均值；城市 k 的房价采用城市建成区上的房地产投资额表示（单位：万元/平方公里）。

资料来源　根据《中国城市统计年鉴》（2004—2011）整理计算得到。

从图 3-3 中可以看到，三大地区的相对房价与相对就业总体上呈现出了反向的关系。珠三角地区 2005 年的相对房价出现了最高点，相应的相对就业则出现了最低点，2006—2010 年，相对房价的趋势呈现出倒 U 形，而相对就业的趋势则呈现出 U 形；长三角地区 2003—2010年总体上相对房价呈现下降的趋势，相对就业则呈现出上升的趋势；环渤海地区 2005—2010 年总体上相对房价表现出上升的趋势，而同期相对应的相对就业则表现出了下降的趋势。详细的数值结果见附录表A-2。

3.3　推广到多区域的 Krugman-Helpman 理论模型

3.3.1　房价水平、差异化产品分布与城市集聚规模关系的基本含义

3.3.1.1　Helpman 模型的主要内容

经济活动的空间构造是两个相反的力量相互作用的结果，这两

个相反的力量包括：集聚的（Agglomeration）（或向心的）力量与分散的（Dipersion）（或离心的）力量。我们所观察到的经济活动的空间构造就是这两种力量推拉消费者和企业行为之后达到平衡的复杂结果。Krugman（1991b）首次对影响空间构造的向心力和离心力之间的权衡建立起包含差异化产品、规模报酬递增（IRS）、不完全竞争和运输成本的严格数学模型，即中心-外围模型（简称 CP 模型）。Helpman（1998）与 Krugman（1991b）一致，也是建立了一个两区域、两部门和两要素的模型，同时对 CP 模型进行了拓展，将 CP 模型中的农业部门换成了一个提供不可贸易（Non-tradable）性产品服务的房产部门。Helpman 指出，CP 模型更适用于解释传统农业起到重要作用的情况，而他的模型更接近于标准的城市经济模型。

这样看来，与 Krugman（1991b）相对比，Helpman（1998）更适用于分析小空间尺度①（比如城市）下的集聚机制，因为在考虑到拥挤成本和土地价格的情况下，这种尺度比较适合分析厂商和消费者的定位。Moni（2004）指出，消费者在面对相对廉价的日用品与高昂的生活成本（例如房子）之间的压力，更像是对生活在城市中的一种生动的描述。接下来本书对 Helpman（1998）模型的主要内容、基本思路以及模型中所体现的关于房价水平、差异化产品分布与城市集聚规模之间关系的基本含义分别加以说明和解释。

在 Helpman（1998）的模型中，包含制造差异化产品和提供房屋的两个部门；两个地区都拥有固定的房屋存量，房屋在地区间不可以交易；劳动力在居住地工作，因此地区的人口、劳动力与差异化产品的种类是成正比的。在这些假定之下，人口较多地区的劳动者可以拥有更多种类的差异化制成品，因此在多样性偏好的假设下会享受到较高的生活水平，所以说差异化制成品是一种向心力；与此相反的是，这样的地区同时会面临较高的房价，进而提高了生活成本，因此降低了劳动者的生

① 地理学家们早就指出过"地理规模"的重要性：在不同的空间尺度中正确的东西，未必在另一个尺度中仍然正确，即生态谬论（Ecological Fallacy）。不同距离尺度，会受到不同类型的集聚经济的影响，当然其中也会有一些相同的原则支配这些不同的集聚现象的形成。

活标准，所以说高房价是一种离心力①。劳动者会从生活标准较低的地区迁移到生活标准较高的地区，最后在均衡时，生活在两个不同地区的人们的生活水平是一致的。Helpman 模型中的主要内容在现实生活中的通俗含义就是：集聚效应与拥挤效应是相互伴随的，在中心地区和外围地区，人们的生活质量的差异将远远小于经济发展的差异，不同偏好的人们可以选择不同的居住地区，偏好差异化产品的消费者定居在大城市（中心），但同时必须忍受较高的房价，忍受不了高房价的消费者定居在小城市（外围），但同时就无法直接享用种类繁多的差异化产品（可以花费较高的运输成本从其他地区间接享用）。

3.3.1.2 非黑洞条件

上一小节中，所体现出的房价水平、差异化产品分布与城市集聚规模之间的两种关系，称为"黑洞（Black Holes）条件"与"非黑洞（No Black Holes）条件"。

Helpman（1998）对于这两个条件给予了说明，图 3-4 是 Helpman 利用数值模拟②的方式给出了关于地区间均衡的结论，假设初始时两个地区人口相等，房屋存量相等③，则当消费者的房产支出 β 较小或者制成品的替代弹性 ε 很小时，即满足 β·ε < 1，此时出现了不对称均衡，且随着运输成本的提高，不对称的情况愈加明显④（如（b）、（c）和（d）图所示）。也就是说，当满足 β·ε < 1 的条件时，集聚力在此地区占据了绝对的优势，所有现代部门都会留在此地区而绝不会被吸引到地区之外，因此现代部门集聚的地区就像一个"黑洞"一样，经济体最终会塌陷为一个点，这便是"黑洞条件"的含义；反之，当消费者的房产支出 β 较大或者制成品的替代弹性 ε 很大时，即满足 β·ε > 1，地区间的相对效用会随着人口的增加而下降，且无论运输成本怎样都会出现对

① 在对集聚力和分散力的研究中，区域和城市经济学家强调了很多要素，比如可利用的土地，差异化制成品，当地条件（气候、海岸等），学校、公路等公共品的提供，通勤成本、拥挤和污染等等。尽管差异化制成品和土地要素以前均被研究过，但是 Helpman（1998）将它们两者结合在一起是一个全新的角度。
② 不同于新古典经济学，空间经济学模型是包含内生的非均衡力（集聚力和分散力）的非线性模型，包含的变量和参数很多，长期稳定均衡方程组的解通常不能以显函数的形式给出，因此经常采用对不同的参数赋予一定的数值，借用计算机的数值模拟方式给出结论。
③ 房屋存量不相等时，对称均衡时地区间人口比例等于地区间房屋存量的比例。
④ 与 CP 模型中经常出现的极端不对称均衡结果相比较，Helpman 的结果更加接近于现实，所以从实证研究的角度来考虑的话，后者似乎更加合理（Mion，2004）。

称均衡（如（a）图所示）。也就是说，当满足 $\beta \cdot \varepsilon > 1$ 的条件时，分散力在此地区占据了绝对的优势，此地区的现代部门会被吸引到地区之外，这便是"非黑洞条件"的含义。

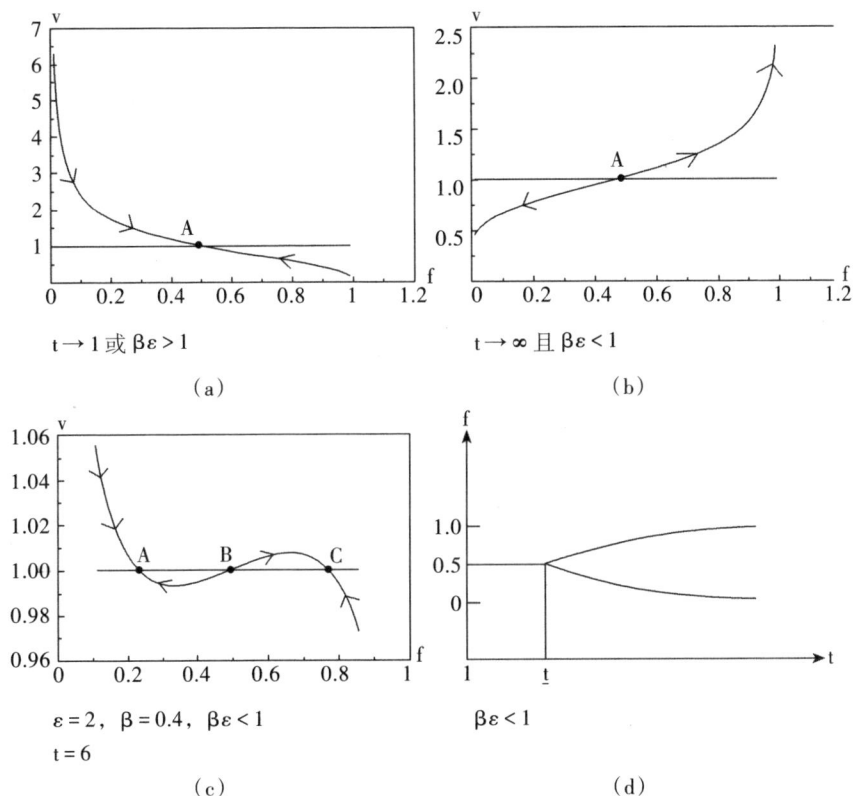

（a）　$t \to 1$ 或 $\beta\varepsilon > 1$

（b）　$t \to \infty$ 且 $\beta\varepsilon < 1$

（c）　$\varepsilon = 2$，$\beta = 0.4$，$\beta\varepsilon < 1$　$t = 6$

（d）　$\beta\varepsilon < 1$

图 3-4　两地区劳动者相对效用水平与两地区相对人口比例的数值模拟结果

注：v 表示地区 1 与地区 2 的劳动者的效用比；f（0<f<1）表示地区 1 的人口所占比例；t（>1）用来衡量两地区间的运输成本；β（0<β<1）是消费者支出中房产所占的比例；ε（>1）是差异化制成品之间的替代弹性。

资料来源　引自 Helpman（1998）。

需要说明的是，空间经济模型对集聚力和分散力的平衡性分析中，经济一体化程度（或贸易自由度）是最重要的参数，而由于 Helpman（1998）与 Krugman（1991b）对模型的假设存在差异，因此在分析这种影响上的结果是不同的。然而利用 Dixit-Stiglitz（1997）垄断竞争框架的诸多模型，虽然表面上看起来它们得出的经济一体化对于经济活动的分布的解释是有所不同的，但是进一步来看的话，它们揭示了很多共同的结论（Ottaviano & Puga，1998）。

图 3-5 是 CP 模型中地区间多重均衡状态的图解，根据安虎森（2009），可推知 $\phi^B = \dfrac{(\beta\varepsilon-1)\beta}{[(\varepsilon-1)+\varepsilon(1-\beta)](2-\beta)}$[①]，其中，$\beta(0<\beta<1)$ 是消费者支出中农产品所占的比例，$\varepsilon(>1)$ 是差异化制成品之间的替代弹性。

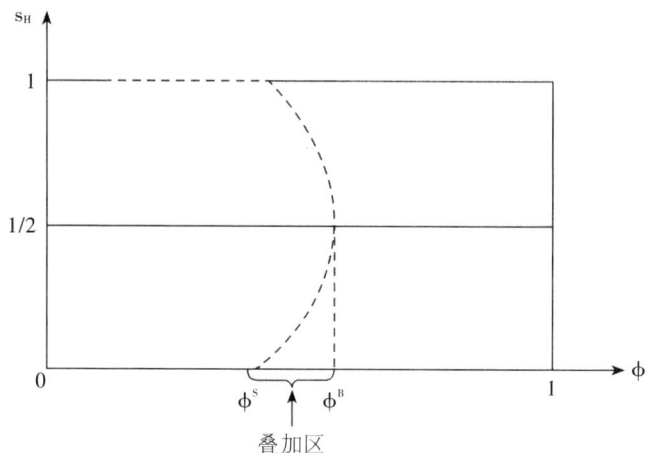

图 3-5 "中心-外围"模型的战斧图解

注：s_H 表示地区 1 的人口比例；ϕ 是贸易自由度；ϕ^S 是持续点，表示经济系统稳定时的地区间的贸易自由度；ϕ^B 是突破点，表示经济系统变得不稳定时的地区间的贸易自由度。

资料来源 引自安虎森（2009）。

由 ϕ^B 表达式可以看出：当 $\beta\varepsilon>1$ 时，有 $\phi^B>0$，因此可以保证存在一定的贸易自由度区间使得对称结构稳定，满足"非黑洞条件"；当 $\beta\varepsilon<1$ 时，有 $\phi^B<0$，即突破点不存在，这使得在任何自由度下都不存在使得对称结构稳定的均衡，因此现代部门都集聚在一个地区内，满足"黑洞条件"。

---

① 详细推导过程可参见安虎森（2009）第三章内容，为了保持和后面的符号一致，此处在变量符号的选取上与原文不同。

3.3.2 房价水平、差异化产品分布与城市集聚规模之间 关系的理论模型

3.3.2.1 市场潜能函数

在给出房价水平、差异化产品分布与城市集聚规模之间关系的理论模型表达之前，首先需要说明一下市场潜能函数的概念。

最早提出市场潜能概念的是 Harris（1954），他利用这个指标来解释美国制造业的区位分布，得到的结论是：美国工业集中的地区往往也是市场潜能大的地区。此后，市场潜能的概念逐渐成为新经济地理学中测度某一地区接近外部市场程度的最为常用的指标，在此类文献中都强调了某一个地区对厂商的吸引力取决于市场容量，而市场容量的大小是通过市场潜力这个概念来描述的。根据 Harris 的定义，对地区 k 的产品的需求量是其他地区的购买力（或收入）的加权和所决定的（这里以运输成本为权重），即市场潜能函数为：

$$MP_k = \sum_r Y_r g(d_{kr}) \tag{3-1}$$

其中，Y_r 是 r 地区的收入或购买力；d_{kr} 是 k 区域到 r 区域的距离；$g(\cdot)$ 是减函数。尽管在 Harris（1954）之后的很多实证研究都表明市场潜能函数所揭示的市场容量是刻画集聚力的一个很重要的因素，但是作为一个经验法则，它缺乏一个严密的微观基础。直到 Fujita 等（1999）的《空间经济学》利用新经济地理学的一般均衡模型进行推导，重新复兴了 Harris 的市场潜能函数的概念，这样就为使用市场潜能概念去研究经济活动的空间结构提供了严格的理论基础，同时将从一般均衡模型中得到的市场潜能函数称为修改的市场潜能函数（可参见（3-13）式）。

3.3.2.2 推广到多区域的 Krugman-Helpman 理论模型

根据 3.3.1 小节的内容和本章的研究目的，现在将在 Krugman（1991）的 CP 模型的基础上，借鉴 Helpman（1998）模型的基本范式来进行研究，引入推广到多区域的 Krugman-Helpman 模型，并借此给出房价水平、差异化产品分布与城市集聚规模之间关系的理论模型

表达。

假设一个国家存在 R 个地区；劳动力在地区间可自由流动；两个部门：生产地区间具有可贸易性的差异化制成品的现代部门和提供地区间不可贸易性房屋的房产部门。

先考虑一个地区内的情况：

对于消费者，具有 C-D 形式的双层效用函数：

$$U = C_M^{1-\beta} C_H^{\beta} \tag{3-2}$$

其中，β 表示消费者的支出用于房屋上的比例；C_H 是所提供的房屋的数量；C_M 是差异化制成品的数量指数，此处可将其理解成一个符合 CES 函数的子效用函数，即：

$$C_M = \left(\sum_i c_i^{\frac{\varepsilon-1}{\varepsilon}} \right)^{\frac{\varepsilon-1}{\varepsilon}} \tag{3-3}$$

其中，c_i 是消费者在第 i 类制成品上的消费量；ε（>1）是各小类制成品之间的替代弹性。消费者在该行业的大类 C_M 中选取差异化的各小类产品。由效用最大化条件（其中，Y 是收入；P 是房屋的价格指数）：

$$\begin{cases} \max C_M^{1-\beta} C_H^{\beta} \\ \text{s.t. } PC_H + \sum_i p_i c_i = Y \end{cases} \tag{3-4}$$

由（3-4）式可得到需求函数：

$$c_i = \left(\frac{p_i}{T} \right)^{\varepsilon} C_M, \quad C_M = \frac{(1-\beta)Y}{T}, C_H = \frac{\beta Y}{P} \tag{3-5}$$

其中，T 是差异化制成品的价格指数，且

$$T = \left(\sum_i p_i^{1-\varepsilon} \right)^{\frac{1}{1-\varepsilon}} \tag{3-6}$$

对于厂商，只使用工人这一种生产要素，且生产 x_i 单位的第 i 种产品需要的工人数为：

$$L_i = a + bx_i \tag{3-7}$$

这里（3-7）式是一种简化的处理，它表示任意种类的制成品具有相同的固定成本和不变的边际成本。

由利润最大化条件：

$$\begin{cases} \max\{p_i x_i - w(a + bx_i)\} \\ s.t. \ x_i = p_i^{-\varepsilon} \end{cases} \tag{3-8}①$$

解（3-8）式可得（w 是工人的名义工资）：

$$p_i = \frac{\varepsilon}{\varepsilon - 1} bw \tag{3-9}$$

再根据均衡时厂商利润为零，可知均衡产量和工人数量分别为：

$$x_i = x = \frac{a(\varepsilon - 1)}{b}, \quad L_i = L = a + bx = a + \frac{a(\varepsilon - 1)}{b} b = a\varepsilon \tag{3-10}$$

下面来考虑地区间的均衡结果：假设同一种产品只在一个地区生产，且每一个地区所生产的各种产品的生产技术和价格都相同，即具有对称性；制成品在不同地区间的运输成本采用新经济地理中普遍采用的"冰山"形式。

根据（3-5）式和（3-9）式，得到 k 地区生产的差异化制成品在各地区的销售总额为：

$$\sum_r \sum_i p_{ikr} c_{ikr} = n_k \sum_r (1 - \beta) Y_r (\frac{\varepsilon}{\varepsilon - 1} bw_k e^{td_{kr}}) T_r^{\varepsilon - 1} \tag{3-11}$$

其中，r 表示地区；n_k 是 k 地区的差异化制成品的种类数；t 是单位运输成本；d_{kr} 表示 k 地到 r 地的距离。

接下来，由零利润条件，位于 k 地区的厂商销售产品所得的销售总额等于付给工人的工资支出，所以有下面的等式成立：

$$w_k n_k a\varepsilon \ (\ = w_k L_{ik} n_k) = n_k \sum_r (1 - \beta) Y_r (\frac{\varepsilon}{\varepsilon - 1} bw_k e^{td_{kr}}) T_r^{\varepsilon - 1} \tag{3-12}$$

求解（3-12）式，得到：

$$w_k = \alpha (\sum_r Y_r e^{-t(\varepsilon - 1) d_{kr}} T_r^{\varepsilon - 1})^{\frac{1}{\varepsilon}} \tag{3-13}$$

其中，$\alpha = (1 - \beta)(\frac{\varepsilon}{\varepsilon - 1})^{1-\varepsilon} b^{1-\varepsilon}$，通常将（3-13）式称为修改的市场潜能函数，这也是前面 3.3.2.1 节中所提到的从新经济地理学的一般均衡模型中推导出的市场潜能函数。

参考（3-6）式，则 k 地区的差异化制成品的价格指数为：

$$T_k = [\sum_r (\sum_i p_{ikr})^{1-\varepsilon}]^{\frac{1}{1-\varepsilon}} = [\sum_r (\sum_i \frac{\varepsilon}{\varepsilon - 1} bw_r e^{td_{kr}})^{1-\varepsilon}]^{\frac{1}{1-\varepsilon}} = [\sum_r n_r (\frac{\varepsilon}{\varepsilon - 1} bw_r e^{td_{kr}})^{1-\varepsilon}]^{\frac{1}{1-\varepsilon}} \tag{3-14}$$

---

① 均衡时，需求量 c_i 等于产量 x_i，收入 Y 等于支出 E（假设没有储蓄），再根据（3-5）式，可知 $x_i = (1-\beta)E\frac{p_i^{-\varepsilon}}{p^{1-\varepsilon}}$，于是采用正规化的简要处理方式，可得 $x_i = mp_i^{-\varepsilon}$（m 是常数）。

3.3.2.3 几点说明

（1）Krugman-Helpman 理论模型的简化（Reduced）形式

到此为止，笔者给出了本章将要利用的推广到多地区的 Krugman-Helpman 理论模型。需要注意的是，对于（3-13）式中的修改的市场潜能函数，符合 Helpman（1998）利用均衡时地区 k 的名义工资来刻画该地区对于厂商和工人的吸引力的强度的含义，因此该式也建立起了名义工资和集聚这两者之间的正相关[①]。然而，通过（3-13）和（3-14）式等这样的均衡方程组而利用联立方程的方式来直接估计本书关注的结构参数是有一定困难的，除了实际估计中的困难之外，最重要的难度在于缺乏本地及周围地区的价格指数 T 的数据。因此，下面要借助于 Hanson（2005）提出的考虑到房产市场的均衡条件，它们分别是：

$$\frac{w_k}{P_k^\beta T_k^{1-\beta}} = \frac{w_r}{P_r^\beta T_r^{1-\beta}}, \quad (\forall k \neq r) \tag{3-15}$$

（3-15）式表示均衡时任意两地区的实际工资相等，其中 $P_k^\beta T_k^{1-\beta}$ 表示 k 地区的完全价格指数。

$$P_k H_k = \beta Y_k, \forall k \tag{3-16}$$

（3-16）式表示房产市场均衡时，消费者在房屋方面的支出占总收入的比例为 β。

将均衡条件（3-15）式变形得到：

$$T_r^{\varepsilon-1} = T_k^{\varepsilon-1} \left(\frac{w_r}{w_k}\right)^{\frac{\varepsilon-1}{1-\beta}} \left(\frac{P_r}{P_k}\right)^{\frac{-(\varepsilon-1)\beta}{1-\beta}}, \forall k \neq r \tag{3-17}$$

然后将（3-17）式与（3-13）式合并得到下式：

$$w_k = \alpha \left[\left(\frac{w_k}{T_k^{1-\beta} P_k^\beta}\right)^{\frac{1-\varepsilon}{1-\beta}} \sum_r^R Y_r w_r^{\frac{\varepsilon-1}{1-\beta}} P_r^{\frac{-(\varepsilon-1)\beta}{1-\beta}} e^{\tau(\varepsilon-1)d_{k_r}} \right]^{\frac{1}{\varepsilon}} \tag{3-18}$$

又根据（3-15）式，可知 $\left(\frac{w_k}{T_k^{1-\beta} P_k^\beta}\right)^{\frac{1-\varepsilon}{1-\beta}}$ 与地区 k 无关，因此可看作常数，最后对（3-18）式取对数形式，得到：

$$\ln w_k = \gamma + \frac{1}{\varepsilon} \ln[\sum_r^R Y_r w_r^{\frac{\varepsilon-1}{1-\beta}} P_r^{\frac{-(\varepsilon-1)\beta}{1-\beta}} e^{\tau(\varepsilon-1)d_{k_r}}] \tag{3-19}$$

① 尽管均衡时厂商的经济利润为零，但是它们支付的工资的高低也体现了厂商创造价值的能力，即当向心力占上风时，集聚了较多厂商和消费者的地区也会有较高的均衡名义工资。

其中，γ 表示整理后的相关参数的函数形式。

如果进一步考虑第二个均衡条件，则将（3-16）式变形得到：

$$P_k = \frac{\beta Y_k}{H_k}, \ \forall k \tag{3-20}$$

然后将（3-18）式和（3-19）式合并得到下式：

$$w_k = \alpha \left[\left(\frac{w_k}{T_k^{1-\beta} P_k \beta} \right)^{\frac{1-\varepsilon}{1-\beta}} \beta^{\frac{-(\varepsilon-1)\beta}{1-\beta}} \sum_r^R Y_r^{\frac{1-\beta\varepsilon}{1-\beta}} w_r^{\frac{\varepsilon-1}{1-\beta}} H_r^{\frac{(\varepsilon-1)\beta}{1-\beta}} e^{t(\varepsilon-1)x|_{kr}} \right]^{\frac{1}{\varepsilon}} \tag{3-21}$$

同样对（3-21）式取对数形式，得到：

$$\ln w_k = \gamma_1 + \frac{1}{\varepsilon} \ln \left[\sum_r^R Y_r^{\frac{1-\beta\varepsilon}{1-\beta}} w_r^{\frac{\varepsilon-1}{1-\beta}} H_r^{\frac{(\varepsilon-1)\beta}{1-\beta}} e^{t(\varepsilon-1)x|_{kr}} \right] \tag{3-22}$$

其中，γ_1 表示整理后的相关参数的函数形式。

可以看出（3-19）、（3-22）与（3-13）式一样，均比（3-1）式 Harris 所定义的市场潜能函数提供了更多的关于价格方面的信息，即强调了价格信息也会在经济活动的分布中起到重要的作用，并且（3-22）式也被称为拓展的市场潜能函数（Hanson，2005）。详细地说，（3-19）和（3-22）式表明了 k 地区的工资会随着其他地区工资的上升与房屋服务价格的下降（或房屋存量的增加）而增加，对于这个结论的理解是：从长期来看，其他地区的工资和房屋存量的增加，会使工人做出迁移到其他地区的打算，为了留住工人，k 地区会提高工资水平进而来补偿工人由于留在本地而没有迁移到其他地区去享受低房价和高工资而造成的损失。

（2）满足"非黑洞条件"的区域产业转移含义

在检验"非黑洞条件"的同时，也需要进一步考虑：如果满足"非黑洞条件"，那么沿海地区所出现的产业转移背后的含义是什么？是为高端制造业和服务业等提供更多的发展空间，进而实现区域的产业升级，还是在传统产业不断缩减的情况下，高端制造业和服务业仍然没有发展，而处于发展迟缓和停滞的过程中。也就是说，满足"非黑洞条件"的区域的产业是出现了"腾笼换鸟"的产业升级还是出现了"产业空心化"的局面？

考虑两个地区的情况，将（3-5）式代入（3-2）式中，可得到最优化后的间接效用函数：

$$U = \frac{\beta^{\beta}(1-\beta)^{1-\beta}Y}{T^{1-\beta}P^{\beta}} \tag{3-23}$$

在区域间，则（3-6）式可进一步变成：

$$T_1 = [fY_1^{1-\varepsilon} + (1-f)(Y_2 e^{td_{12}})^{1-\varepsilon}]^{\frac{1}{1-\varepsilon}} \tag{3-24}$$

将（3-24）式代入（3-23）式中，得到地区 1 和地区 2 的间接效用函数：

$$U_1 = \frac{\beta^{\beta}(1-\beta)^{1-\beta}Y_1}{[fY_1^{1-\varepsilon} + (1-f)(Y_2 e^{td_{12}})^{1-\varepsilon}]^{\frac{1-\beta}{1-\varepsilon}}P_1^{\beta}} \tag{3-25}$$

$$U_2 = \frac{\beta^{\beta}(1-\beta)^{1-\beta}Y_2}{[f(Y_1 e^{td_{12}})^{1-\varepsilon} + (1-f)Y_2^{1-\varepsilon}]^{\frac{1-\beta}{1-\varepsilon}}P_2^{\beta}} \tag{3-26}$$

这样便得到了地区间的相对效用函数：

$$v_{12} = \frac{U_1}{U_2} = \frac{Y_1}{Y_2}\left(\frac{P_1}{P_2}\right)^{-\beta}\left[\frac{fY_1^{1-\varepsilon} + (1-f)(Y_2 e^{td_{12}})^{1-\varepsilon}}{f(Y_1 e^{td_{12}})^{1-\varepsilon} + (1-f)Y_2^{1-\varepsilon}}\right]^{\frac{\beta-1}{\varepsilon-1}} \tag{3-27}$$

经过一阶泰勒展开，将（3-27）式变成下面的线性形式①：

$$\frac{f}{1-f} = -\frac{\varphi}{1-\varphi_2}\ln\varphi + \frac{(\varepsilon-1)\varphi}{(1-\beta)(1-\varphi^2)}\ln\frac{Y_1}{Y_2} - \frac{\varphi\beta}{(1-\beta)(1-\varphi^2)}\ln\frac{P_1}{P_2} \tag{3-28}$$

3.4 房价水平、差异化产品分布与城市集聚规模的实证研究

3.4.1 动态面板数据模型的设定

由上面的推导过程所得到的（3-19）和（3-22）式均可视为从 Krugman- Helpman 理论模型中得到的简化模型，它们都克服了在实践中直接估计均衡方程组所产生的缺乏数据的限制。这一小节的目的就是将推导出的工资方程作为媒介，然后利用估计出的简化模型的系数间接地推导出结构参数，以便检验"非黑洞条件"。

众所周知，在实证研究中通常遇到的一个问题是：将具有微观基础

---

① 泰勒展开过程可参见高波等（2012）。

的经济理论模型转化为计量模型时，如何选择恰当的代理变量。虽然（3-22）式较（3-19）式包含了更多均衡方面的信息，但是出于数据方面的限制，最终选择（3-19）式作为接下来计量分析中所依据的理论模型。

由于采用的是面板数据，所以先将（3-19）式改写成适合面板数据的形式：

$$\ln w_{kt} = \gamma + \frac{1}{\varepsilon}\ln[\sum_r^R Y_{rt} w_{rt}^{\frac{\varepsilon-1}{1-\beta}} P_{rt}^{\frac{-(\varepsilon-1)\beta}{1-\beta}} e^{t(\varepsilon-1)\mu_{k}}] + \varepsilon_{kt} \qquad (3-29)$$

考虑到个体间存在的异质性（Heterogeneity），特别是不可观测或被遗漏的异质性，这些差异往往不随时间而改变（或者在较短的时间间隔内不随时间而改变），如果这些遗漏的变量与解释变量相关，就会导致估计的不一致性，从而导致估计的失败。所以本书对（3-29）式进行了调整：

$$\ln w_{kt} = \gamma + \frac{1}{\varepsilon}\ln[\sum_r^R Y_{rt} w_{rt}^{\frac{\varepsilon-1}{1-\beta}} P_{rt}^{\frac{-(\varepsilon-1)\beta}{1-\beta}} e^{t(\varepsilon-1)\mu_{k}}] + u_k + \varepsilon_{kt} \qquad (3-30)$$

其中，u_k 是不可观测的、与时间无关的个体效应；ε_{kt} 是随机扰动项，服从零均值、同方差的正态分布。

进一步，一个地区的工资显然会受到前期工资的影响，同时由于影响工资的因素很多，而将被解释变量滞后一期便可以反映出这些潜在因素，因此加入了工资滞后变量的动态面板数据模型，不仅反映了时间上的动态性，而且还可以更好地避免因遗漏重要变量而导致的估计结果偏误，即感兴趣的不仅仅是工资变量的滞后变量的系数，同时考虑了动态行为时，对于模型中其估计系数的一致性和有效性也是至关重要的。

根据（3-30）式，构建的动态模型为：

$$\ln w_{kt} = \gamma + \frac{1}{\varepsilon}\ln[\sum_r^R Y_{rt} w_{rt}^{\frac{\varepsilon-1}{1-\beta}} P_{rt}^{\frac{-(\varepsilon-1)\beta}{1-\beta}} e^{t(\varepsilon-1)\mu_{k}}] + \rho \ln w_{k,t-1} + u_k + \varepsilon_{kt} \qquad (3-31)$$

模型（3-31）式的非线性性是一个需要处理的问题，在应用计量经济学领域，包含了非线性、内生性和工具变量的综合形式会使得判别函数出现很多的局部最低，因此造成了估计结果的偏误和不稳定性。考虑到这个原因，借鉴 Mion（2003）的做法，给出了（3-31）式对应的线性形式①，同时又将运输成本函数 $e^{t(\varepsilon-1)d_{kr}}$ 定义为 ηd_{kr}^{-1}，这样可以得到：

$$\ln w_{k_t} = c + \sum_r^R [(A_1 \bar{Y}_{rt} + A_2 \bar{P}_{rt} + A_3 \bar{w}_{rt}) d_{kr}^{-1}] + \rho \ln w_{k,t-1} + u_k + \varepsilon_{kt} \tag{3-32}$$

其中，c 是常数，$A_1 = \dfrac{\eta}{\varepsilon}$，$A_2 = \dfrac{\eta\beta(1-\varepsilon)}{\varepsilon(1-\beta)}$，$A_3 = \dfrac{\eta(\varepsilon-1)}{\varepsilon(1-\beta)}$，$\bar{Y}_{rt} = \dfrac{Y_{rt}\ln(Y_{rt})}{\sum\limits_r^R Y_{rt}}$，

$\bar{P}_{rt} = \dfrac{P_{rt}\ln(P_{rt})}{\sum\limits_r^R P_{rt}}$，$\bar{w}_{rt} = \dfrac{P_{rt}\ln(w_{rt})}{\sum\limits_r^R w_{rt}}$。

这样（3-32）式就写成了参数 A_1，A_2，A_3 的线性形式，为了书写和表达上的简洁，（3-32）式可以用矩阵的形式来表示：

$$\ln(w_t) = A_1 W \bar{Y}_t + A_2 W \bar{P}_t + A_3 W \bar{w}_t + B \ln(w_{t-1}) + \varepsilon_t \tag{3-33}$$

其中，W 是一个 R 阶的空间权重矩阵，$W_{R\times R} = \begin{pmatrix} d_{11}^{-1} & d_{12}^{-1} & \cdots & d_{1R}^{-1} \\ d_{21}^{-1} & d_{22}^{-1} & \cdots & d_{2R}^{-1} \\ \vdots & \vdots & \vdots & \vdots \\ d_{R1}^{-1} & d_{R2}^{-1} & \cdots & d_{RR}^{-1} \end{pmatrix}$；

w_t、$\bar{Y}_t$、$\bar{P}_t$、$\bar{w}_t$ 和 w_{t-1} 分别表示包含第 t 年的所有地区的相关数据的列向量的形式，例如 $\bar{Y}_t = (\bar{Y}_{1t}, \bar{Y}_{2t}, \cdots, \bar{Y}_{Rt})^T$。

这样（3-33）式也可以写成：

$$\ln w_{kt} = c + A_1 W_k \bar{Y}_t + A_2 W_k \bar{P}_t + A_3 W_k \bar{w}_t + \rho \ln w_{k,t-1} + \beta^{L_1} \sum_{L_1} Z_{kt} + u_k + \varepsilon_{kt} \tag{3-34}$$

与上面（3-29）、（3-30）和（3-31）式的考虑相同，根据（3-28）式可得到：

$$re_{kt} = \beta_0 + \beta_1 re_{k,t-1} + \beta_2 rp_{kt} + \beta_3 rw_{kt} + \beta^{L_2} \sum_{L_2} Z_{kt} + u_k + \varepsilon_{kt} \tag{3-35}$$

其中，re 表示城市某产业的相对就业率；rp 表示城市的相对房价；rw 表示城市的相对工资。

如果相对房价上升，在引起相对就业减少的同时也促进了高附加值（比如高端制造业和服务业）产业相对产值的增加，则可以推断发生了产业升级，因此在（3-35）式的基础上构建了相对房价与产业相对产值的模型：

---

① 此处线性化过程可参见 Mion（2003）。

$$rg_{kt} = \beta_0 + \beta_1 rg_{k,t-1} + \beta_2 rp_{kt} + \beta_3 rw_{kt} + \beta^{L_2} \sum_{L_2} Z_{kt} + u_k + \varepsilon_{kt} \quad\quad (3-36)$$

其中，rg 是城市某产业的相对产值。

进一步，为了更加深入地比较，根据（3-35）和（3-36）式，分别对第二产业和第三产业建构了相对就业、相对产值与相对房价之间的模型：

$$sre_{kt} = \beta_0 + \beta_1 sre_{k,t-1} + \beta_2 rp_{kt} + \beta_3 rw_{kt} + \beta^{L_2} \sum_{L_2} Z_{kt} + u_k + \varepsilon_{kt} \quad\quad (3-37)$$

$$tre_{kt} = \beta_0 + \beta_1 tre_{k,t-1} + \beta_2 rp_{kt} + \beta_3 rw_{kt} + \beta^{L_2} \sum_{L_2} Z_{kt} + u_k + \varepsilon_{kt} \quad\quad (3-38)$$

$$srg_{kt} = \beta_0 + \beta_1 srg_{k,t-1} + \beta_2 rp_{kt} + \beta_3 rw_{kt} + \beta^{L_2} \sum_{L_2} Z_{kt} + u_k + \varepsilon_{kt} \quad\quad (3-39)$$

$$trg_{kt} = \beta_0 + \beta_1 trg_{k,t-1} + \beta_2 rp_{kt} + \beta_3 rw_{kt} + \beta^{L_2} \sum_{L_2} Z_{kt} + u_k + \varepsilon_{kt} \quad\quad (3-40)$$

其中，sre、srg 表示第二产业的相对就业率和相对产值；trg、tre 表示第三产业的相对就业率和相对产值。

（3-34）式至（3-40）式均加入了增加模型稳健性的控制变量，以 Z_{kt} 的形式给出。

3.4.2 数据来源、指标说明及变量的统计描述

3.4.2.1 数据来源和指标说明

本章所使用的样本来自 2003—2010 年长三角地区的 16 个城市、珠三角地区的 13 个城市和环渤海地区的 19 个城市的面板数据，共计 384 组。

在样本的选取上，自改革开放以来，长三角、珠三角和环渤海地区借助所处的地理位置的优势，迅猛发展并逐步成为引领中国经济快速发展的"增长极"，特别是近年来，随着土地、能源等各种资源的制约，各个省、市在经济发展中难免会遇到瓶颈期，以这三大经济区带领下的大区域经济的发展便成为一条合乎中国现实的发展道路，因此这三大经济区的均衡发展越来越受到人们的关注（郭晔，2010）。在城市的选取上，长三角地区包括 16 个城市：上海、南京、无锡、常州、苏州、南通、扬州、镇江、泰州、杭州、宁波、嘉兴、湖州、

绍兴、舟山和台州；珠三角地区包括 13 个城市：广州、韶关、深圳、珠海、汕头、佛山、江门、湛江、茂名、肇庆、惠州、东莞和中山；对于环渤海地区，到目前为止没有明确的区域划分，因此选取了一些较为重要而且联系紧密的城市：北京、天津、石家庄、唐山、秦皇岛、沧州、沈阳、大连、丹东、锦州、营口、盘锦和葫芦岛，共计 19 个城市。

在时间跨度的选取上，本章选取了 2003—2010 年共 8 年的数据，这主要是考虑到从 2003 年开始，《中国国土资源年鉴》中才有地级市层面上的有关国有土地供应按照协议出让、招标出让、挂牌出让和拍卖出让这四种出让形式划分的分类数据。

根据（3-34）式，选取的指标有：长三角、珠三角和环渤海地区共 48 个城市的工资水平、收入水平、房产价格、各个城市之间的距离等指标，全部数据来源于《中国城市统计年鉴》（2004—2011）、《中国国土资源年鉴》（2004—2011）。其中，各个城市的收入水平按照各个城市的国内生产总值（GDP）来衡量（单位：亿元）；工资水平用各个城市的职工平均工资表示（单位：元）；48 个城市之间的距离通过 Google Earth 电子地图直接读取得到（单位：公里），而各个城市 r 内部的距离数据依据的是国际通行的 $d_{rr} = \frac{2}{3}\sqrt{\dfrac{城市r的土地面积}{\pi}}$（单位：公里）；城市 k 的房价采用城市建成区上的房地产投资额表示（单位：万元/平方公里）。

根据（3-35）式至（3-40）式，相对就业用城市 k 的某产业的单位就业人数除以所有城市的单位就业人数的平均值；相对产值采用城市 k 的某产业的产值除以所有城市的单位就业人数的平均值；相对房价采用城市 k 的房价除以所有城市的房价的平均值；相对工资采用城市 k 的职工平均工资除以所有城市的职工平均工资的平均值。以上指标计算中的全部数据来源于《中国城市统计年鉴》（2004—2011）。

此外，为了保证计量结果的稳健性，选择了一些控制变量，用来衡量城市的就业结构、产业结构、吸收外资、人口密度效应所带来的空间外部性以及城市公共品的投入，它们分别是中等学校以上的学生人数占城市总人口的比重（sall）、第二产业和第三产业占 GDP 的比重（industry）、各城市实际利用外商投资额占 GDP 的比重（fdi）、城市的人口密度（dens）和城市每万人拥有的图书册数（book）。

3.4.2.2 变量的统计描述

根据上文的阐述，模型中所涉及的指标的统计描述见表 3-1 和表 3-2，从表 3-2 中可以很容易地看到职工平均工资对数，$W_k\bar{Y}_t$，$W_k\bar{P}_r$，$W_k\bar{w}_t$，中等学校以上的在校学生占总人口的比重，第二、三产业的比重和每万人拥有的图书数量的均值随时间呈现了上升的趋势，而实际利用外商投资额占 GDP 的比重的均值则随时间呈现出了下降的趋势。

表 3-1　　　　　　主要变量的描述统计（2003—2010 年）

变量	指标含义	均值	标准差	最小值	最大值	观测值
$\ln w_{k,t}$	职工平均工资对数	4.396	0.174	3.989	4.857	384
$W_k\bar{Y}_t$		0.0116	0.0052	0.0042	0.0243	384
$W_k\bar{w}_t$		0.00480	0.0025	0.0015	0.0157	384
$W_k\bar{P}_t$		0.0139	0.0073	0.0047	0.0466	384
re_{kt}	相对就业	1	1.315	0.126	10.93	384
rg_{kt}	相对产值	1	0.932	0.138	5.115	384
sre_{kt}	第二产业相对就业	1	0.977	0.0985	6.927	384
srg_{kt}	第二产业相对产值	1	0.845	0.113	4.968	384
tre_{kt}	第三产业相对就业	1	1.684	0.152	13.54	384
trg_{kt}	第三产业相对产值	1	1.217	0.0895	6.066	384
rw_{kt}	相对工资	1	0.278	0.585	1.863	384
rh_{kt}	相对房价	1	0.754	0.107	5.111	384
$sall_{kt}$	中等学校以上的在校学生占总人口比重	0.087	0.0289	0.0017	0.194	384
ind_{kt}	第二、三产业比重	91.40	6.283	68.54	99.93	384
fdi_{kt}	实际利用外商投资额占 GDP 的比重	0.0496	0.0349	0.0014	0.201	384
$dens_{kt}$	城市人口密度	654.4	426.4	157.8	2 700	384
$book_{kt}$	每万人拥有的图书	84.950	112.995	1	883.4	384

表 3-2　　　　　　　　　　　主要变量的均值与标准差

变量	2003 年	2005 年	2007 年	2009 年	2010 年
$\ln w_{k,t}$	4.2038 (0.1375)	4.3133 (0.1254)	4.4214 (0.1156)	4.5269 (0.1056)	4.6069 (0.0931)
$W_k \bar{Y}_t$	0.0106 (0.0048)	0.0110 (0.0049)	0.0114 (0.0051)	0.0117 (0.0051)	0.0119 (0.0052)
$W_k \bar{P}_t$	0.0129 (0.0062)	0.0139 (0.0081)	0.0141 (0.0075)	0.0143 (0.0077)	0.0144 (0.0072)
$W_k \bar{w}_t$	0.0039 (0.0018)	0.0048 (0.0027)	0.0050 (0.0025)	0.0051 (0.0026)	0.0054 (0.0025)
$sall_{kt}$	0.0835 (0.0186)	0.0860 (0.0272)	0.0888 (0.0301)	0.0890 (0.0338)	0.0880 (0.0336)
$industry_{kt}$	89.4890 (6.7808)	90.6938 (6.8677)	92.2490 (6.0424)	92.3367 (5.6851)	92.6290 (5.4032)
fdi_{kt}	0.0747 (0.0499)	0.0501 (0.0335)	0.0457 (0.0305)	0.0389 (0.0245)	0.0384 (0.0257)
$dens_{kt}$	631.0167 (397.8081)	684.9627 (495.3394)	657.9813 (416.1092)	626.9638 (450.3850)	678.8444 (437.0087)
$book$	61.0189 (79.5405)	71.1833 (83.0151)	92.5635 (125.4836)	96.8792 (120.68)	109.0729 (151.511)

3.4.3　计量方法及经验结果分析

3.4.3.1　动态面板模型

面板数据的一个优点是可以对个体的动态行为进行建模。由于惯性和调整过程，个体的当前行为会取决于过去的行为，这样在面板模型中，如果解释变量中含有被解释变量的滞后值，则称之为动态面板数据模型（Dynamic Panel Data Model）。正是因为动态面板数据模型中包含滞后的被解释变量，因此会导致解释变量与随机扰动项相关，从而产生

① 此小节主要参考白仲林（2008）、陈强（2010）和王津港（2009）。

内生解释变量的问题。

对于个体效应的动态面板数据模型：

$$y_{it} = \alpha + \rho y_{i,t-1} + u_i + \varepsilon_{it}, (t = 2, \cdots, T) \tag{3-41}$$

方程两边对时间取平均可得：

$$\bar{y}_{it} = \alpha + \rho \bar{y}_{i,t-1} + u_i + \bar{\varepsilon}_{it}, (t = 2, \cdots, T) \tag{3-42}$$

为了消去个体效应 u_i，得到离差形式为：

$$y_{it} - \bar{y}_i = \rho(y_{i,t-1} - \overline{y_{i,t-1}}) + (\varepsilon_{it} - \bar{\varepsilon}_i), (t = 2, \cdots, T) \tag{3-43}$$

其中，$\overline{y_{i,t-1}}$ 中含有 $y_i, \cdots, y_{t-1}$ 的信息，显然与 $(\varepsilon_{it} - \bar{\varepsilon}_i)$ 同期相关，因此对于动态面板数据模型，即使是固定效应估计量（FE）或者组内估计量（Within Estimator）也是不一致的，称之为"Nickell 偏倚"。

对于长面板数据（n 小，T 大），Nickell 偏倚较小，而对于短面板数据（n 大，T 小），Nickell 偏倚较大，即 $\plim_{N \to \infty} (\hat{\rho}_{within} - \rho) \neq 0$，所以对于宏观数据利用组内回归勉强可以接受，而微观数据使用组内回归则一定有偏。

如果采用一阶差分法来消除个体效应：

$$y_{it} - y_{i,t-1} = \rho (y_{i,t-1} - y_{i,t-2}) + (\varepsilon_{it} - \varepsilon_{i,t-1}) \tag{3-44}$$

仍然存在 $y_{i,t-1}$ 与 $\varepsilon_{i,t-1}$ 同期相关的问题，所以一阶差分估计量（DE）也是不一致的。以上方法都是由 OLS 演变而来的，所以对于动态面板数据，一般要采用新的方法来进行估计，即工具变量法（IV）和广义矩估计法（GMM）。

广泛使用的 OLS 类估计和 ML 类估计均要求模型误差项的分布类型是已知的，但是对于实际问题，这样的设定条件是难以做到的。Hansen（1982）克服了这个困难，在误差项分布类型未知的情况下，采用统计类推原理（即使用样本矩代替总体矩），提出了 GMM 方法。基于 GMM，很多建立在 GMM 框架下的动态面板数据模型的估计方法被相继提出，其中比较有代表性的是：Anderson & Hsiao（1981）、Arellano & Bond（1991）、Arellano & Bover（1995）和 Blundell & Bond（1998）等构建了动态面板数据模型的一致估计量。

Anderson & Hsiao（1981）提出使用 $y_{i,t-2}$ 作为 $(y_{i,t-1} - y_{i,t-2})$ 的工具变

量，显然在$\{\varepsilon_{it}\}$不存在序列相关的前提下，工具变量$y_{i,t-2}$既符合与$(y_{i,t-1} - y_{i,t-2})$高度相关，又符合$cov(y_{i,t-2}, \varepsilon_{it} - \varepsilon_{i,t-1}) = 0$，将利用此工具变量法得到的工具变量称为"Anderson & Hsiao"估计量。

然而很多滞后变量都符合这样的工具变量的要求，即$E\{(\varepsilon_{it} - \varepsilon_{i,t-1}) y_{i,t-s}\} = 0, s = 2, \cdots, T$，因此 Anderson & Hsiao 估计量没有充分利用信息，所以不是最有效率的。Arellano & Bond（1991）改进了这个问题，使用所有可能的滞后变量作为工具变量，进行了广义矩估计，一般称为标准一阶差分广义矩估计（Difference GMM）。

标准一阶差分广义矩估计是对差分后的方程进行估计，所以会带来一些问题，比如内生解释变量问题和弱工具变量（Weak Instruments）问题，为了解决这样的一些问题，Arellano & Bover（1995）重新回到了差分之前的水平方程进行估计，称为水平广义矩估计（Level GMM）。

Blundell & Bond（1998）将差分广义矩估计和水平广义矩估计结合在一起，即将差分方程和水平方程这两个方程合并在一起，这样就形成一个方程系统而进行估计，称为系统矩估计（System GMM）。Hayakawa（2005）指出，由于系统 GMM 估计量的偏误是通过方向相反的一阶差分估计量和水平方程估计量的加权平均来计算的，所以系统 GMM 估计相对于其他方法具有最小的偏误程度。在满足一定的假设条件下，系统矩估计充分利用了样本的信息，因此提高了估计的效率。但如果个体效应与异质性冲击的方差比非常小或者非常大，系统 GMM 的估计偏误可能大于一阶差分 GMM。

3.4.3.2 计量检验及结果分析

（1）面板数据单位根检验

面板数据分析的前提是假定数据在时间维度上是平稳的，否则就可能会出现伪回归的情况，为了避免模型估计中存在的"伪回归"，需要先对面板数据进行单位根检验。一般的时间序列的单位根检验方法有 DF 检验、ADF 检验、PP 检验和 KAPP 检验等，而对于面板数据，根据数据生成方式的不同，可以分为同质面板和异质面板，因此面板数据的单位根检验也可以分为两大类：一是针对同质面板数据的 LLC（Levin-Lin-Chu）检验、Bretung 检验和 Hadri 检验，这些检验均认为各个截面存在共同的单位根过程；二是针对异质面板数据的 IPS（Im-Pesaran-Shin）检验、Fish-ADF 检验和 Fish-PP 检验，这些检验放松了同质性的假定，允许不同截面存在不同的单位根过程。

面板单位根检验的优势是可以克服传统时间序列单位根检验的小样本偏误，从一定程度上控制了不可观测的个体效应和截面相关性，而不足之处是面板数据的单位根检验方法还没有一个统一的结论，并且各种单位根检验方法本身又有一定的局限性。为了使得检验结果更加可靠而避免检验结果的偏误，本书同时运用 LLC 和 Fish-PP 这两种检验方法。

从表 3-3 中可以看到，不论在相同根还是在不同根的情况下，模型中的职工平均工资对数序列和滞后一期的对数序列，$W_k\bar{Y}_t$ 序列，$W_k\bar{P}_t$ 序列，$W_k\bar{w}_t$ 序列，相对就业和滞后一期的序列，相对产值和滞后一期的序列，第三产业相对就业和滞后一期的序列，第三产业相对产值和滞后一期的序列，第二产业相对就业和滞后一期的序列，第二产业相对产值，相对房价序列，相对工资序列，中等学校以上的在校学生占总人口的比重序列，第二、二产业的比重序列，实际利用外商投资额占 GDP 的比重序列，人口密度序列和每万人拥有的图书序列均为平稳序列，只有第二产业的相对产值的一期滞后是一阶平稳序列，而由于一阶差分 GMM 是对原模型中的各个变量取一阶差分后的模型进行估计，以上的各个变量在差分后的模型中均为平稳序列，所以可以直接纳入回归模型进行参数估计。

表 3-4 是环渤海地区的单位根检验结果，职工平均工资对数序列，中等学校以上的在校学生占总人口的比重序列，第二、三产业的比重序列，实际利用外商投资额占 GDP 的比重序列和人口密度序列是平稳序列，而职工平均工资滞后一期的对数序列、$W_k\bar{Y}_t$ 序列、$W_k\bar{P}_t$ 序列和 $W_k\bar{w}_t$ 序列均为一阶平稳序列，而由于一阶差分 GMM 是对原模型中的各个变量取一阶差分后的模型进行估计，以上的各个变量在差分后的模型中均为平稳序列，所以可以直接纳入模型进行估计。

表 3-3 三个地区的单位根检验结果

检验变量	检验类型	同质面板：LLC检验		异质面板：Fish-PP检验	
		统计量	P 值	统计量	P 值
$\ln w_{kt}$	（c，t）	−10.888	0	140.221	0.002
$\ln w_{k,t-1}$	（c，t）	−13.979	0	164.406	0.0035
$W_k \bar{Y}_t$	（c，0）	−15.382	0	116.320	0.078
$W_k \bar{P}$	（c，t）	−9.641	0	169.130	0
$W_k \bar{w}_t$	（c，0）	−4.544	0	179.619	0
re_{kt}	（c，0）	−10.817	0	187.373	0
$re_{k,t-1}$	（c，0）	−8.229	0	186.178	0
rg_{kt}	（c，0）	−22.223	0	148.025	0
rg_{kt-1}	（c，0）	−6.588	0	123.452	0.031
sre_{kt}	（c，0）	−13.797	0	216.850	0
sre_{kt-1}	（c，0）	−11.799	0	201.114	0
srg_{kt}	（c，0）	−7.097	0	156.122	0
srg_{kt-1}	（c，t）	−11.836	0	111.979	0.127
Δsrg_{kt-1}	（c，0）	−13.486	0	166.732	0
tre_{kt}	（c，0）	−11.777	0	190.004	0
tre_{kt-1}	（c，0）	−9.946	0	200.509	0
trg_{kt}	（c，0）	−21.242	0	143.611	0
trg_{kt-1}	（c，0）	−6.100	0	124.379	0.027
rw_{kt}	（c，t）	−8.443	0	130.536	0.011
rh_{kt}	（c，0）	−10.351	0	185.879	0
$sall_{kt}$	（c，0）	−19.385	0	215.733	0
ind_{kt}	（c，0）	−34.693	0	338.436	0
fdi_{kt}	（c，0）	−12.631	0	315.544	0
$dens_{kt}$	（c，0）	−5.795	0	147.658	0
$book_{kt}$	（c，t）	−12.377	0	184.093	0

表 3-4 环渤海地区的单位根检验结果

检验变量	检验类型	同质面板：LLC检验		异质面板：Fish-PP检验	
		统计量	P值	统计量	P值
$\ln w_{kt}$	（c，t）	−3.836	0	50.361	0.086
$\ln w_{k,t-1}$	（c，t）	−4.755	0	47.817	0.132
$\Delta \ln w_{k,t-1}$	（c，0）	−5.298	0	67.044	0
$W_k \bar{Y}_t$	（c，t）	−2.244	0.012	9.143	1
$\Delta W_k \bar{Y}_t$	（c，t）	−10.518	0	73.367	0
$W_k \bar{P}$	（c，t）	−3.889	0	43.596	0.246
$\Delta W_k \bar{P}$	（c，0）	−6.210	0	62.040	0.0082
$W_k \bar{w}_t$	（c，t）	−2.753	0.003	25.522	0.939
$\Delta W_k \bar{w}_t$	（c，0）	−5.863	0	65.138	0.004
$sall_{kt}$	（c，0）	−7.005	0	151.460	0
ind_{kt}	（c，0）	−12.973	0	100.869	0
fdi_{kt}	（c，0）	−10.005	0	88.984	0
$dens_{kt}$	（c，0）	−5.758	0	84.893	0
$book_{kt}$	（c，0）	−11.462	0	91.943	0

注：检验形式中的（c，0）表示检验方程中包含常数项，（c，t）表示检验方程中包含常数项和时间趋势项。

表 3-5 是长三角和珠三角地区的单位根检验结果，无论同质面板还是异质面板下的检验都显示各个变量是平稳的，可以直接纳入回归模型。

（2）基于动态面板数据的回归结果

本书所构建的（3-34）式至（3-40）式中，包含了被解释变量的一阶滞后项，这样会引起内生性问题，这种情况下如果采用标准的混合最小二乘估计以及固定效应和随机效应的估计方法均会导致参数估计值的偏误和非一致性。下面采用 Arellano & Bond（1991）所提出的

表 3-5　　　　　　　　　长三角和珠三角地区的单位根检验结果

检验变量	检验类型	同质面板：LLC检验		异质面板：Fish-PP检验	
		统计量	P值	统计量	P值
$\ln w_{kt}$	（c，t）	−10.521	0	89.880	0.046
$\ln w_{k,t-1}$	（c，0）	−6.113	0	96.350	0.0012
$W_k \bar{Y}_t$	（c，0）	−8.228	0	212.678	0
$W_k \bar{P}$	（c，0）	−22.051	0	90.514	0.0041
$W_k \bar{w}_t$	（c，0）	−15.845	0	170.194	0
$sall_{kt}$	（c，0）	−12.710	0	145.384	0
ind_{kt}	（c，0）	−36.260	0	237.567	0
fdi_{kt}	（c，0）	−9.139	0	226.560	0
$dens_{kt}$	（c，0）	−5.284	0	106.168	0
$book_{kt}$	（c，t）	−6.125	0	92.150	0.0029

注：检验形式中的（c，0）表示检验方程中包含常数项，（c，t）表示检验方程中包含常数项和时间趋势项。

Difference GMM 来对（3-34）、（3-35）和（3-36）式进行参数估计，该方法又进一步分为一步 GMM 和两步 GMM，其中两阶段估计是利用第一阶段估计得到的残差构造方差-协方差矩阵，然后再重新估计模型，这样能更好地处理由于样本异质性而造成的对回归的干扰，对于处理异方差问题具有比较强的稳健性，但是这也说明两步法是严重依赖于估计参数的，因此 Arellano & Bond（1991）建议采用一步法进行系数显著性的统计推断，然后再采用两阶段给出的统计量进行模型的筛选。尽管如此，Windmeijer（2005）通过模拟分析发现，采用纠偏（Bias-corrected）后的稳健性估计，可以更好地进行统计推断。需要注意的是，差分 GMM 成立的前提是原方程中的扰动项不存在自相关，为此需要检验扰动项的一阶差分不存在二阶及二阶以上的自相关。此外，GMM 对于工具变量的选择比较敏感，当解释变量在时间上的持续性较强的时候，这些滞后的水平变量可能产生弱工具变量问题，而失去了工具变量的有效性。

　　考虑到上述原因，并且为了保证 Arellano & Bond 估计量的一致性，本书在动态面板回归之后分别使用了 Arellano & Bover（1995）和 Blundell & Bond（1998）的两类检验工具，进行了 AR（2）二阶序列相关检验和 Sargan 过度识别检验，在检验结果中分别报告了两种检验的相关 P 值以及系数联合显著性检验 Wald 检验的相关 P 值，以增加回归结果的可信度。

表 3-6　　　　　"非黑洞条件"的一阶差分 GMM 检验结果

解释变量	三大地区		环渤海地区		长三角和珠三角地区	
	模型1	模型2	模型3	模型4	模型5	模型6
职工平均工资滞后一期的对数值（$\ln w_{k,t-1}$）	0.967*** (31.31)	0.951*** (27.23)	0.754*** (5.45)	0.763*** (7.18)	0.0973 (1.61)	0.978*** (24.10)
$W_k \bar{Y}_t$	4.719 (1.00)	7.585* (1.75)	31.496* (1.24)	45.570* (1.78)	6.092 (1.61)	7.683** (2.12)
$W_k \bar{P}$	−8.022** (−2.06)	−9.208** (−2.50)	−29.424* (−1.86)	−25.115** (−1.99)	−4.267 (−1.56)	−4.882* (−1.66)
$W_k \bar{w}_t$	24.161*** (2.95)	26.421*** (2.99)	117.219* (1.69)	98.885* (1.80)	12.790* (1.90)	14.612** (2.06)
中等学校以上的在校学生占总人口比重（sall）		−0.305 (−0.82)		0.668 (0.72)		−0.779** (−2.49)
第二、三产业比重（ind）		0.0024*** (3.34)		0.004* (1.67)		0.002 (1.08)
实际利用外商投资额占GDP的比重（fdi）		0.363** (2.32)		0.325 (1.59)		0.241* (1.77)
城市人口密度（dens）		0.016 (0.06)		−0.270 (−1.41)		−0.091 (−0.54)
每万人拥有的图书数（book）		0.00009 (0.69)		−0.0003* (−1.75)		0.00007* (1.69)
常数项	0.139 (1.27)	−0.0425 (−0.27)	0.775* (1.80)	0.258 (1.09)	0.077 (0.51)	−0.115 (−0.48)
估计方法	两步GMM	两步GMM	一步GMM	一步GMM	两步GMM	两步GMM
差分方程的工具变量	$\ln w_{k,t-2}$ 以及更多滞后项	$\ln w_{k,t-2}$ 以及更多滞后项	$\ln w_{k,t-2}$ $\ln w_{k,t-3}$ $\ln w_{k,t-4}$	$\ln w_{k,t-2}$ $\ln w_{k,t-3}$ $\ln w_{k,t-4}$	$\ln w_{k,t-2}$ 至 $\ln w_{k,t-6}$	$\ln w_{k,t-2}$ 至 $\ln w_{k,t-6}$
Wald	0	0	0	0	0	0
AR（1）	0.015	0.021	0.042	0.036	0.002	0.007
AR（2）	0.877	0.720	0.145	0.180	0.067	0.094
Sargan	0.013	0.051	0.277	0.523	0.181	0.194
有效样本数	288	288	114	114	174	174

注：1. 各个模型的被解释变量为职工平均工资的对数值；

2. 括号里的值是估计系数的 t 统计量。

***、**、*分别表示在 1%、5%、10%水平上显著。

计量结果均通过 Wald 检验、Sargan 过渡识别检验和 Arllano & Bond AR（2）检验。

先来估计（3-34）式，回归结果见表 3-6，可以看出 AR（2）检验的结果显示不能拒绝差分后的扰动项不存在二阶序列相关的原假设，这说明模型设定是合理的；Sargan 过度识别检验的结果表明不能拒绝工具变量均有效的原假设，这说明模型中所选择的工具变量是有效的，不存在弱工具变量问题；Wald 检验的结果显示拒绝了所有解释变量系数均为零的原假设（其 P 值均为零）。从表 3-6 中可以看出，对于三大地区而言，$W_k\bar{Y}_t$、$W_k\bar{P}$ 和 $W_k\bar{w}_t$ 的符号分别为正、负和正，这些和理论预期相符合，此外模型 1 中 $W_k\bar{Y}_t$ 变量并不显著，而在加入了控制变量后的模型 2 中，$W_k\bar{Y}_t$ 变量在 10% 水平上显著为正，$W_k\bar{P}$ 和 $W_k\bar{w}_t$ 的系数在模型 1 和模型 2 中均在 5% 和 1% 的水平上显著。

在中国的经济规模的总体表现上，可以分成四个层次：第一层次是长三角与珠三角地区；第二层次是环渤海地区；第三层次是中部地区；第四层次是东北、西南与西北地区。所以本书将样本分为两组：一个是环渤海地区，另一个是长三角与珠三角地区，然后对这两组子样本分别进行了估计。在环渤海地区的检验中，模型 3 中 $W_k\bar{Y}_t$、$W_k\bar{P}$ 和 $W_k\bar{w}_t$ 的符号与预期相符，且系数在 10% 的水平上显著，在加入了控制变量的模型 4 中，$W_k\bar{Y}_t$、$W_k\bar{P}$ 和 $W_k\bar{w}_t$ 的符号没变，且系数分别在 10%、5% 和 10% 的水平上显著。在对长三角和珠三角地区的检验中，模型 5 中 $W_k\bar{Y}_t$、$W_k\bar{P}$ 和 $W_k\bar{w}_t$ 的符号与预期相符，但只有 $W_k\bar{w}_t$ 的系数在 10% 的水平上显著，在加入了控制变量的模型 6 中，$W_k\bar{Y}_t$、$W_k\bar{P}$ 和 $W_k\bar{w}_t$ 的符号没有改变，且系数分别在 5% 和 10% 的水平上显著。

接下来便利用简化模型 2、模型 4 和模型 6 所估计出的 $W_k\bar{Y}_t$、$W_k\bar{P}$ 和 $W_k\bar{w}_t$ 前面的三个系数 A_1、A_2 和 A_3，通过（3-32）式中的关系式 $A_1 = \dfrac{\eta}{\varepsilon}$，$A_2 = \dfrac{\eta\beta(1-\varepsilon)}{\varepsilon(1-\beta)}$，$A_3 = \dfrac{\eta(1-\varepsilon)}{\varepsilon(1-\beta)}$，得到本书最终关心的结构参数值。

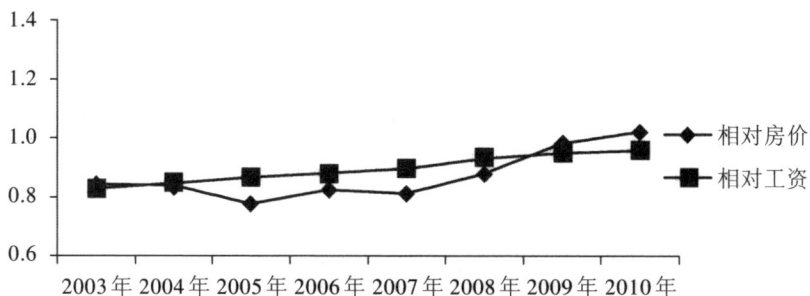

（a）环渤海地区

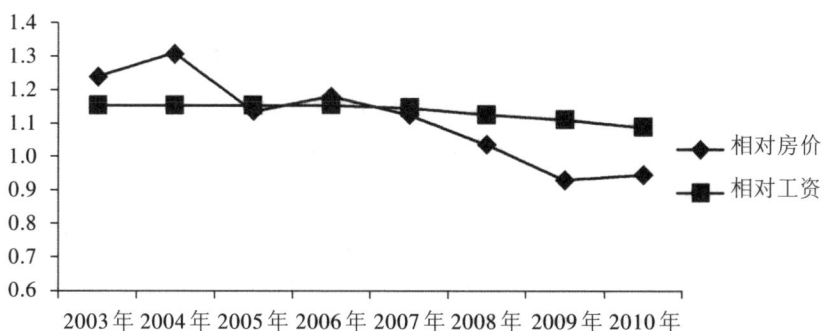

（b）长三角地区

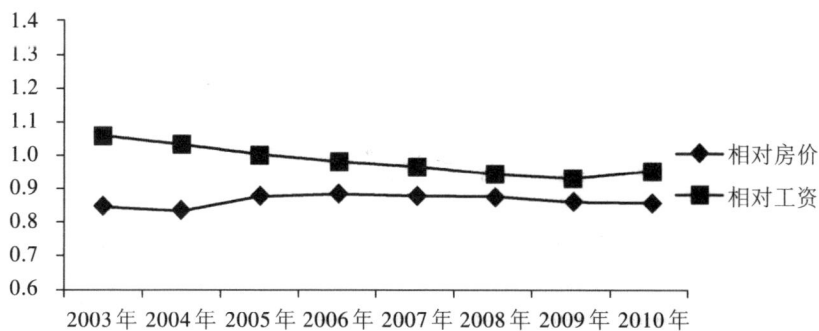

（c）珠三角地区

图 3-6　三大地区的相对房价与相对工资

资料来源　根据《中国城市统计年鉴》（2004—2011）整理计算得到。

　　从表 3-7 中可以看到三大地区的差异化产品间的替代弹性为 3.269，房产支出比例为 0.651，两者的乘积满足"非黑洞条件"；环渤海地区的差异化产品间的替代弹性为 2.619，房产支出比例为 0.746，两者的乘积满足"非黑洞条件"；长三角和珠三角地区的差异化产品间的替代弹性为 2.266，房产支出比例为 0.669，两者的乘积满足"非黑洞条件"。比较来看，长三角和珠三角地区的替代弹性比环渤海地区要小，这说明长三角和珠三角地区的产业集聚程度更大，因此生产出的差异化产品的种类更丰富，更能满足消费者的多样性的偏好；而环渤海地区在房屋上的支付比例比长三角和珠三角地区的大 7%左右，对于这个结论的理解，通过图 3-6 来进行进一步的分析：环渤海地区的相对工资较低，其值在 0.83~0.96 之间，珠三角地区的相对工资居中，其值在 0.92~1.06 之间，长三角地区的相对工资最高，其值在 1.09~1.15 之间；环渤海地区的相对房价较低，其值在 0.78~1.02 之间，珠三角地区的相对房价居中，其值在 0.84~1.15之间，长三角地区的相对房价最高，其值在 0.93~1.31 之间；环渤海地区相对房价和相对工资均体现出了上升的趋势，且相对房价的上升幅度更大，珠三角地区的相对房价总体变化平稳，相对工资呈下降趋势，而长三角地区相对房价呈明显的下降趋势，而相对工资呈小幅下降。

表 3-7　　　　由简化模型的估计系数所得到的结构参数值

含义	数学表达	三大地区	环渤海地区	长三角和珠三角地区
差异化产品间的替代弹性	ε	3.269	2.619	2.266
房产的支出比例	β	0.651	0.746	0.669
两者乘积	$\varepsilon \cdot \beta$	2.13	1.95	1.51
非黑洞条件	$\varepsilon \cdot \beta > 1$	满足	满足	满足

正如前面 3.3.2.2 所述，在检验"非黑洞条件"的同时，也需要进一步考虑：如果满足"非黑洞条件"，那么沿海地区所出现的产业转移背后的含义是什么?是为高端制造业和服务业等提供更多的发展空间，进而实现区域的产业升级，还是在传统产业不断缩减的情况下，高端制造业和服务业仍然没有发展，而处于发展迟缓和停滞的过程中。也就是说，满足"非黑洞条件"的区域的产业是出现了"腾笼换鸟"的产业升级还是

出现了"产业空心化"的局面？从图 3-3 可以直观地看到房价水平对于劳动力流动的影响，下面利用回归模型（3-35）式至（3-40）式来检验考虑房价水平的人口流动与产业分布的情况，检验结果见表 3-8。

表 3-8　　　　考虑房价水平的人口流动与产业分布

解释变量	对就业的影响（被解释变量为相对就业 re_{kt}）		对产值的影响（被解释变量为相对产值 rg_{kt}）	
	模型7	模型8	模型9	模型10
相对就业滞后一期（$re_{k,t-1}$）	0.611*** (9.36)	0.400*** (4.00)		
相对产值滞后一期（rg_{kt-1}）			0.477*** (3.21)	0.492*** (2.72)
相对房价（rh_{kt}）	−0.123* (−1.68)	−0.3175* (−1.76)	0.023 (0.87)	0.059* (1.74)
相对工资（rw_{kt}）	−0.130** (−2.17)	−0.181*** (−2.71)	0.237*** (2.77)	0.248* (2.10)
中等学校以上的在校学生占总人口比重（sall）		0.437 (1.27)		−1.699*** (−3.10)
第二、三产业比重（ind）		0.015 (1.37)		0.002 (0.67)
实际利用外商投资额占GDP的比重（fdi）		−0.455 (−1.39)		−1.00** (−2.13)
城市人口密度（dens）		0.402** (2.01)		−0.184 (−0.74)
常数项	0.585*** (4.40)	−0.688 (−0.72)	0.235** (1.99)	0.192 (0.58)
估计方法	一步 GMM	一步 GMM	一步 GMM	一步 GMM
差分方程的工具变量	$re_{k,t-2}$；$re_{k,t-3}$ 和 rh_{kt-2} 以及更多滞后阶	$re_{k,t-2}$ 和 $re_{k,t-3}$	rg_{kt-2}；rw_{kt-2} 和 rh_{kt-2} 以及更多滞后项	rg_{kt-2}；rw_{kt-2} 和 rh_{kt-2} 以及更多滞后项
Wald	0	0	0	0
AR（1）	0.0007	0.011	0.008	0.056
AR（2）	0.541	0.241	0.592	0.816
Sargan	0.271	0.089	0.453	0.634
有效样本数	288	288	288	288

注：括号里的值是估计系数的t统计量。***、**、*分别表示在1%、5%、10%水平上显著。计量结果均通过Wald检验、Sargan过渡识别检验和Arllano & Bond AR（2）检验。

从表 3-8 中可以看到，模型 7 至模型 10 均通过了 AR（2）序列相关检验和 Sargan 过度识别检验，其中模型 7 和模型 8 中相对房价的系数分别在 5% 和 1% 的水平上显著为负，这说明房屋的价格的确对城市的就业产生了显著的影响，相对房价的增长会抑制城市的相对就业，这与前面验证的"非黑洞条件"所产生的含义是一致的。模型 9 和模型 10 中，相对房价对相对产值的影响均为正，在模型 9 中这样的影响并不显著，但是在加入了控制变量的模型 10 中，这种影响在 10% 的显著性水平上为正，这说明相对房价对相对产值产生了正向的影响。从模型 8 和模型 10 的回归的结果来看，相对房价每增加 1 个单位，相对就业就减少 0.31 个单位，而相对产值则会增加 0.059 个单位，这表明伴随着城市相对房价的上升，产业得到了更好的发展，提高了产业的劳动生产率，导致城市产业升级。

为了更深入地分析上面的结论，将样本分为第二产业和第三产业，来进一步验证（3-37）式至（3-40）式。

从表 3-9 中可以看到，模型 12 和模型 14 表明无论是第二产业还是第三产业，相对房价对相对产值的影响均在 1% 的水平上显著为正，这个结论与表 3-8 中的是一致的；模型 13 中相对房价对第三产业的相对就业的影响在 5% 的水平上显著为负，而模型 11 中相对房价对第二产业的相对就业的影响为正，但是并不显著。从回归结果来看，相对房价明显的促进了第三产业的劳动生产率的提高，相对房价每增加 1 个单位，相对就业就减少 0.13 个单位，而相对产值则会增加 0.079 个单位；相对房价明显地促进了第二产业相对产值的提高，但对相对就业的影响不显著的为正，这表明相对房价并没有明显地促进了第二产业的劳动生产率，相对房价对第二产业的相对就业没有挤出效应，对于这个结果的一个解释是：中国城市就业人口的增长多是流动人口，而价值链低端产业的就业人口的居住条件多为集体宿舍和城市的廉租房，所以这部分劳动者对于房价上升并不是特别敏感。

表 3-9　　　考虑房价水平的人口流动与产业分布（分样本）

解释变量	第二产业		第三产业	
	对就业的影响 模型 11	对产值的影响 模型 12	对就业的影响 模型 13	对产值的影响 模型 14
第二产业相对就业滞后一期 $(sre_{k,\ t-1})$	0.794*** (10.56)			
第二产业相对产值滞后一期 (srg_{kt-1})		0.550*** (4.39)		
第三产业相对就业滞后一期 $(tre_{k,\ t-1})$			0.370*** (3.96)	
第三产业相对产值滞后一期 (trg_{kt-1})				0.319*** (3.71)
相对房价（rh）	0.077 (1.04)	0.082** (2.34)	−0.133** (−2.09)	0.079*** (2.67)
相对工资（rw）	−0.113* (−1.69)	0.173 (1.50)	−0.071 (−1.25)	0.192* (1.84)
中等学校以上的在校学生占 总人口比重（sall）	0.549 (1.01)	−1.94** (−2.42)	0.344 (0.56)	−0.160 (−0.18)
实际利用外商投资额占 GDP 的比重（fdi）	0.190 (0.45)	−1.10** (−2.47)	−0.809* (−1.91)	−1.08 (−1.59)
城市人口密度（dens）	−0.152 (−0.38)	−0.425 (−1.25)	0.778** (2.25)	0.425 (1.21)
常数项	0.197** (1.95)	0.430*** (3.36)	0.656*** (5.17)	0.392*** (3.07)
估计方法	一步 GMM	一步 GMM	一步 GMM	一步 GMM
差分方程的工具变量	$sre_{k,\ t-2}$ 至 $sre_{k,\ t-5}$； $rh_{k,\ t-2}$ 以及 更多滞后阶	$re_{k,\ t-2}$ 和 $re_{k,\ t-3}$	$tre_{k,\ t-2}$ 至 $tre_{k,\ t-7}$； rh_{kt-1} 以及更 多滞后项	trg_{kt-2}；rw_{kt-2} 和 rh_{kt-1} 以及 更多滞后项
Wald	0	0	0	0
AR（1）	0.0049	0.011	0.0047	0.027
AR（2）	0.836	0.241	0.158	0.185
Sargan	0.385	0.089	0.225	0.925
有效样本数	288	288	288	288

注：1. 模型 11 和模型 13 的被解释变量分别为第二产业和第三产业的相对就业；

2. 模型 12 和模型 14 的被解释变量分别为第二产业和第三产业的相对产值；

3. 括号里的值是估计系数的 t 统计量。

***、**、*分别表示在 1%、5%、10%水平上显著。

计量结果均通过 Wald 检验、Sargan 过渡识别检验和 Arllano & Bond AR（2）检验。

3.5 本章小结

本章是关于城市集聚规模的形成研究，利用推广到多区域的 Krugman-Helpman 模型以及相对房价与相对就业关系模型，使用广义矩估计方法，对中国长三角、珠三角和环渤海地区的房价水平、差异化产品分布对城市集聚规模的形成进行了检验。对于城市的经济集聚规模的测度，是通过模型中所推导出的修改后的市场潜能函数中"非黑洞条件"的检验体现出来的。

首先对中国的土地制度背景和由此引致的政府的供地行为进行了直观的、描述性的分析，计算了三大地区的政府对土地的管制强度和排名情况。

对于"非黑洞条件"的检验结果，可以看到三大地区的差异化产品间的替代弹性为 3.269，房产支出比例为 0.651，两者的乘积满足"非黑洞条件"；环渤海地区的差异化产品间的替代弹性为 2.619，房产支出比例为 0.746，两者的乘积满足"非黑洞条件"；长三角和珠三角地区的差异化产品间的替代弹性为 2.266，房产支出比例为 0.669，两者的乘积满足"非黑洞条件"。比较来看，长三角和珠三角地区的替代弹性比环渤海地区要小，这说明长三角和珠三角地区的产业集聚程度更大，因此生产出的差异化产品的种类更丰富，更能满足消费者的多样性的偏好；而环渤海地区在房屋上的支付比例比长三角和珠三角地区的大 7% 左右，对于这个结论的理解是：环渤海地区的相对工资较低，其值在 0.83~0.96 之间，珠三角地区的相对工资居中，其值在 0.92~1.06 之间，长三角地区的相对工资最高，其值在 1.09~1.15 之间；环渤海地区的相对房价较低，其值在 0.78~1.02 之间，珠三角的相对房价居中，其值在 0.84~1.15 之间，长三角的相对房价最高，其值在 0.93~1.31 之间；环渤海地区相对房价和相对工资均体现出了上升的趋势，且相对房价的上升幅度更大，珠三角地区的相对房价总体变化平稳，相对工资呈下降趋势，而长三角地区相对房价呈明显的下降趋势，而相对工资呈小幅下降。

在检验"非黑洞条件"的同时，又进一步考虑：如果满足"非黑洞条件"，那么沿海地区所出现的产业转移背后的含义是什么?是为高端制造业和服务业等提供更多的发展空间，进而实现区域的产业升级，还是在传统产业不断缩减的情况下，高端制造业和服务业仍然没有发展，而处于发展迟缓和停滞的过程中。也就是说，满足"非黑洞条件"的区域的产业是出现了"腾笼换鸟"的产业升级还是出现了"产业空心化"的局面? 所以本章又检验了相对房价对产业相对就业和产业相对产值的影响。回归模型的检验结果表明：房屋的价格的确对城市的就业产生了显著的影响，相对房价的增长会抑制城市的相对就业，这与前面验证的"非黑洞条件"所产生的含义是一致的。相对房价每增加 1 个单位，相对就业就减少 0.31 个单位，而相对产值则会增加 0.059 个单位，这表明伴随着城市相对房价的上升，产业得到了更好的发展，提高了产业的劳动生产率，导致城市产业升级。

进一步，本章又检验了相对房价对第二产业和第三产业的相对就业和相对产值的影响，得到的结论是：相对房价明显地促进了第三产业的劳动生产率的提高，相对房价每增加 1 个单位，相对就业就减少 0.13 个单位，而相对产值则会增加 0.079 个单位；相对房价明显地促进了第二产业相对产值的提高，但对相对就业的影响不显著为正，这表明相对房价并没有明显地促进第二产业的劳动生产率，相对房价对第二产业的相对就业没有挤出效应，对于这个结果的一个解释是：中国城市就业人口的增长多是流动人口，而价值链低端产业的就业人口的居住条件多为集体宿舍和城市的廉租房，所以这部分劳动者对于房价上升并不是特别敏感。

综上所述，中国特色的土地管制决定了地方政府在当地经济发展中的权威地位，也决定了中国地方经济发展方式的粗放性，所以应该打破地方政府在土地管制上的垄断性，切断由垄断出现的土地稀缺性而导致的城市房价的上涨。"非黑洞条件"的验证也从侧面反映了中国城市体系中中小城市过多，大城市集聚规模相对不足的状况。强调空间概念与收益递增的新经济地理学对经济活动的空间分布提供了强有力的解释与预测：经济增长取决于集聚效应，要素的自由流动最终会使地区间的发展趋于收敛，所以促进劳动力的流动和土地的跨地区交易是保证经济集聚与区域协调发展的重要途径，比如在保持全国耕地总量严格控制的前提下，政策上应当允许土地资源的跨地域配置，例如，允许更需要将农业用地转为非农用地的东部沿海地区向中西部地区购买土地使用指标，进而通过价格机制让欠发达地区享受到沿海发达地区集聚经济所带来的好处。此外，大型城市中差异化产品种类不够丰富也是引发"非黑洞条件"的一个重要原因，如果大型城市缺乏消费者所喜爱的与城市生活相配套的各种生产性、消费性和公共性的服务行业，比如与制造业直接相关的生产性服务业的发展不能与之配套，那么消费者就会从高房价与缺乏更多种类的差异化产品的大城市迁移到其他中小城市中，所以地方政府也要适当、适时地取消对要素市场的定价扭曲或对流动人口的流入障碍，给外来劳动力提供更多的公共品服务，提供更多的福利，减少歧视。同时，要进行合理的引导，要改善和健全城市住房保障体系，满足劳动力的流动要求。地方政府应根据城市的产业发展状况，科学地制定政策，以促使产业更好地升级，实现产业的自发梯度转移。三大地区要加强交流，结合各自的特点和优势，构建协作有效的产业体系，整合各种配套资源，实现地区间的产业优势互补和协同发展，构造城市间功能互补与合作的产业链。

第4章　服务业集聚的形成及其影响因素分析

4.1 引　言

有关产业集聚的问题是经济学研究中一个古老而又常新的话题，随着近年来新经济地理学理论的不断发展，将空间因素纳入一般均衡分析的框架之中，有关产业空间集聚的研究也取得了很大的进步。新经济地理学的理论发展比较迅速，可是相应的实证研究相对滞后，已有的实证研究大多是基于西方发达地区或国家的经验而展开的（张吉鹏，2004）。关于产业集聚的研究更多的还是集中在制造业领域，特别是有关中国数据的检验，这主要是源于：相对于农业和服务业而言，制造业有更强的流动性，可以在地区间转移，故集聚效应最为显著；工业是推动其他产业发展的重要力量，也是地区间差距的最重要的体现（金煜、陈钊、陆铭，2006；薄文广，2010）。制造业的空间集聚比较典型，也较容易基于经济学的理论模型（如生产成本、运输成本及规模经济理论）进行统计分析，故有关产业集聚的研究长期集中在制造业（申玉铭、吴康、任旺兵，2009）。

有关服务业集聚的研究是从新经济地理学兴起时期开始的，因此并不像制造业集聚的研究而具有悠久的历史（陈建军、陈国亮，2009）。然而随着世界经济从"工业经济"向"服务经济"的转变，特别是生产性服务业逐渐从制造业中的分离，使得服务业的集聚效应日益显现（陈建军、陈国亮、黄洁，2009）。胡翠、许召元（2012）基于投入产出法，研究了各种影响中国服务业比重变化的因素，数据的分解结果表明，价格和居民消费结构是服务业比重上升的最重要因素，中间投入和政府消费是服务业比重下降的最重要因素，其他因素的影响则较小。服务业作为国民经济的重要组成部分，在促进经济增长和社会就业等方面占据重要地位，是衡量一个国家或地区经济现代化水平的重要标志之一。1992 年，中国出台《关于加快发展第三产业的决定》，中国服务业取得了较快发展，服务业增加值占 GDP 的比重以及就业比重分别从 1978 年的 23.9% 和 12.2% 上升到 2010 年的 43.1% 和 34.6%（王恕立、胡宗彪，2012）。制造业的发展不能缺少服务业的支撑，否则就会出现产业升级时的瓶颈现象，而服务业特别是生产性服务业也不能离开制造业的发展，这两者之间是一种相互扶持的"协同定位"关系（陈建军、陈菁菁，2011）。然而服务业在定义和测度、评价标准、生产和消费关系、数量和价值关系、劳动生产率变化等方面与制造业有很大差异，还涉及许多超经济的问题。服务业的复杂性至少体现在以下三个方面：构成庞杂、性质差异和目标多元，这些都对分析研究和实际工作带来困难（江小涓，2011）。

本章是关于服务业集聚的形成研究，首先在新经济地理学和城市经济学等经济理论研究的基础上，对于服务业空间集聚（特别是生产性服务业）的影响因素进行了理论上的分析。然后采用全域专业化指数、产业平均集中率和服务业中心值测度指标研究了服务业在区域间集聚的形成；采用空间基尼系数、SP 指数和偏离份额分析法等研究了服务业不同行业集聚的形成。本章的安排如下：4.2 节，在理论上分析了服务业集聚（特别是生产性服务业[①]）的影响因素；4.3 节，研究了服务业在区

[①] 中国 2003 年对行业分类进行了调整，第三产业即服务业从原来的 11 个行业调整到现在的 14 个行业（陈建军、陈国亮、黄洁，2009）。生产性服务业包括 8 个行业，它们是：交通运输、仓储和邮政业；信息传输、计算机服务和软件；金融业；房地产；租赁和商务服务业；科学研究、技术服务和地质勘查业；居民服务业和其他服务业；教育。消费性服务业包括 2 个行业，它们是：批发和零售业；住宿和餐饮业。公共性服务业包括 4 个行业，它们是：水利、环境和公共设施管理业；卫生、社会保障和社会福利业；文化、体育和娱乐业；公共管理和社会组织。

域间集聚的形成和服务业不同行业集聚的形成；4.4 节，给出了本章的小结。

4.2 服务业集聚的影响因素分析

正如本章引言中所述，目前关于产业集聚的研究还主要集中在制造业领域，但是随着"服务业经济"的到来，关于服务业集聚机理的研究变得越来越重要，到目前为止，服务业空间集聚的机理方面的系统研究和完整分析框架的建立仍然很缺乏，大多数的研究还是直接套用制造业的研究框架，但是鉴于服务业和制造业的诸多差别，这种研究方式的合理性也同样存在着很多质疑。

本节在新经济地理学理论的基础上，融合了新古典经济学和城市经济学理论，对于中国服务业空间集聚的影响因素进行了研究。本书将重点放在了生产性服务业上，这样的考虑基于：随着制造业的高度发展，制造业中有越来越大的比重来源于服务业。服务业特别是生产性服务业通过外包的形式逐渐从制造业中分离出来，生产性服务业的功能日益显现。生产性服务业的增加值和就业数量在第三产业增加值和就业数量中均占有很大的比重。同时，我国可贸易的服务业部门主要都集聚在生产性服务业领域，这种可贸易性对于解释生产性服务业的集聚机理起到了重要的影响（陆铭、向宽虎，2012）。

4.2.1 传统区位理论的地理因素

传统的区位理论很好地解释了外生的地理条件，即自然禀赋差异这种传统的地理因素在产业地理集聚中所产生的原始动力，因此也可以进一步解释这种传统的地理因素差异在经济集聚和城市形成过程中所发挥出的重要作用。Schmutzler（1999）指出，传统的经济理论将经济活动在空间分布上的差异归功于地区间环境和禀赋的优势。Krugman（1993）将这种传统的地理因素称为"第一性地理"（First Nature），"第一性地理"在工业革命时期对重工业的定位产生了至关重要的影响。为了接近原材料丰富的地区，世界最初的重工业的集聚可以归结为"以原料为导向"或者是以"市场为导向"两种类型。随着交通运输条件的改善，海运的运输成本急剧下降，因此选择接近原材料的地域不一定是最好的选择，而充分地利用水运交通成为厂商们更加经济的选择。在当今科技发展和全球化的背景下，沿海地区的良好位置成为吸引和发展工业的天然的地理因素（梁琦，2009）。例如，波士顿（Boston）是美国东北部新英格兰地区最大港口城市，也是美国距离欧洲最近的一个主要港口。直到 20 世纪初，波士顿工业带仍然是美国最大的制造业中心之一。日本工业分布的最突出特点是临海性，工业主要集中在太平洋沿岸地区，尤其是所谓的"三湾一海"地区（即东京湾、伊势湾和大阪湾以及濑户内海沿岸地区）形成了太平洋带状工业地区。新加坡地处世界航运重要通道马六甲海峡的东段，太平洋与印度洋、亚洲与大洋洲间相互交叉的十字路口，也同时位于国际海运洲际航线上，是世界上最繁忙和最大的集装箱港口之一。在中国，这样的例子也有很多，中国的东部省份正是借助距离大港口比较近的优势而成为工业集聚的中心。以上海为例，上海位于中国内地海岸线中心的长江口，东临东海，隔海与日本九州岛相望，是中国最大的港口城市和工业基地，海港货物吞吐量和集装箱吞吐量均居世界第一，历史上就是中国的经济商业中心。

尽管靠近大港口这样的地理因素对于第二产业的影响更大，但是这种地理因素对于第三产业的发展也是至关重要的。中国城市服务业的劳动生产率与该城市到大港口的距离存在着三次的"〜"形曲线关系，然而"〜"形曲线的第二个波峰的位置所体现的劳动生产率还是远低于大港口的劳动生产率。更接近大港口对服务业的发展是有很多好处的，生产性服务业更需要密集的知识和信息，消费型服务业也需要借助于高劳动生产率派生出的需求。因此，尽管中国正处在从制造业向服务业发展的阶段，经济向沿海地区和大城市集聚的趋势仍然没有改变（陆铭、向宽虎，2012）。

4.2.2 新经济地理因素

本章 4.2.1 小节中所提到的传统的地理因素在研究产业集聚的影响因素方面具有一定的解释力，不过对于某些经济现象，传统的地理因素的解释力就大大地减弱了。例如，美国的硅谷是一段位于旧金山南端长约 25 英里的谷地。一个世纪之前，这里是一片果园和葡萄园，并没有什么自然资源方面的优势，但是自从国际商用电气公司和苹果电脑公司等高科技公司在这里落户之后，这里就成为一座繁华的市镇。日本的东京，半个世纪前还是一个人口稀少的小渔镇，而现在已经成为亚洲第一大城市和世界第一大城市，同时东京也是亚洲的经济中心和亚洲第一时尚中心。在中国，浙江省的资源与福建省相比并没有什么优势，可是浙江省的工业集聚水平却比福建省要高很多。浙江东南沿海的温州和台州两个地区，也是没有历史背景的产业集聚和地方专业化的典型代表，在改革开放之前，经济发展比较落后，而如今该地区以"温州模式"而闻名四海，甚至在意大利也有温州集聚区（梁琦，2006）。广东和广西两个省份的纯自然条件也非常相似，但是自改革开放以来，广东成为中国非常重要的工业和经济中心，然而广西仍然是中国比较落后的省份。Krugman（1993）引用了 Wiliam Cronon（1991）论证美国城市芝加哥发展繁荣的例子：芝加哥城位于美国东北部，在地理位置上并没有特别的优势。19 世纪中期，沟通密歇根湖和密西西比河的运河建成，沟通了两大水道之间的航运。同年，芝加哥的第一条铁路开始修建。自此，芝加哥开始成为连接美国东西部的重要交通枢纽。城市的繁荣吸引了众多的外来者到此定居，1870—1900 年，芝加哥的人口从 29.9 万猛增到 170 万。如今，芝加哥已经成为美国仅次于纽约和洛杉矶的第三大城市，也是美国最为重要的金融、文化、制造业、期货和商品交易中心之一，并逐渐成为具有世界性重大影响力的大都市之一。正如 Wiliam Cronon 所说，芝加哥的发展历史无法用"第一性地理"来解释，而可以借助具有"自我强化优势"的"第二性地理"（Second Nature）来加以论证，即"第一性"因素无法解释两个很接近的地区为什么会发展成不同的经济结构，甚至会出现"中心–外围"的模式。然而，这也并不代表传统的地理因素不再重要，新经济地理学研究经济集聚以及多重均衡的出发点就是从"第一性地理"为出发点的，也可以说新经济地理学就是利用一般均衡理论，在控制了"第一性地理"后，怎样来解释"第二性地理"（Ottaviano & Thisse，2004）。新经济地理学对于产业集聚的解释是：历史和偶然事件是源头，而循环累积过程将产业长期地锁定在某个地区，最后预期和自我实现的机制也可以使得产业集聚中心转移或产生新的中心（梁琦，2006）。因此也可以说，超越简单的经济地理因素寻找产业集聚的原因促成了新经济地理学的崛起（金煜、陈钊、陆铭，2006）。

4.2.2.1 收益递增

收益递增是新经济地理学在解释空间集聚现象时所考虑的最基本和最重要的因素之一，也可以说，新经济地理学是以规模收益递增和垄断竞争作为理论基础的。Krugman 于 1991 年发表的名为《收益递增和经济地理》的论文是新经济地理学在理论方面的一个重大突破，Krugman 解释了消费者对于多样性的偏好是规模报酬递增的主要来源。Krugman（1991b）所使用的模型的理论基础是建立在 Dixit & Stiglitz（1977）的垄断竞争模型之上的。Dixit & Stiglitz（1977）深化了张伯伦的不完全竞争的市场理论，他们的框架中消费者的偏好以及企业对于有限生产资源的需求，使得企业表现出规模收益递增的特征。在消费者的需求方面，消费者对差异化产品显示出多样化的偏好，消费者的效用函数不仅取决于消费者消费某种产品的数量，还取决于消费者消费该种产品种类的数量。在供给方面，假定每个企业在生产某一个产品的生产中具有规模收益递增的特点，该企业并不会选择范围经济，而是生产一种具有垄断性的产品，这样企业的个数与产品的个数是一致的。与制造业相比较，服务业特别是消费性服务业和公共服务业的替代弹性很大，进而消费替代弹性很大，所以说消费性和公共性服务业较难形成集聚（陈建军、陈国亮、黄洁，2009）。蒋三庚（2007）提出，对于服务业企业而言，与制造业不同，企业之间并不是完全的上下游关系，在投入的要素方面也不存在互补性，因此对服务业的空间集聚不能仅仅用企业的相互接近和投入物质联系所带来的总成本节约和总收益增长来进行解释。这也表明制造业企业上下游关系所获得的规模报酬递增在服务业中是否成立并不明确，同时由于一般用来衡量规模报酬递增所使用的行业的平均企业规模的指标要涉及产业总产值的数据，但是在中国服务业的总产值被严重地低估（白重恩，2004；岳希明、张曙光，2002；陈建军等，2009）。收益递增在经济中是普遍存在的，当技术变得越来越重要的时候，外部经济也变得越来越重要，外生的收益递增也会越来越普遍。在城市的层面上，集聚的资源所产生的收益递增使得城市变得更有效率，大城市的收益递增来源于大的劳动力市场和地方的知识溢出，因此可以说大城市是被收益递增所维持的，这也是城市存在的一个引人入胜的理由（Feldman & Audretsch，1999）。在 4.2.2.4 小节中，将利用城市经济学理论分析城市规模对于服务业产业空间集聚的影响。

4.2.2.2　运输成本与信息成本

运输成本对集聚的影响，早在韦伯时代就有了描述。1909 年，韦伯在《工业区位论》中首次提出了关于集聚的一系列规则和概念，他将最初引起区域性分布与成本相关的要素称为"区域因素"，包括：地价与地租；劳动力成本；运输成本；利率；厂房、机器及固定资产成本；原材料；固定资产折旧。然后，韦伯对这些"区域因素"进行了层层分析，最后认为运输成本和劳动成本是两类最重要的区域因素。同时，韦伯将集聚经济理解为第二次引起工业再分布的因素，即将集聚视为区域因素引起的结果，运输成本通过工业区位而影响集聚，因此运输成本也构成了集聚的要素。

与新贸易理论和新增长理论不同，新经济地理学为多地区模型提出了一系列有效而现实化的假设，其中对运输费用的假设为萨米尔森的"冰山交易"成本。新经济地理学认为，当区域间的运输成本小于区域之间的交易成本时，随着贸易自由度的提高，分散力减弱的速度会大于集聚力的增强速度，当超过某一个临界点时，产业会在某一个地区发生突发性的集聚。然而传统的服务经济学[①]认为：服务和制成品之间存在着巨大的差异，其中最主要的一条就是库存和运输的不可能性，因此服务一般被认为是不可贸易的（井原哲夫，1996）。但是生产性服务业作为制造业中间投被认为是可以贸易的，这个结论已经是研究城市体系的

[①]　服务业的分类标准较多，其中一种分类标准为传统服务业和现代服务业。传统服务业往往指如家庭服务、零售服务、教育服务、医疗服务、文化艺术服务等早期发展起来的服务业，其特点包括：服务过程不产生有形结果；服务生产和服务消费同时发生；无法储存；不可贸易。现代服务业指随着现代制造业的出现而发展起来的服务业，其特点包括：规模经济显著；技术含量高；劳动生产率提高快。现代服务业态在很大程度上脱离了服务业的传统特征。

文献的逻辑起点（Anas & Xiong，2003）。

随着现代科技的发展，距离在如今的信息时代已经不再是那么重要。从某种意义上来说，现代服务业劳动生产率与地理之间的关系是理解服务业发展的一个崭新的视角。正如上面所提到的，服务业的难以库存和运输，使得服务业较制造业会面临较高的贸易成本，然而信息技术的应用和发展使得贸易成本在服务业中的下降要远远高于制造业（陆铭、向宽虎，2012）。例如，音像制品行业将音乐会等无形服务过程变为了有形制品，生产和消费可以异时异地，可以储存和进行贸易。近些年网络技术的发展再次改变了部分服务的特性，演艺服务不需要在生产者和消费者之间交换有形的存储介质，服务就可以随时随地消费。网上交易、电信、远程教育和医疗、视频会议等新的服务方式，都使相应的服务业在很大程度上脱离了服务的传统特征（江小涓，2011）。诸如金融行业具有可以借助信息手段提供服务产品的特点，而不需要面对面地交易，这就为企业寻求在空间的定位提供了突破的可能，因此可以说，信息传输成本已经逐渐取代制造业中的运输成本而成为影响服务业特别是生产性服务业空间集聚的因素（Moulaert & Gallouj，1993；Pinch & Henry，1999；Storper，1995）。从以上的分析来看，信息技术的发展对于生产性服务业的空间集聚的影响会产生双重作用：一方面，对于某些侧重于编码信息的部门，可能会由于信息成本的降低而弱化该行业的区位特征，进而导致向心力的不断减小，出现从中心向外围扩散的趋势；另一方面，对于某些侧重缄默知识、创新要求高的部门，面对面的交流仍然很重要，这样信息化的发展便起到了促进生产性服务业空间集聚的作用。所以，对于不同的行业和部门，信息技术的发展对于生产性服务业空间集聚的影响方式是有所差异的（申玉铭、吴康、任旺兵，2009）。

4.2.2.3 市场需求

考虑了加入了市场因素的规模报酬递增，Krugman（1980）提出了"本地市场效应"（HME）的概念：在一个存在规模报酬递增和运输成本的世界中，拥有较大国内市场需求的国家将成为净出口国。这个结论同样适用于区域贸易，即一个地区对某一产品的强需求，会导致产业的集聚与地方专业化。最早提出市场潜能概念的是 Harris（1954），他利用这个指标来解释美国制造业的区位分布，得到的结论是：美国工业集中的地区往往也是市场潜能大的地区。此后，市场潜能的概念逐渐成为新经济地理学中测度某一地区接近外部市场程度的最为常用的指标，在此类文献中都强调了某一个地区对厂商的吸引力取决于市场容量，而市场容量的大小是通过市场潜力这个概念来描述的。刘修岩等（2011）指出，对于具有报酬递增特征的各个制造业部门而言，市场规模具有显著和稳健的"增长效应"，从而较大的市场有助于抑制边际收益递减的趋势。许多研究表明，相邻地区之间的产业集聚会产生相互影响，即集聚效应存在着显著的跨地区的效应（孙浦阳、韩帅、勒舒晶，2012；Cantwell & Piscitello，2005；Chen Yanjing，2009；Head，Ries，Swenson，1995）。这些研究成果为从"需求"的空间分布角度解释地区收入差距提供了丰富的经验证据。对于生产性服务业来说，这种市场需求的影响可以用地区工业企业数量或工业增加值来进行测度（胡霞，2008）。

4.2.2.4　知识溢出与面对面接触

马歇尔的外部性理论中，强调了三个因素：劳动力市场的共享、专业化投入和服务、知识和信息的流动。这三个因素构成了马歇尔解释空间集聚的向心力。随着时代的发展，第三个因素的作用也越发显示出其重要性。知识溢出与空间集聚和报酬递增紧密关联、相互作用。作为区域经济和新增长理论的重要概念之一，特别是在解释集聚经济时更凸显出它的重要性（李青，2007）。尽管有很多的因素都会驱动产业的集聚，但是集聚的产生的确会大大受益于信息和知识的外在性，并且产业集聚的层次越高，知识溢出就越重要（梁琦，2006）。相对于制造业，服务业特别是生产性服务业更应该从集聚学习和创新环境等角度来寻求集聚利益（Keeble & Nachum，2002）。虽然知识外溢对于制造业集聚具有重要的作用，但对于制造业而言更多的还是资本密集型或劳动密集型，知识外溢是建立在资本或劳动的基础之上的，而服务业却多为知识密集型，因此知识溢出对于服务业来说尤为重要。陈建军、陈国亮、黄洁（2009）指出：服务业企业更有可能通过知识外溢途径从原有企业中分离出新的企业或者部分员工从原有企业中离开而加入新的企业，从而在当地形成集聚。已有研究表明，知识生产与总体经济活动水平有关，这种关系在城市和区域等较广的范围内则比较明显，因此很多学者从企业的微观水平转入空间研究知识的外部性，强调知识外部性的动态特征，特别是在城市与区域空间范围内探讨知识在空间溢出的机制，以及知识溢出促进集聚的空间特征。

服务业的特点决定了"面对面接触"的重要性，"面对面接触"也是多数研究者解释生产性服务业集聚中所认定的最重要的原因。生产性服务业对于"面对面接触"的需求使得即使在远距离通信技术发展的时代，仍然需要经济活动集聚在特定的区域内。尽管信息时代中距离的影响力已经大大减弱，但是由于知识的缄默性①使得信息的传播与交流并不是完全自由的，所以地方的知识溢出对于产业集聚仍然是十分重要的，地理位置的集中能使知识更快地扩散（Jaffe，1999；Jaffe，1993；Keller，2000；Audretsch & Feldman，1996）。服务业行业的"面对面的集体学习"模式对于集群中企业创新能力的提升与创新环境演化都起到了极其重要的作用（Rati et al.，1997）。McCann & Simonen（2005）运用芬兰的数据检验了面对面交流对于企业创新绩效的影响，结果表明：无论对于产品创新还是市场上新产品的引入，面对面交流的这种合作途径变量前面的系数总是显著为正，这个结果也进一步验证了面对面的接触所产生的知识溢出是相当重要的。面对面的交流有利于企业与客户之间进行有效的沟通，同时也容易增加企业和个人之间的信任，这是因为：服务业具有"事前定价"和"事后检验"的特征，这种特征增强了服务业效用的不确定性，所以面对面的交流能减轻这种矛盾的发生，有利于维护长期的客户关系，这也是导致信息密集的生产性服务业企业集聚在一起的一个很重要的原因（申玉铭、吴康、任旺兵，2009；Senn，1993；Pandit，Cook & Swann，2001）。在服务业的供给上，部分服务业和制造业一样，甚至服务业在分享、匹配和学习这三个方面的规模效应比制造业还要显著（陆铭、向宽虎，2012）。

---

① 知识可以分成编码知识和缄默知识，虽然编码知识在重大的创新和科技突破时很重要，但是难以编码的、偶然可认知的缄默知识也是促进创新的必要条件。

4.2.2.5 城市规模

现代城市经济学的起源可以追溯到 Alonso（1964）、Mills（1967）和 Muth（1969）所提出的城市内部结构理论，他们都强调了土地市场和土地的利用。新经济地理学中有关城市系统模型起源于 Krugman（1991b）的"中心-外围"模型，该模型中城市系统的形成和演化过程主要是通过一系列复杂的数值模拟来进行的。范剑勇、李方文（2011）认为城市经济学是小区域范围产业集聚理论的理论基础，其产生的空间外部性是技术外部性。Henderson（1998）的模型中，大城市在城市层次的最顶端，从地方规模外部性受益最大的、最多样化的自由定位活动集聚在此。在城市发展的初级阶段，制造业是城市化的主要动力，但是随着城市化的进一步提高，城市的服务功能逐渐增强，这就使得服务业在城市中的地位大大提高，最突出的表现是"优二进三"和"退二进三"的制造业与服务业交替发展的现象（洪银兴，2000）。

Au & Henderson（2006）利用 1990—1997 年中国 225 个地级市的数据，首次对中国城市的净集聚经济（考虑到集聚经济和集聚不经济）进行了测度，得到了城市最佳规模与工业化及后工业化的关系，结论显示：同样对最优规模的偏移，规模小所造成的损失要远远大于规模大而带来的损失；随着经济中服务业所占比重的增长，相应的城市规模水平也随之提高，经济集聚对提高劳动生产率所发挥的规模效应也将越来越重要。陆铭、向宽虎（2012）以"中心-外围"模型为理论基础，利用中国 1990—2007 年的城市面板数据，比较了制造业和服务业的地理因素与劳动生产率之间关系的差异性，得到的结论是：尽管地理因素对于第二产业的影响更大，但是地理因素对于第三产业的发展也是至关重要的，大城市对于服务业的发展更为有利，传统的港口和大城市对于集聚高技能劳动力仍然占据优势，服务业仍然依赖于向大港口和区域性大城市的空间集聚来提高劳动生产率，因此服务业的发展并不会使得中国的城市体系分散化。从世界范围来看，服务业的比重越来越高，然而经济活动和人口向大城市及其周围集聚的趋势仍然在继续。服务业和制造业的协同定位会受到城市规模和交易成本的影响，相比较而言大城市在吸引服务业的定位上具有更大的优势（陈建军、陈菁菁，2011）。尽管服务业是不可贸易的，但是对它的需求在地理上是集聚的，因此会体现出服务业集聚的特征，在人口和制造业集中的地区，由于服务业的规模经济效应，服务业仍然会产生集聚（Jensen，Kletzer & Bernstein et al.，2005；杨向阳、徐翔，2004）。相关研究表明：城市化进程同服务业的集聚和扩展紧密地联系在一起，生产性服务业高度集聚于大都市区（Gillespie & Green，1987）。

当然城市规模和产业集聚之间并不是简单的线性关系，这两者之间的非线性关系决定着必然存在一个最优的城市规模（高鸿鹰、武康平，2007；Alonso，1964）。对于影响城市最优规模的向心力和分散力的来源，Fujita，Krugman & Venables（1999）给出了一个理论菜单，其中向心力包括：前后关联效应、劳动力池的厚市场效应和知识溢出，离心力包括：不可流动要素、地租和通勤成本以及拥挤、污染等外部不经济。因此，从单个城市层面考察城市的集聚，可以视为比较集聚收益和集聚成本的过程（李金滟、宋德勇，2008）。

4.2.3　制度因素

4.2.3.1　政府规模

Barro 在《经济增长》（1995）一书中指出，新经济地理学的产生和发展引发了经济学界对于地理在经济发展中的重要作用的空前关注，但是新经济地理学家们却相对比较忽视经济政策的作用。这主要是因为很多国家，例如美国，地区间贸易壁垒是受政府管制的，因此地区保护主义并不是一个影响因素（白重恩等，2004）。Démurger 等（2002）是较早将地理和政策因素放在同等重要地位来研究中国区域经济发展问题的。中国自改革开放以来，由于地理条件的差异形成的地理因素导致了工业集聚，可以视为影响地区间经济发展格局的"顺市场力量"。同时财政分税制的实施，地方政府出于保护税收的动机，设置贸易壁垒，削弱了专业化的优势，这种"逆市场力量"对于地区间经济格局的影响不容小视。地方保护主义已经成为影响中国产业区域专业化形成的重要原因（白重恩等，2004）。利税率较高或国有企业比重较高的行业倾向集中在保护动机强的地区（黄玖立、李坤望，2006）。对于中国这样一个转轨的经济体来说，政策的差异在很长的一段时间内将成为决定地区差异的重要因素（金煜、陈钊、陆铭，2006）。Kanbur & Zhang（2005）利用中国50年的时间序列数据，检验了政府行为和对外开放政策等因素对于地区间差异的影响，结论显示，政府行为会导致地区专业化分工受到削弱。Young（2000）指出，在中国改革开放的过程中，"寻租"行为将引发严重的地方保护主义，导致资源配置效率的严重扭曲，由此造成的市场分割也使得各个地区间的专业化分工受阻。陈敏等（2007）利用商品零售价格指数数据构造了度量地区间市场分割的指标，研究发现国有企业就业比重和政府消费规模是加剧市场分割的重要因素。陆铭、陈钊（2001）的结论显示：市场分割有利于当地的增长，特别是对于经济开放程度高的样本点，中国的经济增长很可能已经陷入了省际以邻为壑的"囚徒困境"。杜传忠、郭树龙（2010）选取中国经济普查中四位数产业的截面数据，研究结果表明：国有经济比重对服务业企业退出存在正向影响，在国有经济比重高的行业，国有经济比重对服务业企业进入存在阻碍作用；外资经济比重对服务业企业进入存在正向的影响。

4.2.3.2 经济一体化

经济一体化是当今世界经济发展的一个必然趋势，经济一体化的程度对一个国家的经济结构和产业的生产区位产生着巨大的影响，新经济地理学诸多经典模型对于经济集聚现象的解释中都将反映经济一体化程度的贸易自由度的变化作为其模型中最重要的参数之一。梁琦（2009）指出，区域政策的影响力与该地区的一体化程度是密切相关的，同样的政策干预强度，在一体化程度较高的地区，这种影响程度也会加强。国际经济学家们也通常认为产业集聚与经济一体化和贸易自由化有着极为密切的关系。在20世纪50年代，墨西哥的制造业主要集中于墨西哥城，直到1992年《北美自由贸易协定》的签订，取消了贸易壁垒，使得墨西哥城的制造业大量地转移至与美国接壤的边境地区，即墨西哥的产业集聚从中部转移到了北部。在欧洲的经济一体化进程中，欧洲的各个地区的产业布局也发生了很大的转变：纺织业从中部移出而转移到了西部和南部；食品行业离开了南部和中部而去了北部和西部；机械、运输设备和金属这些规模报酬比较高的产业的集聚水平随着经济一体化的发展而出现了"倒 U 形"的形状。改革开放以来,中国的产业集聚多集中于沿海地带,而中西部地区的制造业则相对落后。从一定意义上说,中国内地可能已经形成以沿海地区制造业为中心的产业布局格局(范剑勇,2008)。Forslid,Haaland & Midelfart Knarvik(2002)利用一个大规模可算的一般均衡模型对欧洲的数据进行了仿真模拟研究,结果发现:贸易成本和集聚水平之间呈现出一种"倒 U 形"的关系。Venables(1996)证明了随着区域一体化程度的提高,产业可能出现集聚的现象,但也可能由于要素价格的变化而出现分散的情况。Markusen & Venables(2000)利用包含国际贸易的垄断竞争模型,讨论了跨国公司海外投资的集聚现象,指出跨国公司倾向于定位在资源禀赋上具有绝对和相对优势的国家或地区。Krugman & Elizondo(1996)以墨西哥为例子,说明了正是由于贸易自由化而使得封闭经济中的经济中心(墨西哥城)逐渐走向衰退。已有的很多研究均表明:经济一体化会提高经济活动的集聚水平,其中的一种途径是通过加速跨地区的劳动力流动而促进产业的集聚(Alonso-Villar,2001;Monfort & Nicolini,2000;Paluzie,2001)。许多生产性服务业的企业,特别是一些大型企业都需要进行全球化的经营,这些企业能位于一个国际化的大都市中的知识密集区,就会获得发展全球化联系的额外优势。由于服务业存在明显的城市化经济的特点,企业在经营过程中大多采取"跟随战略",跟随目标客户和行业内的领头企业,因此通常会选择定位于国际化的大城市(申玉铭、吴康、任旺兵,2009)。

4.3 服务业区域间集聚与服务业不同行业集聚的形成

在 4.2 节中,在新经济地理学理论的基础上,笔者融合了新古典经济学和城市经济学理论,对中国服务业空间集聚的影响因素进行了研究。本节将利用多种测度指标来综合研究中国服务业集聚的形成。

自从 Marshall 提出产业集聚的概念之后,很多学者从不同的角度对产业集聚的发展趋势进行过测度,并且在测度标准上也使用过很多的指标,其中传统的关于产业集聚度的测量方法包括泰尔指数、基尼系数、专业化指数、赫芬达尔指数、赫希曼-赫芬达尔指数等，之后又发展为Hoover系数、空间基尼系数、E-G指数等。以上的各种指数中，E-G指数考虑了企业规模分布对产业地理集中的影响，即综合考虑了企业和行业两个维度，但是该指数对于数据的要求较高。范剑勇（2004）使用制造业2位数行业数据，利用地区专业化指数、地区间专业化指数、产业平均集中率、服务业中心值等多种指标研究了地区专业化与产业集聚趋势。薄文广（2010）利用1993—2007年中国25个2位数制造业数据，在对集聚的测度上采用区位基尼系数来度量，重点研究了影响制造业地理集中的各个因素对于不同产业和不同地区影响程度的差异。罗勇、曹丽莉（2005）利用E-G指数和自定义的五省市集中度对中国20个制造业行业的集聚程度进行了精确测定。路江涌、陶志刚（2006）使用E-G指数，采用更为细化的2861个县区、539个4位代码行业数据，考察了中国制造业在1998—2003年间的发展趋势，并进行了国际比较。杨洪焦、孙林岩、吴安波（2008）在产业集聚的测度上也采用了E-G指数，并利用1988—2005年的中国制造业时间序列数据对各个影响因素进行了计量上的检验。蒋媛媛（2011）主要利用地区专业化指数、地区加权区位商指数对中国地区的专业化水平进行了测度，并考察了中国地区专业化与经济发展水平之间的关系。陈建军、陈国亮、黄洁（2009）使用Krugman（1991a）的空间基尼系数研究了中国服务业在城市层面上14个行业的集聚趋势。胡霞（2008）利用熵指数，从全国和东、中、西部两个层级研究了服务业14个行业的空间集聚特征。从研究结果来看，大多数研究仍然集中于制造业。

本节从两个层面出发，利用多种测度指标，较为全面而系统地分析中国服务业的空间集聚的形成。第一个层面是从地区角度（包括全国、五大区域和30个省（自治区、直辖市））：使用的测度指标包括全域专业化指数、产业平均集中率和服务业中心值；在全国和五大区域的层次上重点考察了中国服务业地区专业化水平与经济发展水平的关系；在省级层次上，使用专业化度量的相对指标，重点考察了中国服务业在不同地区间的专业化水平和产业集中水平的比较。第二个层面是从行业角度（14个行业）：使用的测度指标包括空间基尼系数、

SP 指数和偏离份额法来综合考察中国服务业（14 个行业）的空间转移与集聚趋势。

本节使用 2003—2011 年中国省级服务业按照 14 个行业划分的单位就业人数数据，全部数据来源于《中国统计年鉴》（2004—2012），其中西藏地区由于大量数据缺失，没有被包含在样本中。

4.3.1 服务业地区专业化总体水平与经济发展水平的关系（从全国和五大区域[①]角度）

首先，在理论方面，有关地区专业化与经济发展水平的关系和演变规律的理论研究还没有形成完整的体系（Chandra，2003）。其次，在经验研究方面，研究的成果也并不是很多，有研究表示：在经济发展的初期，地区的专业化水平会呈现出下降的趋势，而当经济发展到一定的阶段，地区专业化又会出现上升的趋势（Acemoglu & Zilibotti，1999；Imbs & Wacziarg，2003）。Kim（1995）讨论了美国地区专业化和长期经济增长的关系，结论是：随着经济发展水平的提高，地区专业化水平先上升，到达一定阶段后会下降；反过来，地区专业化增长也会通过刺激创新、增进就业等方面影响经济增长（Andersson et al.，2007；Combes，2000；Lawson & Lorenz，1999；Maskell & Malmberg，1999）。苗长青（2007）利用中国工业 2 位数数据，得出结论：地区专业化与 GDP 的增长之间存在着正相关的关系。除此之外，现有的研究大多数都集中于制造业部门，研究服务业部门的很少。同时，在采用比较直接的专业化指数等测度指标的研究中，更多的指标侧重于度量地区的专业化程度，而鲜有关于地区专业化水平的总体度量方面的研究（蒋媛媛，2011）。

4.3.1.1 全国总体水平的演化类型

（1）全域专业化指数

该指数由 Mulligan（2005）提出，用于描述一个国家或地区的整个

---

① 本章将全国分成五大区域：东北三省，包括黑龙江、吉林和辽宁；东部区域，包括北京、天津、河北、上海、江苏、浙江、福建、山东、广东和海南，共 10 个省（直辖市）；中部区域，包括山西、安徽、江西、河南、湖北和湖南，共 6 个省；西北部区域，包括内蒙古、陕西、甘肃、青海、宁夏和新疆，共 6 个省（自治区）；西南部区域，包括广西、重庆、四川、贵州、云南，共 5 个省（自治区、直辖市）。

空间经济的地区专业化特征，它是利用各地区的专业化系数的加权和来度量的，计算公式如下：

$$G(s) = \sum m_i CS_i, \quad m_i = \frac{\sum_k x_{ik}}{\sum_i \sum_k x_{ik}}, \quad CS_i = \frac{1}{2}\sum_i \left| \frac{x_{ik}}{\sum_k x_{ik}} - \frac{\sum_i x_{ik}}{\sum_i \sum_k x_{ik}} \right| \qquad (4-1)$$

其中，i 表示地区；k 表示产业；x_{ik} 表示 i 地区 k 产业的就业人数（或产值）；CS_i 表示地区的专业化系数，称为 Hoover 专业化系数，或修改的 Krugman 专业化指数。全域专业化指数的取值介于 0 到 1 之间，并且其值越大表示产业空间趋于集中，各个地区的专业化较为明显；反之，其值越小则表示产业空间趋于分散，各地区的产业结构水平与平均值较为接近。

（2）全域专业化指数与中国总体经济发展水平的演化规律

下面运用全域专业化指数来测度 2003—2011 年中国服务业专业化水平的总体变化水平，由于中国服务业的产值被严重低估（陈建军等，2009），因此用总产值计算的（4-1）式的结果来衡量服务业行业的专业化则不太合适，因此本书采用就业人数来计算（4-1）式中的 G（s）指数。为了分析中国服务业专业化水平的总体变动与经济增长的关系和演化特点，笔者绘制了全域专业化指数对人均 GDP 的散点图和趋势线，结果如图 4-1 所示。

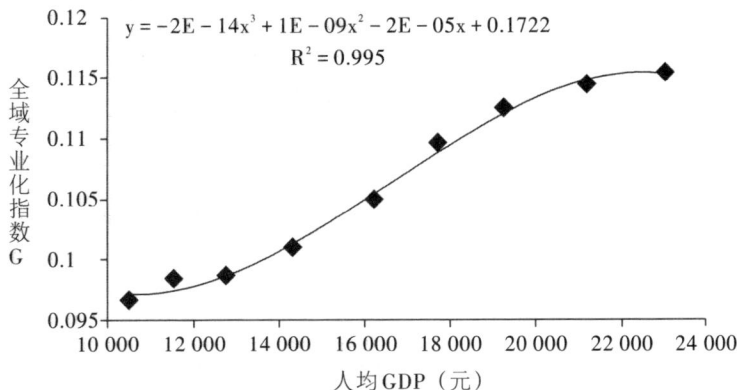

图 4-1　2003—2011 年服务业专业化总体水平与经济发展水平的关系

资料来源　1.根据历年《中国统计年鉴》整理计算得到，其中人均 GDP 是以 2003 年为基期，利用各省（自治区、直辖市）的 GDP 指数平减得到；

2.图中的等式为趋势线方程。

从图 4-1 中可以看到，2003—2011 年，用 G（s）指数刻画的中国服务业地区专业化整体水平和以人均 GDP 度量的经济发展水平呈现出明显的倒 U 形上升关系，该方程的拟合程度为 99.5%。这种倒 U 形上升关系表示，随着中国经济发展水平的不断提高，服务业的地区专业化水平总体呈现出了上升的趋势，并且可以看到该曲线在人均 GDP 超过 16 700 元附近具有一个拐点，此拐点的右侧，服务业专业化水平随经济发展水平的上升趋势也会有所减缓，但仍然保持上升的趋势。从趋势线的走势来看，如果符合倒 U 形的特点，则趋势线已经接近顶点的位置。

4.3.1.2 五大区域的演化类型

接下来，用全域专业化指数来测度中国五大区域的专业化水平，此处仍采用就业人数来计算（4-1）式中的 G（s）指数，然后绘制了五大区域的全域专业化指数对人均 GDP 的散点图和趋势线，根据五大区域的趋势线图形，将五大区域的服务业的专业化水平随区域经济发展水平的演化趋势大致分为 W 形、倒 N 形和 U 形，各个图形特点的具体分析在下文中给出。各个区域的图形结果如图 4-2 所示。

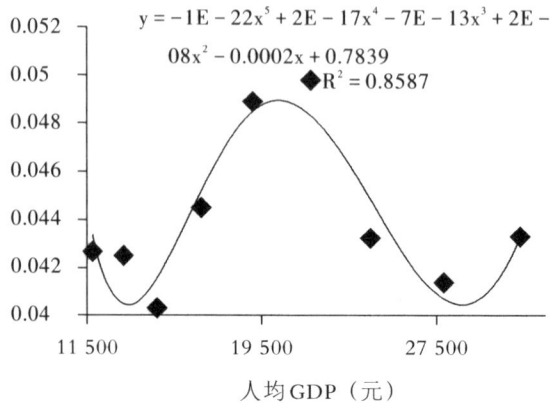

$$y = -1E - 22x^5 + 2E - 17x^4 - 7E - 13x^3 + 2E - 08x^2 - 0.0002x + 0.7839$$

$$R^2 = 0.8587$$

（a）东北三省（W 形）

$$y = -2E - 15x^3 + 2E - 10x^2 - 8E - 06x + 0.2002$$
$$R^2 = 0.9831$$

人均GDP（元）

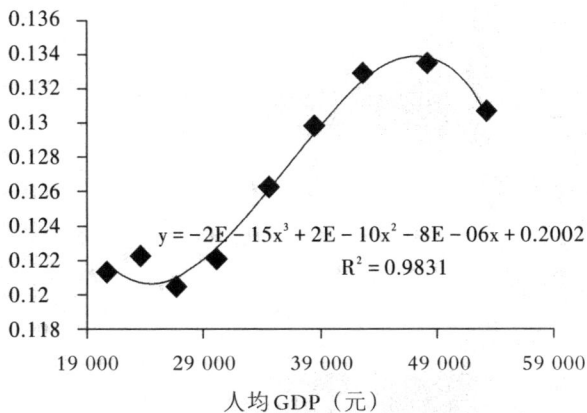

（b）东部（倒N形上升）

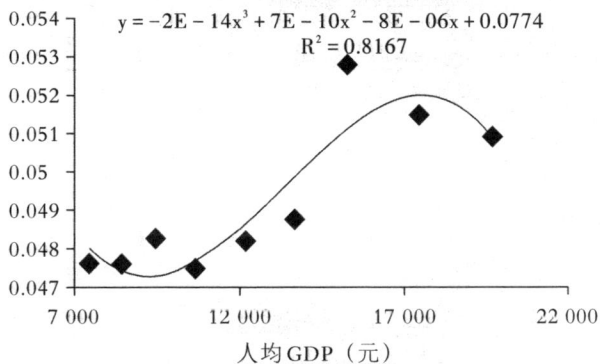

$$y = -2E - 14x^3 + 7E - 10x^2 - 8E - 06x + 0.0774$$
$$R^2 = 0.8167$$

人均GDP（元）

（c）中部（倒N形上升）

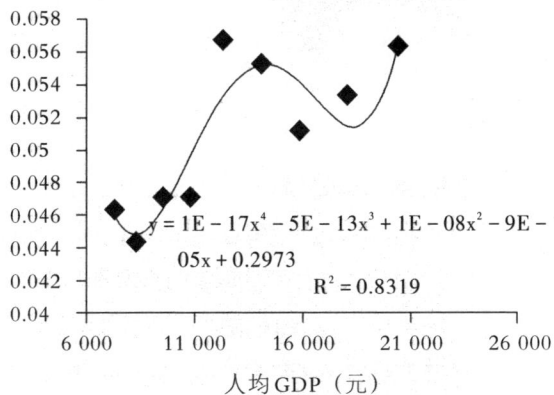

$$y = 1E - 17x^4 - 5E - 13x^3 + 1E - 08x^2 - 9E - 05x + 0.2973$$
$$R^2 = 0.8319$$

人均GDP（元）

（d）西北部（W形上升）

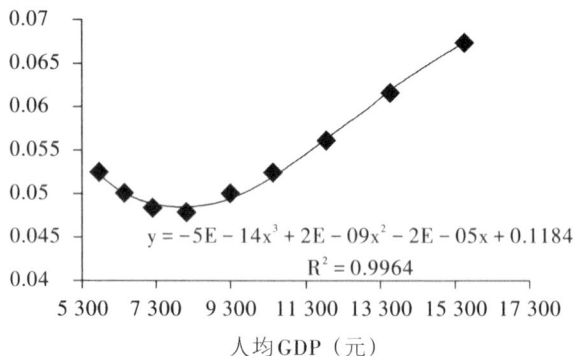

$y = -5E - 14x^3 + 2E - 09x^2 - 2E - 05x + 0.1184$
$R^2 = 0.9964$

人均GDP（元）

（e）西南部（U形上升）

图 4-2 2003—2011 年五大区域服务业专业化水平与经济发展水平的关系

资料来源 1.根据历年《中国统计年鉴》整理计算得到，人均 GDP 是以 2003 年为基期，利用各省（自治区、直辖市）的 GDP 指数平减得到，最后取样本中各个省（自治区、直辖市）的算术平均值；

2.纵坐标是全域专业化指数；

3.图中的等式为趋势线方程。

图 4-2 中的图（a）是东北三省的服务业专业化水平与经济发展水平关系的演化图，从趋势线的走势来看，呈现出了 W 形的特点。从纵轴的 G（s）指数的范围来看，东北三省的服务业专业化程度在五大区域中处于偏低的水平，2003—2011 年间的 G（s）指数的平均值为 0.044，位于五大区域 G（s）指数平均值的末位，从侧面反映了老工业基地经济缺乏活力，服务业发展水平偏低的特点。进一步来看，东北三省这种 W 形趋势线的形状比较复杂，从一定程度上体现了东北三省的服务业部门正处于不断调整和改善之中。

图 4-2 中的图（b）是东部地区的服务业专业化水平与经济发展水平关系的演化图，从趋势线的走势来看，呈现出了倒 N 形的特点，即在经济发展的初期，专业化水平先下降，然后随着东部地区经济发展水平的不断提高，专业化水平又出现了上升的趋势，当经济达到较高的发展水平，专业化水平又出现了下降的趋势。东部地区这种趋势线的特点，符合 Acemoglu & Zilibotti（1999）、Imbs & Wacziarg（2003）和 Kim（1995）的结论。从纵轴的 G（s）指数的范围来看，东部地区

的服务业专业化程度在五大区域中处于很高的水平，2003—2011 年间的 G（s）指数的平均值为 0.126，位于五大区域 G（s）指数平均值的首位。

图 4-2 中的图（c）是中部地区的服务业专业化水平与经济发展水平关系的演化图，从趋势线的走势来看，呈现出了与东部地区相同的倒 N 形的特点，即在经济发展的初期，专业化水平先趋于下降，然后随着中部地区经济发展水平的不断提高，专业化水平又出现了上升的趋势，当经济达到较高的发展水平，专业化水平又出现了下降的趋势。从纵轴的 G（s）指数的范围来看，中部地区的服务业专业化程度在五大区域中处于较低的地位，2003—2011 年间的 G（s）指数的平均值为 0.049，位于五大区域 G（s）指数平均值的第 4 位。

图 4-2 中的图（d）是西北部地区的服务业专业化水平与经济发展水平关系的演化图，从趋势线的走势来看，呈现出了与东北三省相同的 W 形的特点，但是与东北三省的 W 形不同的是：西北部地区的 W 形呈现出上升的趋势，这说明西北部地区的服务业部门在不断地调整，但同时西北部地区的专业化水平在总体发展趋势上仍然是上升的。从纵轴的 G（s）指数的范围来看，西北部地区的服务业专业化程度在五大区域中处于中间的地位，2003—2011 年间的 G（s）指数的平均值为 0.05，位于五大区域 G（s）指数平均值的第 3 位。

图 4-2 中的图（e）是西南部地区的服务业专业化水平与经济发展水平关系的演化图，从趋势线的走势来看，呈现出了 U 形上升的特点，即在经济发展的初期，专业化水平先趋于下降，然后随着西南部地区经济发展水平的不断提高，专业化水平又出现了上升的趋势。与东部地区不同的是，这种上升的趋势并没有结束，而是持续上升。从纵轴的 G（s）指数的范围来看，西南部地区的服务业专业化程度在五大区域中处于较高的地位，2003—2011 年间的 G（s）指数的平均值为 0.053，位于五大区域 G（s）指数平均值的第 2 位。

4.3.2 服务业区域间集聚的形成和比较（从五大区域和省（自治区、直辖市）的角度）

（1）产业平均占有率和服务业中心值

下面进一步用产业集中率和服务业中心值两个测度指标来度量五大区域和 30 个省（自治区、直辖市）的产业分布情况，并且对五大区域和 30 个省（自治区、直辖市）服务业的集聚趋势进行比较分析。下面是产业集中率和服务业中心值这两个指标的计算公式：

$$v_i = \frac{1}{K} \sum_k v_i^k, \quad \text{其中 } v_i^k = \frac{x_{ik}}{\sum_i x_{ik}} \tag{4-2}$$

其中，K 表示产业数量；k 表示产业；v_i 衡量了地区 i 的所有产业的平均占有率，范围在 0~1 之间，该值越接近于 1，则表示该地区的服务业平均占有率越高，服务业产业越发达。

$$\text{Central}_i = \frac{1}{n} \left(\sum_j \frac{\sum_k v_j^k}{d_{ij}} + \frac{\sum_k v_i^k}{d_{ii}} \right) \tag{4-3}[①]$$

其中，n 表示地区的个数；d_{ij} 为 i，j 地区的距离；d_{ii} 为 i 地区内部距离，计算公式为 $\frac{1}{3}\sqrt{\dfrac{\text{地区i的面积}}{\pi}}$。

从（4-3）式中还可以发现，该指标在设计上比较类似于 Harris（1954）的市场潜能概念的构建思路。进一步，对比（4-3）式和（4-2）式，可以发现（4-3）式较（4-2）式的差别在于引入了空间距离维度，即将产业集中的绝对水平和空间距离两个因素相结合，这样可以更加客观地、更加综合地描述产业的空间分布和市场规模的大小。比如，服务业的某个产业在两个地区集聚，那么这两个地区如果是相邻的区域，则此时的集聚程度必然要高于两个地区不相邻的情况，产业集中率则无法刻画出这样的差异，而服务业中心值则可以很好地刻画出这样的差异。基于这样的理解，中心值越大，表示服务业产业的集聚程度越高。

---

① Brulhart（2001）用于制造业，所以称为制造业中心值。本书将该指标应用于服务业产业，故称之为服务业中心值。

（2）五大区域和 30 个省（自治区、直辖市）的产业平均集中率的计算结果及结论分析

下面先利用产业集中率的概念，给出五大区域和 30 个省（自治区、直辖市）的服务业产业平均集中率，计算结果见表 4-1。

表 4-1　　　　2003 年与 2011 年的地区间产业平均集中率

2003 年									
东三省	0.108	东部	0.451	中部	0.219	西北部	0.097	西南部	0.123
辽宁	0.043	北京	0.095	山西	0.030	内蒙古	0.021	广西	0.025
吉林	0.026	天津	0.020	安徽	0.029	陕西	0.030	重庆	0.017
黑龙江	0.038	河北	0.041	江西	0.022	甘肃	0.017	四川	0.041
		上海	0.045	河南	0.057	青海	0.005	贵州	0.016
		江苏	0.051	湖北	0.044	宁夏	0.005	云南	0.023
		浙江	0.038	湖南	0.037	新疆	0.020		
		福建	0.024						
		山东	0.054						
		广东	0.075						
		海南	0.007						
2011 年									
东三省	0.097	东部	0.492	中部	0.192	西北部	0.092	西南部	0.124
辽宁	0.042	北京	0.107	山西	0.025	内蒙古	0.020	广西	0.026
吉林	0.021	天津	0.023	安徽	0.025	陕西	0.031	重庆	0.021
黑龙江	0.033	河北	0.037	江西	0.020	甘肃	0.013	四川	0.037
		上海	0.045	河南	0.051	青海	0.005	贵州	0.017
		江苏	0.046	湖北	0.035	宁夏	0.004	云南	0.024
		浙江	0.055	湖南	0.037	新疆	0.019		
		福建	0.027						
		山东	0.056						
		广东	0.090						
		海南	0.008						

从表 4-1 的计算结果中可以总结出下面的结论：

第一，从五大区域的角度来看：

①东部地区的产业集中率一直遥遥领先于其他各个地区，2011年，东部地区的平均集中率达到了 0.492，接近 50%。其他四大地区的产业集中率均普遍偏低，除了中部地区偏高一些，东部三省、西北部和西南部的产业集中率均在 10% 左右。

②经过 2003—2011 年的 9 年时间，服务业产业的地区集中趋势更加明显，大部分的服务业产业集聚到了东部地区。东部的平均集中率从2003 年的 0.451 上升到 2011 年的 0.492，上升幅度为 8.86%；西南部地区的产业平均集中率基本持平；东北三省、中部和西北部的产业集中率都出现了下降，下降的幅度分别为 11.3%、14% 和 4.4%，东北三省的下降幅度最大。

第二，从 30 个省（自治区、直辖市）的角度来看：

①2003—2011 年，东部沿海各个省（直辖市）的服务业产业平均集中率除河北和江苏出现了 10% 左右的降幅、上海保持持平之外，其余 7 个省（直辖市）的服务业产业平均集中率均出现了上升，其中浙江的涨幅最大，达到了 44.7%，山东的涨幅最小，为 3.7%，其余省（直辖市）的涨幅均位于 10%~20% 之间。

②东北三省的辽宁、吉林和黑龙江的产业平均集中率都出现了不同程度的下降，其中黑龙江的降幅达到了 13% 左右。

③中部地区的 6 个省中，除了湖南的产业平均集中率基本持平之外，其余的 5 个省均出现了 10%~20% 左右的较大降幅，其中湖北的降幅最大，达到了 20.4%，江西的降幅最小，但是也达到了 9%左右。

④西北部地区的 6 个省（自治区）中，内蒙古、甘肃、宁夏和新疆4 个省（自治区）的服务业产业平均集中率均出现了下降，其中甘肃的降幅最大，达到了 23.5%，宁夏的降幅为 20%，内蒙古和新疆的降幅在5% 左右。陕西的服务业产业的平均集中率有 3% 左右的升幅，而青海基本保持持平的水平。

⑤西南部地区 5 个省（自治区、直辖市）的服务业产业平均集

率，除了四川有 **9.7%**的降幅之外，其余 4 个省（自治区、直辖市）均有不同幅度的上升，其中重庆的涨幅最大，达到了 **23.5%**。

总体来看，中国的服务业地区分布出现了向东部沿海地区集聚的趋势，这种模式也体现了新经济地理学中循环累积的作用机制。但是需要引起注意的是：东部沿海地区服务业产业的发展和蓬勃是以东北三省、中部和西北部服务业产业的萎缩为代价的，这种发展模式对于中国各大区域的协调发展提出了挑战。

（3）五大区域和 30 个省（自治区、直辖市）的服务业中心值的计算结果及结论分析

接下来，再利用（4-3）式中服务业中心值的概念，给出五大区域和 30 个省（自治区、直辖市）的服务业产业中心值。正如前面的分析，该指标较产业集中率指标而言，增加了距离的因素，因此更加客观和科学。计算结果见表 4-2，其中各地区（省会城市、自治区首府）间的直线距离数据直接从 Google 电子地图上读取（千公里）。

表 4-2　　　　　2003—2011 年各地区服务业中心值

年份	2003	2004	2005	2006	2007	2008	2009	2010	2011
北京	3.380	3.574	3.532	3.550	3.661	3.690	3.810	3.787	3.711
天津	1.668	1.782	1.751	1.760	1.797	1.848	1.848	1.826	1.792
河北	1.131	1.138	1.132	1.127	1.121	1.119	1.112	1.107	1.093
山西	0.998	1.003	0.982	0.978	0.973	0.969	0.964	0.953	0.943
内蒙古	0.619	0.623	0.617	0.619	0.620	0.621	0.619	0.616	0.612
辽宁	0.854	0.857	0.839	0.835	0.823	0.827	0.816	0.822	0.836
吉林	0.659	0.660	0.636	0.635	0.630	0.626	0.620	0.618	0.612
黑龙江	0.549	0.552	0.537	0.537	0.540	0.532	0.526	0.528	0.513
上海	2.461	2.369	2.370	2.348	2.402	2.472	2.483	2.439	2.479
江苏	1.274	1.248	1.235	1.228	1.221	1.230	1.228	1.230	1.230

续表

年份	2003	2004	2005	2006	2007	2008	2009	2010	2011
浙江	1.113	1.105	1.119	1.148	1.160	1.204	1.231	1.263	1.281
安徽	1.048	1.035	1.021	1.011	1.004	1.005	1.006	1.003	1.005
福建	0.713	0.717	0.721	0.730	0.734	0.750	0.751	0.758	0.747
江西	0.849	0.843	0.841	0.843	0.828	0.829	0.822	0.820	0.825
山东	1.201	1.197	1.246	1.226	1.220	1.222	1.225	1.219	1.213
河南	1.170	1.166	1.158	1.156	1.144	1.124	1.118	1.106	1.102
湖北	1.779	1.753	1.713	1.690	1.566	1.571	1.562	1.544	1.546
湖南	0.868	0.853	0.846	0.847	0.845	0.854	0.856	0.863	0.862
广东	1.021	1.045	1.101	1.117	1.123	1.119	1.111	1.127	1.144
广西	0.577	0.581	0.590	0.590	0.588	0.584	0.584	0.588	0.592
海南	0.511	0.519	0.526	0.528	0.535	0.530	0.534	0.543	0.550
重庆	0.711	0.704	0.712	0.711	0.726	0.730	0.729	0.735	0.756
四川	0.620	0.609	0.618	0.613	0.613	0.604	0.604	0.601	0.601
贵州	0.590	0.594	0.601	0.599	0.605	0.595	0.601	0.598	0.602
云南	0.470	0.465	0.462	0.466	0.475	0.473	0.475	0.473	0.476
陕西	0.787	0.780	0.787	0.781	0.771	0.767	0.777	0.779	0.779
甘肃	0.519	0.515	0.517	0.511	0.508	0.503	0.501	0.497	0.497
青海	0.410	0.407	0.408	0.406	0.406	0.403	0.402	0.400	0.401
宁夏	0.265	0.262	0.259	0.259	0.258	0.254	0.253	0.249	0.248
新疆	0.499	0.495	0.494	0.492	0.490	0.487	0.486	0.484	0.488

为了更直观地进行比较，表 4-3 列出了 2003 年和 2011 年各地区服务业中心值排名及 2003—2011 年中心值的变化趋势。

表 4-3　　2003—2011 年服务业中心值的变化趋势及排名

	2003 年			2011 年			2003—2011 年	
	地区	服务业中心值	排名	地区	服务业中心值	排名	地区	变化趋势（％）
东北	辽宁	0.854	14	辽宁	0.836	14	辽宁	-2.11
	吉林	0.659	19	吉林	0.612	19	吉林	-7.13
	黑龙江	0.549	24	黑龙江	0.513	25	黑龙江	-6.56
东部	北京	3.380	1	北京	3.711	1	北京	9.79
	天津	1.668	4	天津	1.792	3	天津	7.43
	河北	1.131	8	河北	1.093	10	河北	-3.36
	上海	2.461	2	上海	2.479	2	上海	0.73
	江苏	1.274	5	江苏	1.230	6	江苏	-3.45
	浙江	1.113	9	浙江	1.281	4	浙江	15.09
	福建	0.713	17	福建	0.747	18	福建	4.77
	山东	1.201	6	山东	1.213	7	山东	1.00
	广东	1.021	11	广东	1.144	8	广东	12.05
	海南	0.511	26	海南	0.550	23	海南	7.63
中部	山西	0.998	12	山西	0.943	12	山西	-5.51
	安徽	1.048	10	安徽	1.005	11	安徽	-4.10
	江西	0.849	15	江西	0.825	15	江西	-2.83
	河南	1.170	7	河南	1.102	9	河南	-5.81
	湖北	1.779	3	湖北	1.546	4	湖北	-13.10
	湖南	0.868	13	湖南	0.862	13	湖南	-0.69
西北部	内蒙古	0.619	21	内蒙古	0.612	20	内蒙古	-1.13
	陕西	0.787	16	陕西	0.779	16	陕西	-1.02
	甘肃	0.519	25	甘肃	0.497	26	甘肃	-4.24
	青海	0.410	29	青海	0.401	29	青海	-2.20
	宁夏	0.265	30	宁夏	0.248	30	宁夏	-6.42
	新疆	0.499	27	新疆	0.488	27	新疆	-2.20
西南部	广西	0.577	23	广西	0.592	23	广西	2.60
	重庆	0.711	18	重庆	0.756	17	重庆	6.33
	四川	0.620	20	四川	0.601	22	四川	-3.06
	贵州	0.590	22	贵州	0.602	21	贵州	2.03
	云南	0.470	28	云南	0.476	28	云南	1.28

从表 4-3 中可以总结出以下结论：

①东部地区大部分省（直辖市）的中心值均出现了上升的趋势，其中浙江的上升幅度最大，为 15.09%。东部地区只有江苏和河北的中心值有所下降，但是在地区排名中仍然处于前 10 的位置。2011 年，东部地区的 10 个地区中有 8 个地区的中心值排名处于前 10 的位置。

②东北三省的服务业中心值的排名均比较靠后，并且各个地区中心值的变化均呈现出下降的趋势，其中吉林的降幅最大，为 7.13%。

③中部地区服务业中心值的排名总体上处于中间的位置，并且各个地区中心值的变化均呈现出下降的趋势，其中湖北的降幅最大，为 13.1%。

④西北地区服务业中心值的排名总体上处于较后的位置，并且各个地区中心值的变化均呈现出下降的趋势，其中宁夏的降幅最大，为 6.42%。

⑤西南地区服务业中心值的排名总体上处于较后的位置，但是 4 个地区的中心值的变化均呈现出上升的趋势，只有四川出现了下降的趋势，降幅为 3.06%。

综合来看，与表 4-1 的产业平均集中率的结论相类似，从服务业中心值来衡量的中国服务业在各个地区的分布的情况反映了服务业在空间的分布上不断向东北沿海地区转移的整体趋势，这种转移的趋势是以东北三省、中部地区、西北地区的服务业落后的局面为代价的。西南地区尽管中心值偏低，但是服务业的发展具备良好的势头和局面。这里的结果与图 4-2 中揭示的结论是一致的。不仅如此，由于服务业中心值的概念借鉴了市场潜能的概念形式，所以该指标衡量的结果也进一步体现了各个地区的市场规模的大小和服务业的产业竞争力，因此也更加全面和客观。

4.3.3　服务业不同行业集聚的形成和比较（从 14 个行业的角度）

4.3.3.1　空间基尼系数、SP 指数

现在从服务业 14 个行业的角度来进一步分析服务业集聚的形成。

Krugman（1991a）曾经用空间基尼系数来测算过美国制造业的集聚程度。空间基尼系数的计算公式如下：

$$G_k = \frac{2}{n} \sum_{i=1}^{n} i v_i^k - \frac{n+1}{n} \qquad (4-4)$$

其中，v_i^k 要按照从低到高的顺序排列。基尼系数介于 0~1 之间，其值越大，则表示产业在空间的不平等分布越明显，即集聚的程度越高；反之，则表示产业在空间的分布趋于平等。

SP 指数也是衡量行业空间转移与集聚的一个指标，其计算公式为：

$$SP_k = c \sum_i \sum_j v_i^k v_j^k d_{ij} \qquad (4-5)$$

SP 指数介于 0~1 之间。显然，如果产业在空间上越分散（即占全国该产业比重高的地区相互之间距离比较远），则该指数值越大；反之则越小。因此，SP 指数越接近于 0，表示行业在空间上的集中程度越高；SP 指数越接近于 1，表示行业在空间上的集中程度越低，产业分布越趋于分散。

对比（4-4）式与（4-5）式，类似于服务业中心值的概念，SP 指数不仅取决于两个地区市场份额的大小，也取决于两个地区之间的距离，因此 SP 指数弥补了空间基尼系数的缺陷，使得产业空间布局分析与地理位置的变动有效联结了起来。比如，某一产业集中于两个省，如果这两个省是相邻的，则此时的产业集聚度要高于这两个省不相邻时的结果，这样的特征在空间基尼系数中无法体现，而在 SP 指数中就可以体现出来。国内有一些学者利用该指数研究了中国制造业集聚的变动趋势以及产业的集中和扩散的情况（范剑勇，2004；陈良文、杨开忠，2006；钟立新，2012；吕国庆、汤茂林，2008）。

4.3.3.2 服务业 14 个行业的空间基尼系数和 SP 指数的计算结果以及结论分析

下面利用公式（4-4）和公式（4-5）来计算 2003—2011 年服务业 14 个行业的空间基尼系数和 SP 指数，其中公式（4-5）中各地区（省会城市、自治区首府）间的直线距离数据直接从 Google 电子地图上读取（千公里），其中常数 c 值取为 1，具体结果见表 4-4。

表 4-4　　　　**服务业 14 个行业的 SP 指数和空间基尼系数**

	行业	SP 指数				空间基尼系数			
		2003 年	2011 年	均值	排名	2003 年	2011 年	均值	排名
生产	交通运输、仓储和邮政业	0.569	0.559	0.562	13	0.277	0.326	0.300	9
	信息传输、计算机服务和软件业	0.557	0.535	0.550	9	0.383	0.455	0.404	4
	金融业	0.545	0.539	0.527	2	0.323	0.345	0.332	8
	房地产业	0.564	0.554	0.542	12	0.442	0.443	0.450	3
	租赁和商务服务业	0.521	0.542	0.542	1	0.470	0.493	0.498	1
	科学研究、技术服务和地质勘查业	0.545	0.550	0.558	10	0.339	0.371	0.350	7
	居民服务和其他服务业	0.529	0.563	0.526	7	0.468	0.479	0.500	2
	教育	0.543	0.544	0.552	6	0.303	0.297	0.299	13
消费	批发和零售业	0.527	0.521	0.573	3	0.349	0.390	0.362	6
	住宿和餐饮业	0.548	0.534	0.545	4	0.395	0.427	0.420	5
公共	水利、环境和公共设施管理业	0.569	0.576	0.543	14	0.285	0.273	0.275	14
	卫生、社会保证和社会福利业	0.547	0.548	0.547	8	0.310	0.312	0.310	10
	文化、体育和娱乐业	0.552	0.548	0.553	11	0.278	0.317	0.300	11
	公共管理和社会组织	0.541	0.542	0.542	5	0.305	0.300	0.305	12

注：表中的均值表示 2003—2011 年的均值。

　　从表 4-4 中可以看到，14 个行业的空间基尼系数和 SP 指数的变化趋势基本上保持一致，从排名的情况来看，有一些产业的排名有一定的出入，例如，房地产行业在 SP 指数均值的排名为第 12，而在空间基尼系数的均值排名中的名次是第 3。这个差异说明根据 SP 指数衡量的房地产行业的集聚度较低是源于房地产行业集聚的省份不具备相邻的特点，而是集聚在距离比较远的省份。同样，金融业在空间基尼系数均值中的排名为第 8，而在 SP 指数均值的排名中是第 2，这个差异体现了金融业集聚在相邻省份的特点。可见，SP 指数考虑了空间的距离因素，因此这一指标更加科学、客观。

为便于更进一步地分析和比较，笔者绘制了图 4-3，从中可以很清楚地观察到服务业 14 个行业的 SP 值在 2003—2011 年间的变化趋势。

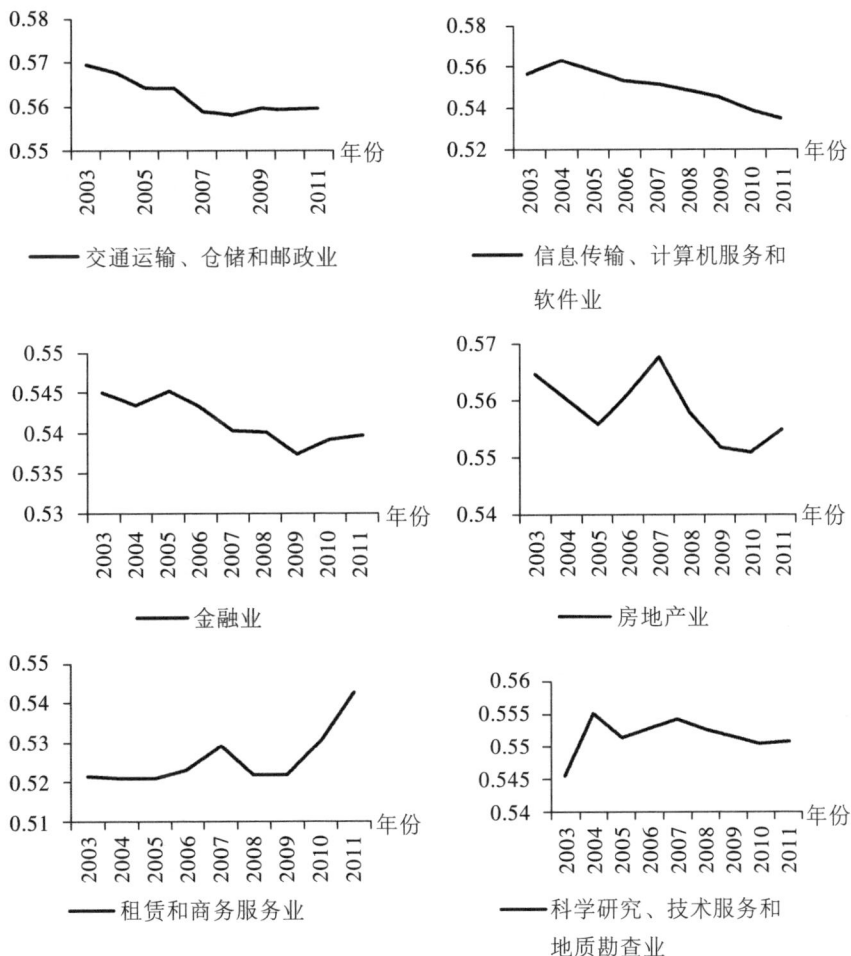

交通运输、仓储和邮政业

信息传输、计算机服务和软件业

金融业

房地产业

租赁和商务服务业

科学研究、技术服务和地质勘查业

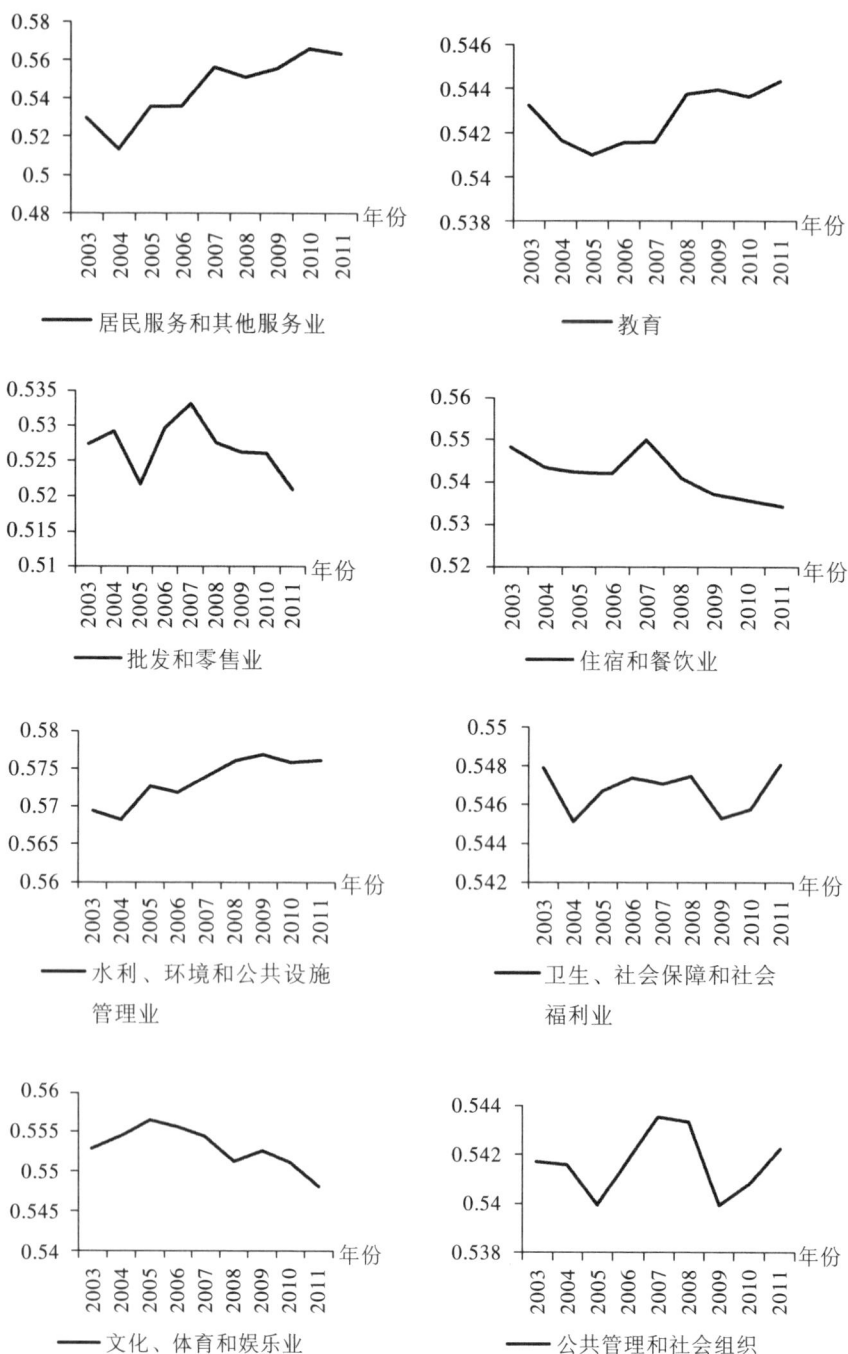

图 4-3　服务业 14 个行业的 SP 指数变化趋势

4.3.4 服务业不同行业就业增长的区域差异（从 14 个行业的角度）

以上的分析是从静态的角度，下面从动态的角度来考察地区和行业在空间集聚水平的变化，首先来介绍偏离份额法。

4.3.4.1 偏离份额法

偏离份额分析（Shift-share Analysis）又称为增长因素分析法，在很多的文献中广泛地被用来分析产业空间分布、经济增长的地区差异和地区就业结构的变化等（Stilwell，1977；Casler，1989；Hoppes，1994）。

令 E_{i0}^k 和 E_{it}^k 表示区域 i 在基期和 t 期的 k 行业的就业数量，令 $\Delta E_i^k = E_{it}^k - E_{i0}^k$，从基期到 t 期，地区 i 的行业 k 的就业增长率为 R_i^k，全国 k 行业的就业增长率为 R_c^k，全国所有行业的平均就业增长率为 R_c，则可以得到下式：

$$\Delta E_i^k = E_{i0}^k - R_i^k \tag{4-6}$$

进一步可将（4-6）式进行分解，得到（4-7）式和（4-8）式：

$$\Delta E_i^k = E_{i0}^k R_c + E_{i0}^k (R_c^k - R_c) + E_{i0}^k (R_i^k - R_c^k) \tag{4-7}$$

$$\Delta E_i^k - E_{i0}^k R_c = E_{i0}^k (R_c^k - R_c) + E_{i0}^k (R_i^k - R_c^k) \tag{4-8}$$

（4-8）式左边称为就业增长的相对净变化量（NRC），即相对于全国平均水平的净增长。等式右边的第一部分称为劳动力结构转移（STR），表示行业 k 的全国平均增长率相对于所有行业全国平均增长率的差异，即这一部分衡量 NRC 中有多少是由该行业的全国平均增长速度所引起的；等式右边的第二部分称为劳动力差异转移（DIF），表示行业 k 在地区 i 的增长率与行业 k 在全国的平均增长率的差异，即这一部分衡量 NRC 中有多少是由 k 产业在 i 地区相对于 i 产业在其他地区 j 的竞争优势所引起的；用等式右边的第一部分除以等式左边的相对净变化量则表示第一部分在 NRC 中的贡献份额；用等式右边的第二部分除以等式左边的相对净变化量则表示第二部分在 NRC 中的贡献份额。

4.3.4.2 服务业各行业偏离份额法的分解结果及结论分析

先给出服务业各行业在全国五大区域的年均就业增长率①，该指标衡量的是就业的绝对增长率，具体结果见表4-5。

从表4-5中可以看到：

表4-5　　2003—2011年服务业各行业的年均就业增长率（%）

	行业	东北三省	东部	中部	西北部	西南部	全国	全国排名
	全部行业	0.92	3.92	1.39	2.28	2.90	2.72	
生产	交通运输、仓储和邮政业	-2.86	2.72	-1.26	-0.24	0.05	0.51	13
	信息传输、计算机服务和软件业	7.49	9.35	4.53	7.07	5.95	7.80	2
	金融业	2.21	6.00	2.95	3.92	4.51	4.57	4
	房地产业	6.61	9.73	10.75	9.31	9.39	9.51	1
	租赁和商务服务业	3.69	6.67	2.33	2.87	9.09	5.73	3
	科学研究、技术服务和地质勘查业	4.08	4.97	2.32	2.08	2.99	3.78	7
	居民服务和其他服务业	3.73	2.40	-3.09	1.90	0.08	1.61	10
	教育	0.48	1.65	1.16	1.86	1.61	1.43	11
消费	批发和零售业	-3.92	3.32	-2.89	-2.95	0.68	0.38	14
	住宿和餐饮业	0.50	5.93	1.74	2.33	5.03	4.41	5
公共	水利、环境和公共设施管理业	3.70	3.58	2.54	3.95	5.76	3.68	8
	卫生、社会保障和社会福利业	2.79	4.67	3.72	4.58	4.98	4.28	6
	文化、体育和娱乐业	-0.60	2.50	-1.15	-0.46	0.03	0.68	12
	公共管理和社会组织	1.60	3.22	2.23	3.32	3.40	2.84	9

第一，从全部行业的平均增长率来看，东部地区的增长率为3.92%，高出其他各地区和全国平均水平，西南部地区的增长率为2.9%，也超过了全国的平均水平，东三省的就业增长率最低，仅为0.92%，远远低于全国的平均水平。

---

① 年均增长率=$\sqrt[N]{\text{（末年/首年）}}$-1，N=年数-1，计算的结果只能适用于以首年算末年，若算中间年份则与原值不相等。

第二，从全国各个行业就业增长水平来看，服务业各个行业的就业都出现了不同程度的增长：房地产行业在全国的年均就业增长率中排名第一，达到了 9.51%；增长率最低的是批发和零售业，仅为0.38%；东部地区的绝大部分服务业行业的就业增长率都远远高于其他地区，其中交通运输、仓储和邮政业，批发和零售业，文化、体育和娱乐业在东部地区的就业增长总是伴随着东北三省、中部地区和西北部地区相关行业的绝对负增长；西南部地区各个行业的就业均为正增长，而东三省、中部地区和西北部地区的某些行业的就业出现了绝对的负增长。

接下来，利用偏离份额法，对服务业的 14 个行业在全国和五大区域层次上进行分解，具体计算结果见表 4-6。

从表 4-6 中可以看到[①]：

表 4-6　　2003—2011 年服务业各行业的偏离份额法分解结果

		东北三省	东部	中部	西北部	西南部	全国
交通运输、仓储和邮政业	绝对增长率	-2.86	2.72	-1.26	-0.24	0.05	0.51
	相对增长率 NRC	-41.00	0.07	-48.79	-17.17	-18.61	-125.50
	结构转移 STR	0.44	-745.97	0.59	0.77	0.84	1
	差异转移 DIF	0.56	746.97	0.41	0.23	0.16	0
信息传输计算机服务和软件业	绝对增长率	7.49	9.35	4.53	7.07	5.95	7.80
	相对增长率 NRC	6.20	48.15	4.04	5.00	4.69	68.09
	结构转移 STR	1.08	0.73	3.13	1.20	1.68	1
	差异转移 DIF	-0.08	0.27	-2.13	-0.20	-0.68	0
金融业	绝对增长率	2.21	6.00	2.95	3.92	4.51	4.57
	相对增长率 NRC	-1.91	55.61	1.81	3.93	7.88	67.31
	结构转移 STR	-3.99	0.54	8.52	1.58	1.04	1
	差异转移 DIF	4.99	0.46	-7.52	-0.58	-0.04	0

---

① 此处并没有给出服务业所有 14 个行业的分析结果，仅列出一些有代表性的行业，其余行业的特点可参照得到。

续表

房地产业	绝对增长率	6.61	9.73	10.75	9.31	9.39	9.51
	相对增长率 NRC	5.78	58.38	18.48	5.77	11.21	99.62
	结构转移 STR	1.93	0.96	0.81	1.04	1.02	1
	差异转移 DIF	−0.93	0.04	0.19	−0.04	−0.02	0
租赁和商务服务业	绝对增长率	3.69	6.67	2.33	2.87	9.09	5.73
	相对增长率 NRC	1.60	46.56	−1.17	0.20	11.96	59.15
	结构转移 STR	3.33	0.74	−8.76	21.55	0.42	1
	差异转移 DIF	−2.33	0.26	9.76	−20.55	0.58	0
科学研究技术服务和地质勘查业	绝对增长率	4.08	4.97	2.32	2.08	2.99	3.78
	相对增长率 NRC	3.28	22.68	−1.59	−1.67	0.80	23.49
	结构转移 STR	0.77	0.45	−2.85	−1.76	4.04	1
	差异转移 DIF	0.23	0.55	3.85	2.76	−3.04	0
居民服务和其他服务业	绝对增长率	3.73	2.40	−3.09	1.90	0.08	1.61
	相对增长率 NRC	0.68	−0.83	−4.02	−0.38	−1.09	−5.40
	结构转移 STR	−1.01	3.43	0.22	1.35	0.44	1
	差异转移 DIF	2.01	−2.43	0.78	−0.35	0.56	0
教育	绝对增长率	0.48	1.65	1.16	1.86	1.61	1.43
	相对增长率 NRC	−26.49	−53.01	−53.80	−12.16	−25.16	−170.61
	结构转移 STR	0.59	1.19	0.83	1.48	1.15	1
	差异转移 DIF	0.41	−0.19	0.17	−0.48	−0.15	0
批发和零售业	绝对增长率	−3.92	3.32	−2.89	−2.95	0.68	0.38
	相对增长率 NRC	−33.73	15.99	−76.05	−23.29	−13.40	−130.48
	结构转移 STR	0.41	−3.48	0.46	0.46	1.13	1
	差异转移 DIF	0.59	4.48	0.54	0.54	−0.13	0

续表

住宿和餐饮业	绝对增长率	0.50	5.93	1.74	2.33	5.03	4.41
	相对增长率 NRC	-2.72	31.55	-3.18	-0.49	4.56	29.72
	结构转移 STR	-0.87	0.50	-1.89	-4.66	0.71	1
	差异转移 DIF	1.87	0.50	2.89	5.66	0.29	0
水利、环境和公共设施管理业	绝对增长率	3.70	3.58	2.54	3.95	5.76	3.68
	相对增长率 NRC	2.41	5.64	-0.71	2.59	6.59	16.52
	结构转移 STR	0.98	1.11	-5.58	0.77	0.29	1
	差异转移 DIF	0.02	-0.11	6.58	0.23	0.71	0
卫生、社会保障和社会福利业	绝对增长率	2.79	4.67	3.72	4.58	4.98	4.28
	相对增长率 NRC	0.39	38.69	12.33	8.86	16.75	77.01
	结构转移 STR	21.64	0.79	1.58	0.83	0.67	1
	差异转移 DIF	-20.64	0.21	-0.58	0.17	0.33	0
文化、体育和娱乐业	绝对增长率	-0.60	2.50	-1.15	-0.46	0.03	0.68
	相对增长率 NRC	-3.92	-1.05	-10.22	-4.37	-3.71	-23.27
	结构转移 STR	0.64	8.83	0.56	0.67	0.77	1
	差异转移 DIF	0.36	-7.83	0.44	0.33	0.23	0
公共管理和社会组织	绝对增长率	1.60	3.22	2.23	3.32	3.40	2.84
	相对增长率 NRC	-11.45	20.45	-15.07	8.28	12.14	14.35
	结构转移 STR	-0.12	0.25	-0.27	0.21	0.18	1
	差异转移 DIF	1.12	0.75	1.27	0.79	0.82	0

注：结构转移 STR 和差异转移 DIF 的数值均为占相对增长率 NRC 的份额（%）。

第一，东部地区绝大部分行业的相对增长率（NRC）在数值上均占有绝对的优势：除了居民服务和其他服务业、教育以及文化体育和娱乐业，其他行业的就业增长率要高于全国各行业就业增长率的平均水平；东部地区各个行业的相对增长率也普遍高于其他地区同行业的数值。

第二，东北三省和西北部地区 7 个行业的就业增长率要低于全国各行业就业增长率的平均水平；中部地区 10 个行业的就业增长率要低于全国各行业就业增长率的平均水平；西南部地区 5 个行业的就业增长率要低于全国各行业就业增长率的平均水平。

第三，交通运输、仓储和邮政业：该行业就业的绝对增长率在东部和西南部地区为正，而在其余地区中均为负值；该行业的 NRC 只有在东部地区为正，而其余地区均为负值，这表明东部地区该行业的快速发展是以其他地区的萎缩为代价的；从偏离份额分析中的结构转移部分来看，所有五大区域的该指标都导致了该行业的萎缩；从偏离份额分析中的差异转移部分来看，只有东部地区的 DIF 促进了本地区该行业的就业增长，这个特点表明：尽管交通运输、仓储和邮政业的就业增长速度要远远低于其他行业的增长速度，但是在东部沿海地区这一行业的竞争力仍然超过其他地区。

第四，信息传输计算机服务和软件业：该行业就业的绝对增长率和相对增长率（NRC）在各个地区均为正值，但是东部地区的相对增长率为 48.15%，要远远高于其他地区，这表明该行业在东部地区快速增长的同时也伴随了其他地区该行业的缓慢发展；从偏离份额分析中的结构转移部分来看，所有五大区域的该指标都导致了该行业的扩大；从偏离份额分析中的差异转移部分来看，同交通运输、仓储和邮政业一致，只有东部地区的 DIF 促进了本地区该行业的就业增长，这个特点表明：在东部沿海地区这一行业的竞争力要大大超过其他地区。

第五，金融业：该行业就业的绝对增长率在五大区域中均为正；除了东北三省，其余各个地区的相对增长率均为正；差异转移部分，同样得到了东部地区在该行业的竞争力要远远超过其他地区。

第六，房地产：在绝对增长率、相对增长率和结构转移部分方面，与信息传输计算机服务和软件业行业的特点一致；在偏离份额分解的差异转移部分，东部和中部地区均为正值，并且中部地区的份额较东部更大，这表明中部地区的房地产行业在全国其余地区的同行业中具有较东部地区更大的竞争优势。

第七，教育：五大地区的绝对增长率均为正，而相对增长率均为负，这说明各个地区在教育行业方面的就业增长率要小于全国所有行业就业增长率的平均水平，这个特点在 14 个行业中并不多见，仅仅存在于教育与文化、体育和娱乐业之中；从差异转移部分来看，东北三省和中部地区的竞争力更是处于弱势。

第八，批发和零售业：五大区域的绝对增长率均为正，但是只有东部的相对增长率为正；从差异转移部分来看，东部和西南部具备一定的地区竞争优势。

第九，水利、环境和公共设施管理业：从差异转移部分来看，西南部地区和西北部地区的竞争优势明显，东北三省的地区竞争优势微弱，而东部和中部则处于竞争劣势。

4.3.5　服务业集聚的形成与影响因素的关联

最后，将 4.2 和 4.3 节的内容结合在一起，综合地分析一下中国服务业集聚的形成与影响因素的关联。本书采用非农就业密度来衡量一个地区的城市化规模；用人口密度和就业人口平均受教育年限来衡量知识溢出与面对面接触的程度；用市场潜能来刻画区域的市场需求水平；用人均移动电话数来度量信息化水平；用非公共的政府支出规模来度量政府在经济中的参与程度；用进出口规模来刻画对外开放程度。为此，列出了表 4-7。

从表 4-7 中可以看到，东部地区除了非公共政府规模在五大区域中处于最低水平以外，其余的六项指标均处于最高的水平，其中人口密度和对外开放规模两个指标更是遥遥领先于其他四大地区，分别达到了

表4-7　2011年五大区域服务业空间集聚影响因素的各指标数据

指　标	东部地区	东北三省	中部地区	西北地区	西南地区
非农人口比重	65.19	57.98	46.28	46.78	42.08
人口密度（人/平方公里）	860.45	174.86	352.05	68.54	206.88
就业人口平均受教育年限（年）	10.5	9.58	9.59	9.56	8.71
市场潜能	675.94	357.54	622.8	320.28	355.04
人均移动电话数	0.95	0.74	0.59	0.79	0.58
非公共政府规模	0.7	0.91	0.82	1.52	1.25
对外开放规模	2.19	0.65	0.34	0.35	0.39

注：1.数据来源为《中国统计年鉴》、《中国区域统计年鉴》、《中国就业统计年鉴》以及 Google 地图中两个地区的距离数据，然后经整理计算得到。

2.就业人口受教育年限参见第 2 章数据来源的介绍；市场潜能的计算可参见表6-1；政府规模：政府总支出（减去教育和国防支出）占 GDP 的比重，然后再除以全国的平均值；对外开放规模：进出口总额占 GDP 的比重，然后再除以全国的平均值。

3.表中五大区域的数值均采用区域内各个省份的平均值得到。

860.45 和 2.19。西南地区在非农人口比重与就业人口平均受教育年限两个指标上都位居五大区域的末位。西北地区的人口密度最低，对外开放规模也处于落后的水平。西北和西南地区的市场潜能均位于五大区域之末。总结来看，西部地区在影响服务业集聚因素方面整体处于较为落后的阶段，这与前面对于服务业空间集聚趋势的分析是吻合的，而东部地区更是占尽了导致服务业集聚的各个方面优势，因此也表现为服务业集聚水平最高的地区。

从非公共支出的政府规模上，可以发现东部地区最低，而其他地区

偏高，特别是西北和西南地区。这说明政府部门在非公共支出的规模对
服务业的集聚水平上起着一定的阻碍作用，即政府对经济的参与程度越
大，对于经济效率的损害也越明显，这个结论在制造业中也是普遍成立
的。从其他指标的特点来看，似乎都与服务业的空间集聚水平有着一定
的正向关联。

4.4　本章小结

本章首先在新经济地理学和城市经济学等经济理论研究的基础上，
给出了服务业空间集聚的影响因素的理论框架，包括：（1）传统区位理
论的地理因素；（2）新经济地理因素，包括收益递增、运输成本与信
息成本、市场需求、知识溢出与面对面接触；（3）制度因素，包括政府
规模和经济一体化。

接下来，从两个层面出发，利用多种测度指标，较为全面而系统
地分析了中国服务业集聚的形成。第一个层面是从区域角度（包括全
国、五大区域和 30 个省（自治区、直辖市））：使用的测度指标包括
全域专业化指数、产业平均集中率和服务业中心值；在全国和五大区
域的层次上考察了中国服务业地区专业化水平与经济发展水平的关
系；在省级层次上，使用专业化度量的相对指标，考察了中国服务业
在不同地区间的专业化水平和产业集中水平的比较。第二个层面是从
行业角度（14 个行业）：使用的测度指标包括空间基尼系数、SP 指数
和偏离份额法，综合考察了中国服务业（14 个行业）的空间转移与集
聚趋势。

本章得到的结论是：

从地区层面来看，中国服务业地区专业化整体水平和以人均 GDP
度量的经济发展水平呈现出明显的倒 U 形上升关系。东北三省的服务
业专业化水平与经济发展水平关系呈现出了 W 形的特点。东北三省的
服务业专业化程度在五大区域中处于偏低的地位，从侧面反映了老工
业基地经济缺乏活力，服务业发展水平偏低的特点。东部和中部地区
的服务业专业化水平与经济发展水平关系呈现出了倒 N 形的特点，其

中东部地区的服务业专业化程度在五大区域中处于很高的位置，2003—2011 年间的 G（s）指数的平均值为 0.126，位于五大区域 G（s）指数平均值的首位。西南部地区的服务业专业化水平与经济发展水平关系呈现出了 U 形上升的特点。西北部地区的服务业专业化水平与经济发展水平关系呈现出了与东北三省相同的 W 形的特点，与东北三省的 W 形不同的是，西北部地区的 W 形呈现出上升的趋势。用产业集中率和服务业中心值来刻画的服务业集聚水平的结论大体上相同，得到的结论均是：中国服务业在各个地区的分布的情况反映了服务业在空间的分布上不断向东北沿海地区转移的整体趋势，这种转移的趋势是以东北三省、中部地区、西北地区的服务业落后的局面为代价的。

从行业的层面来看，14 个行业的空间基尼系数和 SP 指数的变化趋势基本上保持一致，从排名的情况来看，有一些产业的排名有一定的出入，例如，房地产行业在 SP 指数均值的排名为第 12，而在空间基尼系数的均值排名中的名次是第 3。这个差异说明根据 SP 指数衡量的房地产行业的集聚度较低是源于房地产行业集聚的省份不具备相邻的特点，而是集聚在距离比较远的省份。偏离份额法的结果显示：东部地区 14 个服务业中的绝大部分行业在相对增长率（NRC）数值上均占有绝对的优势：除了居民服务和其他服务业、教育以及文化体育和娱乐业，东部地区的服务业行业的就业增长率要高于全国各行业就业增长率的平均水平，东部地区各个行业的相对增长率也普遍高于其他地区同行业的数值。东北三省和西北部地区 7 个行业的就业增长率要低于全国各行业就业增长率的平均水平；中部地区 10 个行业的就业增长率要低于全国各行业就业增长率的平均水平；西南部地区 5 个行业的就业增长率要低于全国各行业就业增长率的平均水平。

随着中国国民经济的快速发展，经济结构发生了很大的变化，现代服务业在国民经济中的地位和作用日益提高。中国现代服务业不可避免地要在高端市场与外企竞争，这就要求中国必须加快现代服务业的发展。

结合本书的结论提出下面的政策建议：

中国经济的可持续增长依赖于三次产业的协调与均衡发展。鉴于中国是农业大国同时又处于工业化进程中的国情，工业发展已取得巨大成就，但与世界先进国家相比尚有较大差距，因而在合理调整服务业与第一、第二产业的结构关系，确保农业与工业稳步发展的同时，要保持服务业与其他产业的协调均衡发展。现代服务业多为高技术、高科技和高创新的领域，并且服务业活动趋向集中于大都市区或者接近于研究中心、大学城和具有互补性的同行企业。跨国公司在进行国际投资选择时的典型做法是，同时考虑好几个潜在的有吸引力的投资区位。如果一个国家不具备吸引某种类型的投资者的基本条件，如受过良好的高等教育、技能优秀的劳动力资源和高效、低成本的基础设施等，企图争取到"地位高"的跨国公司的可能性就很小。人力资源作为知识和技术的载体，较熟练的人力资源的空间聚集是影响现代服务业发展的关键，因此要加强高质量人才的培养和引进，这样也会促进知识溢出效应的更好发挥和缄默知识的高效率获得。此外，东部沿海地区已经凭借地理位置的优势，在循环累积因果的作用下，成为"中心"地区，而高昂的房价对于服务业也存在着挤出效应，因此要加大高质量人力资本的引进，因为只有高效率的劳动力才能得到更高的报酬，进而承受"中心"地区高昂的生活成本。当土地和劳动力成本不断上升之后，只有劳动生产率和土地利用效率更高的服务业才能有能力留在"中心"地区，而简单的加工制造业必然向"外围"地区转移。此外，大型城市中差异化产品种类不够丰富也是引发"非黑洞条件"的一个重要原因，如果大型城市缺乏消费者所喜爱的与城市生活相配套的各种生产性、消费性和公共性的服务行业，比如与制造业直接相关的生产性服务业的发展不能与之相配套，那么消费者就会从高房价与缺乏更多种类的差异化产品的大城市迁移到其他中小城市，这样都会对集聚效率造成损害。此外，增强国内一体化的进程，减少政府分割市场的力量，这样才能促使制造业顺利地向"外围"地区进行转移。各地方政府只有在经济行为上保持一体化，才能更好地实施财政转移政策，使得地区间的平衡发展得以实现。

第5章　经济集聚与区域经济增长的门槛效应分析

5.1 引　言

经济活动在空间上的集聚会促进经济增长吗？这个问题是经济地理学所提出的一个基本问题。随着新经济地理学在理论和实证研究两个方面的迅速发展，如何将内生经济增长理论和新经济地理相结合，也成为经济学理论研究中的一个核心问题。

时间和空间是经济发展过程中两个最根本的属性，并且紧密地交织在经济发展的过程中。回顾人类社会经济发展史，两个特征事实是很典型的：在时间维度上，经济产出持续增长；在空间维度上，经济活动不断集聚。尽管有理由认为集聚和增长两者之间存在着密切的联系，但是经济集聚和经济增长都是复杂的经济现象，所以试图在理论上严格地说明两者之间的联系并不是一件容易的事情。虽然到目前为止，这个领域的研究还处于起步阶段，成果也不是很多，但是对于两者的融合的基础已经具备：首先，研究这两种现象的理论领域所试图解决的问题是具有相关性的，内生增长理论是解释新工厂或新产品是怎样通过技术进步而产生的，新经济地理学是解释工厂在哪里定位以及它们为什么集中于少数地区。其次，内生增长理论和新经济地理学的微观基础都基于 Dixit-Stiglitz（1977）的垄断竞争框架，这也说明从技术上来说是有很大的相似之处的。最后，利用城市或区域层次的工业数据的经验研究已有很多，并且也证明了两者之间具有相互影响的关系。Brülhart & Sbergami（2009）指出，空间集中和经济增长的联系不能视为一种简单的、具有普遍存在性的规律，空间集中对于经济增长可能存在着非线性的影响。他们的研究基于两个假设：Williamson（1965）的"倒 U 形假说"（Williamson Hypothesis）和 Krugman & Elizondo（1996）提出的"封闭经济较开放经济更容易受到内部地理（集聚）的影响"的"开放性假说"（Openness Hypothsis）。

本章是关于经济集聚增长效应的研究，利用中国 30 个省（自治区、直辖市）的面板数据，对于经济集聚与区域经济增长关系的门槛效应进行了检验，由于对于经济变量的非线性效应采用外生分组和单纯引入交互项的方法都无法内生地确定门槛值的大小，所以本章的模型构建于 Hansen（1999）的面板数据门槛模型基础之上。利用面板门槛模型，主要检验了 Williamson 的"倒 U 形假说"、Krugman & Elizondo（1996）的"开放性假说"以及经济集聚自身的门槛效应。本章的安排如下：5.2 节对经济集聚与经济增长关系的理论研究做了综述；5.3 节对经济集聚与经济增长关系的实证研究做了综述；5.4 节介绍了Williamson 的"倒 U 形假说"；5.5 节介绍了 Krugman & Elizondo 的"开放性假说"；5.6 节介绍了面板门限模型以及模型设定、数据来源、变量介绍以及参数估计与模型估计结果的分析；5.7 节是本章的小结。

5.2 经济集聚与经济增长关系的理论研究综述

新经济地理学的经典模型指出，区域间和国家间的一体化会提高经济效率，围绕此结论的最广泛的讨论是，随着经济的全球化，中心地区的富裕是以外围地区的贫困为代价的，这便涉及经济学中的效率和公平的问题。效率和公平问题是经济学中的两个基本问题，然而这两者的矛盾是 Krugman（1991b）和 Fujita et al.（1997）等静态（厂商的总数目是常数）模型无法完美解决的问题，换句话说，由于静态的经济地理模型不能解释集聚效应对于创新①速度的影响，而创新速度又会影响福利水平的地理分布，因此，建立厂商数量随着时间而变动（受创新的影响）的动态模型来考虑"中心-外围"模型的特性不仅是理论上的需要，也是更好地理解和解释效率与公平问题以及进行政策分析的关键。

新经济地理学动态模型的创立者有 Martin（马丁）、Ottaviano（奥塔维埃诺）、Baldwin（鲍德温）和 Fujita（藤田）等。他们的代表性工作有 Martin & Ottaviano（1999，2001）、Baldwin（1999，2000，2004）以及 Fujita（2003）等，这些研究将内生增长理论和空间经济学相结合，来解释经济集聚和长期经济增长之间的内在联系，这样便产生了新经济地理学的动态模型。

5.2.1 Baldwin 的资本创造模型（简称 CC 模型）

在此以前的新经济地理学模型大都强调了劳动力的自由流动（如 CP 模型）和产业的垂直关联（如 Venables，1996），即这些模型都强调了由于"需求关联"和"成本关联"的循环因果链所产生的集聚力，也正因为这个原因，这类模型都比较复杂，难以得到解析解，因此均要通过赋予特殊参数值进行数值模拟。较之前的模型不同的是，资本创造模型（Baldwin，1999）中的集聚由前向联系部门内生资本的需求关联产生，模型的解析性强，所有内生变量都有显性解，同时 CC 模型除了具有类似 CP 模型的丰富特征之外，还具有新的特征，此模型第一次为新经济地理学模型动态化作出了尝试。

模型增加了资本生产部门 I，引入了资本创造和资本折旧，但是资本和资本的所有者都是不流动的。在资本不流动的情况下，经济发展的中期，CC 模型中经济区位影响经济增长率，此时经济增长率由经济区位等变量内生决定。模型的基本逻辑是，假设从长期均衡处开始，由于保护政策的实施，本土企业的利润增加，国外企业的利润减少，由于资

---

① "创新"的概念最早由熊皮特（J.A.Schunpeter）提出，他指出技术创新与经济增长是密不可分的，技术创新的实现过程就是经济增长的过程。后来，人们一般将"创新"归结为"科技进步"，所谓"科技进步"是指：同样多的投入有更多的产出；较少的投入得到一样多的产出；产品质量的改进；生产出全新的产品。

本不能流动，所以本土企业的高利润提高了本土资本的回报率，这促进了本土新资本的形成（新工厂进入），同时也使得国外资本损耗（工厂倒闭），增长效应和水平效应交替在一起，出现了于 CP 模型和垂直关联模型中类似的需求关联的累积因果链，最后两个地区分别形成"增长极"和"塌陷区"，具体过程如图 5-1 所示。

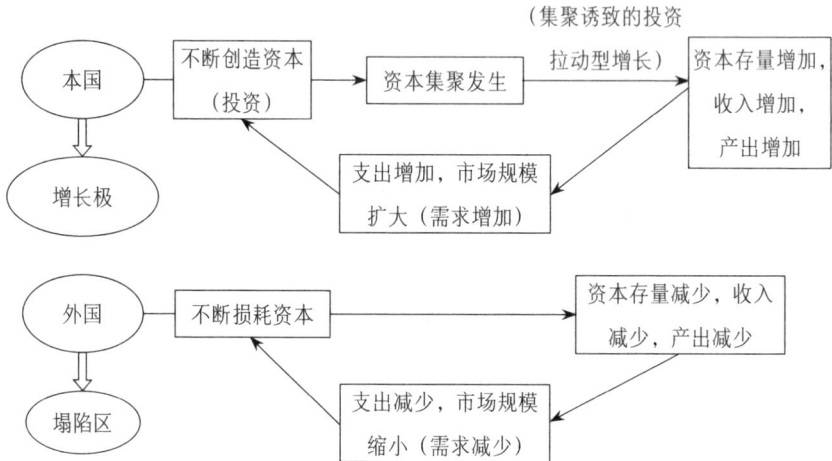

图 5-1　地区"增长极"和"塌陷区"的形成过程

资料来源　根据 Baldwin（1999）的逻辑思路绘制。

在长期，模型中假设资本积累过程是规模收益递减的，新创造的资本（即新工厂的进入）所形成的集聚由于拥挤效应而使得企业的利润下降，这样便出现了资本存量增加而资本回报率下降的情况，于是经济增长就停止了。长期 CC 模型中的经济区位对增长没有影响，所以 CC 模型仍是一个外生增长模型。尽管如此，CC 模型为建立新经济地理学的动态模型作出了开创性的尝试，对此后动态模型的创立起到了很大的作用。

5.2.2　Walz 的两区域动态模型

在此之前，对于内生增长和新经济地理学的理论研究几乎是独立进行的，在大部分的新经济地理学模型中，有关区位的动态学都是研究既定资源的重新配置，而新增长模型中地理因素几乎都是被忽略的。Walz（1996）在两者的融合方面作出了一定的贡献，在假设熟练工人可流动和中间产品存在运输成本的两区域模型中，利用了内生增长理论的思路，即增长来源于中间产品的创新，而中间投入品数量的增加使得最终产品的生产率得到提高，模型得出了产品生产/R & D 活动/熟练工人的定位均是内生决定的结论。在政策建议上，Walz 指出一体化的经济政策会产生更多种类的产品并带来更高的增长率，因此对于落后的地区应该在自身的技术形式比较成熟之后再考虑与富裕地区的一体化，否则会加大两者之间的差距而沦为外围地区，此外，对于交通等基础设施的投资会提高落后地区的不可流动要素的生产率，但是同时也可能会由于运输成本的下降而进一步加大地区间的差距。

Walz 建立了动态模型，改进了 CP 模型静态分析的不足，较传统的区域增长理论，更注重模型的微观基础，指出区域间技术变革速度的差异不是外生的，而是集聚的正效应和负效应的相互作用的结果。模型也解释了美国和欧洲的 R & D 活动集中分布的模式，但是 Walz 关注的是地区总量层面上而非厂商层面上的规模报酬递增，这使得他的模型偏离了新经济地理学的主题。

5.2.3 Martin & Ottaviano 的世界溢出模型（简称 GS 模型）和地区溢出模型（简称 LS 模型）

Martin & Ottaviano（1999）真正地将内生经济增长引入新经济地理学，他们将内生增长和内生工厂定位两方面的特征整合在一起，检验了增长是如何影响工厂的定位决策（即经济地理），以及技术进步速度（增长的源泉）是如何受到工厂定位决策的影响，说明了增长和经济是互相"自我强化"（Self-reinforce）的过程。Martin & Ottaviano 在分析以上两者的关系时，根据知识溢出效应是否受到空间距离的影响，分别建立了世界溢出模型（简称 GS 模型）和地区溢出模型（简称 LS 模型）。两个模型中都包含北方和南方两个地区，初始时，北方的资本存量（工厂数目）高于南方；劳动力不流动，资本完全流动；引入了 R & D 部门。

GS 模型中，R & D 部门的作用同 Grossman & Helpman（1991）一致，新产品的发明会降低两个地区未来的创新成本，即溢出效应是世界性的。这种效应补偿了由于产品种类增加（拥挤效应）而导致的厂商利

润的下降。在均衡时，

$$g = \frac{\dot{N}}{N} = \frac{2L}{\eta} \frac{\alpha}{\sigma} - (\frac{\sigma - \alpha}{\sigma}) \rho \qquad (5-1)$$

其中，N 是产品种类；g 是经济增长率；L 是各地区的劳动力禀赋；α 是对工业品的支出份额；η 反映 R & D 的成本；σ 是两种差异化工业品的替代弹性；ρ 是效用折现率。此时增长率 g 没有受到工厂的定位和交易成本 δ 的影响，对称均衡和不对称均衡的经济增长率是相同的。

LS 模型中，R & D 部门的作用和 Grossman & Helpman（1991）的不一致，创新成本下降并不是源于其他研究者而是源于生产不同产品的生产者。此处的外部性类似于 Jacobs 外部性[①]，研究者观察不同产品的生产过程使得发明新产品更加容易，所以初始资本存量高（或工厂数目多）的地区创新的成本就更低，因此所有的 R & D 活动都集中于此地区。在均衡时，

$$g = \frac{\dot{N}}{N} = \frac{2L}{\eta} \frac{\alpha}{\sigma} \gamma - (\frac{\sigma - \alpha}{\sigma}) \rho \qquad (5-2)$$

$$\frac{\partial \gamma}{\partial \delta} > 0 \qquad (5-3)$$

此时北部的工厂的比例 γ 对于经济增长率 g 有着正向的影响，对称均衡的增长率小于不对称均衡的增长率。反过来，当交易成本 δ 下降时，通过影响工厂向北方的集中（即影响经济地理）也会提高经济增长率。在低交易成本和高的溢出效应的情况下，工业的集聚带来增长所引发的福利效应可以补偿南方由于失去工业所造成的损失，这时工业的集中对两个地区都有益。

GS 模型和 LS 模型中，资本存量的溢出效应影响新资本的形成成本，这样就克服了 CC 模型中资本收益率随资本存量的增加而下降的缺陷，真正地建立起集聚和增长之间的动态模型。

5.2.4 Martin & Ottaviano 的垂直关联模型

Martin & Ottaviano（2001）的模型借鉴了 Krugman（1991b）和 Venables（1996）中"循环累积因果律"的思想。以上的两个模型中，消

---

① Glaeser 等（1992），首次使用以下术语将动态外部性分成三类：MAR（Mashall-Arrow—Romer）外部性、Jacobs 外部性和 Porter 外部性。MAR 和 Porter 外部性强调的是产业内的知识溢出，Jacobs 外部性则强调产业间的知识溢出。此外，MAR 外部性还认同垄断促进产业增长，而 Jacobs 外部性和 Porter 外部性认为是竞争促进产业增长。

费者对产品的多样性需求和生产者对中间产品的多样性需求构成了经济集聚的向心力，同时集聚产生的对劳动力的密集需求提高了生产要素的价格，这样就构成了离心力，为了克服这种离心力，Krugman（1991b）假设工人在地区间可流动，Venables（1996）假设垂直关联部门间劳动要素可流动，进而来解释集聚的产生。Martin & Ottaviano 指出，在引入了经济增长的新经济地理学的动态模型中，即使排除了上面两个静态模型中的关于劳动力流动性的假设，仍然可以保证循环累积因果律效应的发挥。

模型的结论显示：增长通过"前向联系"影响创新和生产活动的集聚，反之，由于交易成本的存在，经济活动的集聚通过"后向联系"影响经济增长，经济增长和经济空间集聚是相互自我强化的过程，因此从理论上验证了欧洲和中国所经历的经济增长和经济集聚相伴随的典型事例。模型存在三个均衡：对称均衡（不稳定）、创新活动集中于同一地区（稳定）和大部分生产活动集中于同一地区（稳定），最后一种均衡体现出与静态模型的不同。由于资本的自由流动可以形成一种离心力（Baldwin，1999），所以缺乏资本流动的新经济地理学模型会导致完全的中心和外围模式。包含增长的动态经济地理学模型体现出了不同于静态模型的动态定位模式：集聚在中心地区发生意味着创新活动和大部分生产活动集中于中心地区，随着经济活动的不断集聚，一些工厂也会重新定位到外围地区进行生产。模型的逻辑和 Audretsch & Feldman（1996）的经验研究一致，创新的地理分布和生产的地理分布是对应的，但是创新活动较生产活动的空间集中程度更强。

与 Walz（1996）、Martin & Ottaviano（1999）等新经济地理学文献不同，Martin & Ottaviano（2001）在说明创新活动影响经济增长时，没有强调知识的地方性溢出这个途径，而是假设创新部门使用制造业部门生产的差异化产品作为中间投入，于是制造业的区位便通过贸易成本这条途径来影响创新成本，进而建立起了增长与集聚之间的垂直关联的反馈机制。

5.2.5　Fujita & Thisse 的两区域内生增长模型

Fujita & Thisse（2003）的模型假设：经济增长是由于现代部门产品种类数目的增加而驱动的；较 C-P 模型增加了一个研究开发部门

R，此部门使用技术工人并且为现代部门 M 生产新种类的产品，于是现代部门的厂商数目是可变的；使用非熟练工人和熟练工人两种生产要素，R 部门使用熟练工人且熟练工人在地区间可以流动；生产新产品的专利在地区间可以无偿地进行转移，由该专利生产的产品在地区间的运输成本采用冰山成本形式。这些假设使得现代部门产品的生产不受限制，经济集聚的力量十分强大。

模型得到的结论有：

$$\dot{M} = g(\lambda)M \tag{5-4}$$

$$g(\lambda) = \lambda[\lambda + \eta(1-\lambda)]^{\frac{1}{\beta}} + (1-\lambda)[1-\lambda + \eta\lambda]^{\frac{1}{\beta}} \tag{5-5}$$

其中，M 是专利的总存量（或产品的种类数目）；$g(\lambda)$ 是专利/产品种类的增长率（用来衡量经济增长）；$\lambda \in (0,1)$ 是熟练工人在 A 地区的比例（同时也用来衡量 R 部门创新活动的集中）；$\eta \in [0,1]$ 衡量知识在两地区的溢出程度，$\eta \to 1$ 表示知识是全球性溢出，$\eta \to 0$ 表示知识是地方性溢出；β 是熟练工人在知识创造过程中的互补性程度。

当 $\lambda = 1$ 时，在不同的运输成本 γ 下，模型有两种稳定的空间结构：当 $\gamma^{\sigma-1} > \dfrac{\sigma+\mu}{\sigma-\mu}$ 时，有 $0 < \dfrac{M_B}{M_A} < 1$；当 $\gamma^{\sigma-1} \leqslant \dfrac{\sigma+\mu}{\sigma-\mu}$ 时，有 $M_A = M$，$M_B = 0$，其中 σ 是两种工业品间的替代弹性，μ 是消费者对于工业品的支出份额。

总结起来，长期均衡时（此时熟练工人的分布不随时间而变动），专利/产品种类/厂商的数目以常数率增长；经济增长率随着熟练工人的空间分布而变化，即全球经济增长依靠地区间创新部门的空间组织形式；R & D 活动集中于某一个地区，此时有两种"中心-外围"模式的空间结构，一种是此地区也拥有现代部门的大部分份额，而另一种是此地区拥有现代部门的全部份额；R & D 部门是多区域模型中强大的向心力，进一步强化了 C-P 模型中的循环因果链，对称均衡不再是稳定的；验证了 Hirschman（1958）的"集聚和增长并肩前进"（Growth and Agglomeration Go Hand-in-hand）的观点；只要由 R & D 活动的集聚所引起的增长效应足够大，尽管此时中心和外围的差距会变大，但是每个人的生活都会较分散时得到改善（即使处于外围），并且这个结果是帕累托最优的。从福利分析中，Fujita & Thisse 称他们的模型体现了一种非零和博弈的思想，每一个人都是赢家，此时政府干预集聚的政策会伤害由增长而带来的集聚效应，但是为了防止地区收入差距过大，也可以适当地考虑。

Fujita & Thisse（2003）将 Krugman（1991b）的 CP 模型和 Grossman & Helpman（1991）以及 Romer（1990）的水平化差异产品的内生增长模型相结合，构造了一个两区域的内生增长模型。Fujita & Thisse 的模型与 Baldwin & Forslid（2000）的模型框架相似，而比 Baldwin & Forslid（2000）的解析性更好。对于 GS 模型和 LS 模型中所揭示出的集聚和增长的相互关系，Fujita & Thisse 又更进一步地回答了以下两个问题：增长率和经济活动空间集聚程度的相关性如何？在假设 R & D 部门的工人可流动的条件下，是否创新活动的空间集聚会激起足够高的增长效应，而使得处于外围的人们的生活比在分散情况下得到改善。对于第二个问题的回答，也使得他们的模型较以往的新经济地理学模型比较缺少政策和福利分析而变得更加完善，更加适用于政策分析。

5.3　经济集聚与经济增长关系的实证研究综述

即使在实证研究中，对于经济增长和地理集聚两者之间关系的直接关注也不是很多，一些历史学家对于经济集聚和经济增长的关系进行过大量的研究，得到的结论是两者之间是正相关[①]，对于集聚与经济增长或地区收入差异的计量方面的研究更是不多，而且往往是分成两个独立的方面进行。

有相当数量的文献是从国家和地区层级上来研究厂商的选址问题，其中代表性的文献有：Krugman（1991b）等新经济地理学理论模型指出：经济的一体化是造成地区收入差异的主要原因，随着交易成本的下降，资本和劳动都会流入到中心地区，这些地区的由于产品种类的增加使得消费者的效用和厂商的生产率都得到了提高。Combes & Lafourcade（2001）利用法国的数据，首次使用新经济地理学的模式建立了区域间的贸易模型，并且对上述理论上的结论进行了实证检验，结果表明运输成本的下降是造

---

① 可参见 Hohenberg（2004）。

成地区间不平等的一个主要原因，对中间产品和最终产品的高需求和低投入成本会对于厂商的定位产生激励作用，而竞争效应会起到相反的作用。

Head & Mayer（2001）将经济地理实证文献中"厂商定位决策中的集聚效应"和理论文献中的"市场接近效应"相结合，将厂商的定位决策视为生产成本和通过"市场潜能"[①]测度的需求变量的函数。Head & Mayer 使用 1984—1995 年在欧洲的日本子公司的企业层面的数据进行了实证检验，结果发现在企业定位决策方面，除了传统的集聚因素起到很重要的作用以外，某地区市场潜能每提高 10%，企业定位于该地区的几率提高 8%。

还有一些文献在地区或厂商层面上间接地（而非直接地）检验了理论模型中所指出的集聚和增长的相互联系。

Ciccone（1996）首次使用了非农就业密度这个指标来度量"规模报酬递增地方化"（Local Increasing Returns）[②]，使用美国的截面数据，检验了地方化规模报酬递增（产业集聚的源泉）对地区劳动生产率（度量地区间差异）的影响。Ciccone 使用最小二乘法和工具变量法，得到的结论是：劳动生产率对非农就业密度的弹性值为 6%，即非农就业密度提高 1 倍，则非农产业的劳动生产率大约提高 6%。Ciccone（2002）利用同样的方法，使用欧洲数据进行了检验，得到的结论是：劳动生产率对非农就业密度的弹性值为 4.5%，略低于美国。Ciccone（1996，2002）的回归结果从就业密度的角度对地区间劳动生产率差异给出了经验上的解释，但是他没有直接检验 GDP 的增长，并且用非农就业密度这个指标来测度集聚也显得比较简单和粗糙。

Henderson（2003a）利用 1967—1992 年美国县级 5 个机械制造业行业和 4 个高技术制造业行业的厂商层次的微观数据，检验了地方化规模外部性对于厂商劳动生产率的影响，模型结果显示：高技术行业的劳动生产率受益于地方化经济，从动态角度来看，收益于 MAR 外部性，模型估计的弹性值从 1.2% 到 13.5%。Henderson 首次使用了厂商级别的

---

① 最早对市场潜能理论进行研究的是美国地理学家 Harris（1954），他提出的市场潜能的公式为： $mp_i = \sum_j \dfrac{Y_j}{d_{ij}}$，其中，$Y_j$ 是可以进入其他市场的收入或购买力，d_{ij} 是 j 区域到 i 区域的距离。

② 地方化规模报酬递增（又称地方化规模外部性）包括几个方面：厂商水平上的内部规模经济；行业内的规模经济递增，即地方化经济（或称块状经济）；行业间的规模报酬递增，即城市化经济。在动态情况下，地方化经济被称为 MAR 外部性，城市化经济被称为 Jacobs 外部性。

面板数据，不仅可以较截面数据更好地解决内生性的问题，并且微观数据的使用也使得他的研究更为细致。

Dekle & Eaton（1999）使用 1976—1988 年日本 46 个县的工资、土地租金（Dekle & Eaton 指出，土地在城市经济理论中的作用很大，由此产生的拥挤效应会产生离心力）和产出的数据分析了集聚的生产率效应的影响程度和影响范围。

$$A_p = \sum_{j=1}^{46} Y_j \cdot e^{-\delta \cdot d_{pj}} \tag{5-6}$$

其中，A_p 用来衡量 p 地的集聚经济；Y_j 是 j 地某行业的全部活动（用总产出的增加值衡量）；d_{pj} 为两地间的距离；δ 衡量集聚效应的衰减程度。在此之前的大多数文献，例如，Ciccone（2002）和 Caballero & Lyons（1992）关注的是两种极端的情况：或者假设地方化规模外部性只存在于一个城市内部（$\delta = \infty$），忽略其在城市间的溢出，或者假设溢出效应在城市间完全无障碍（$\delta = 0$），而他们的模型则考虑的是一种更为一般的情况。估计的结果显示：制造业和金融服务业的地方化集聚经济都是显著的，但是弹性值较小，大约在 1% 上下；随着距离 d_{pj} 的变大，制造业的集聚效应较金融服务业的集聚效应减少得慢。对于这个结果，他们的解释为：金融服务业是知识集中型的，而知识溢出明显受到距离的影响。Dekle & Eaton（1999）的结论也很好地解释了日本由于金融服务业的快速发展而出现的地价集中上涨的经济现象。

Rice et al.（2006）使用 1998—2001 年英国 119 个 NUT-3 地区的数据，发现接近经济活动集中的地区会提高生产率[①]。

$$y_i = f(x_i) \, m\left(\sum_h p_h a_{hi}\right) \tag{5-7}$$

其中，y_i 是生产率[②]；x_i 是控制变量；p_h 是工龄人口，用来测度经济密度（反映地区内的效应）；a_{hi} 是两个地区的活动的交流，定义为两个地区驾驶时间函数（反映地区间的效应）。

$$\ln y_i = \beta_0 + \sum_b \alpha_b p_{bi} + \sum_j \beta_j x_{ji} + \varepsilon_i \tag{5-8}$$

---

① Fujita & Thisse（2002）指出有三种机制：技术外部性、厚劳动力市场和运输成本。
② Rice et al. 使用了四种指标来测度，分别是：劳动生产率（主要关注的指标）、每工作小时的总产出的增加值、收入和职业构成。

其中，p_{bi} 是区域 i 的临近带 b 的工龄人口。

通过检验，他们发现：某地区所接近的经济密度提高 1 倍，则该地区的生产率会提高 3.5%，这个结果在考虑内生性和空间自相关等一系列因素时都是稳健的。

Ottaviano & Pinelli（2006）指出，新经济地理学在解释集聚力时强调了由金融外部性而引起的各种类型的关联效应，而现实中这些关联效应是否发挥了作用，哪种关联作用起到了决定性的作用，实证研究中并没有给出清晰的结论。鉴于这个原因，他们利用芬兰 1977—2002 年的面板数据进行了实证上的检验。

$$\bar{x} \left(\frac{\sigma}{\sigma - 1} r_i^{\beta} w_i^{\gamma} c_i \right) = MA_i SA_i^{\frac{\alpha\sigma}{\sigma-1}} \tag{5-9}$$

$$\frac{w_i}{SA_i^{\frac{\mu}{1-\sigma}} r_i^{1-\mu}} = V \tag{5-10}$$

其中，$\bar{x}$ 是均衡产量；w_i 是工资；r_i 是土地的租金；c_i 是边际成本；MA 度量"市场接近"；SA 度量"供应商接近"；V 是间接效用；σ 是替代弹性；μ 是对工业品的支出比例。Ottaviano & Pinelli 使用了 Roback（1982）在实证中的识别策略（Empirical Identification Strategy）[1]，并且与 Redding & Venables（2004）考虑跨国数据时对 MA 和 SA 分别测度不同，他们用"市场潜能"（MP）作为 MA 和 SA 的复合效应[2]，分析表明：无论是经济衰退之前的芬兰还是经济衰退之后的芬兰，与厂商相关的需求关联和成本关联较与工人相关的生活成本关联是主要的集聚力来源；经历衰退后的芬兰，劳动力的流动和部门的专业化妨碍了地区间在生产率和生活便利设施方面的收敛，经济收入从绝对收敛转化成条件收敛，进而形成了永久性的地区差异。

Brülhart & Mathys（2008）利用 1980—2003 年间 20 个欧洲国家的

---

[1] Boback（1982）指出：如果市场潜能只促进厂商的劳动生产率，则高的劳动生产率会体现为高工资和高地租；如果市场潜能只促进生活便利设施的改进，则可体现为低工资和高地租。

[2] Ottaviano & Pinelli 通过分析，得到的结果是：MA 和 SA 的复合效应对生产率和生活便利条件的影响是通过影响土地租金、移民流和工资水平而发生作用的。MA 大，则工资和地租都高；SA 大，则地租高，但是工资不一定高，所以他们首先检验 MA 和 SA 的复合效应是否增加了地租（必然的），同时由于地租高也意味着由于移民增长而导致的对土地需求的增长，所以也可以通过移民流的信息来进行验证，然后进一步检验对工资的影响，结果为正，说明 MA 和 SA 的复合效应对厂商的影响占主导地位，否则对工人的影响占主导地位。

245 个 NUT-2 地区的跨国面板数据，对 Ciccone（2002）的研究进行了
两个方面的扩展：其一，不同于 Ciccone 采用的工具变量法，Brülhart
& Mathys 利用了动态面板数据估计方法来解决内生性问题；其二，利
用了行业数据进行分类检验。结果显示：在总水平上，集聚效应对劳动
生产率的影响显著，长期弹性为 13%；在行业层次上，集聚效应的强
度随时间（1980—2003 年）而不断加强，除金融服务业之外，来自行
业间的城市化经济（Urbanization Economies）效应显著为正，而来自自
身行业的地方化经济（Localization Economies）效应显著为负（体现了
拥挤所造成的不经济）。

与上述文献不同，Sbergami（2002）以 Martin & Ottaviano
（2001）、Baldwin & Forslid（2000）和 Fujita & Tissue（2003）所提出的
集聚和增长的内生模型为理论基础，利用 1984—1995 年欧洲 6 个国家
的面板数据对上面的理论模型中所揭示的经济增长和经济集聚相互影响
的关系进行了直接的检验，试图从实证研究的角度来说明是否区域间制
造业的分布对国家的经济增长具有理论上所证明的影响。Sbergami 指
出，在分析跨国数据的时候，由于 MAUP[①]（可修正面积单元）问题，
因此如何米测度地区的集聚水平是一个关键的问题，他采用了 3 种指
标，分别是 Entropy 指数（或称 Theil 指数）、Balassa 指数和 Krugman
集中指数来解决上述问题。检验结果很出乎意料（包括在考虑内生性而
使用工具变量和分产业讨论的两种情况下），Entropy 指数和 Balassa 指
数的系数显著为负（Krugman 集中指数系数不显著），这说明区域间经
济活动的分散有利于国家经济的增长，而且高技术产业的分散更利于经
济增长。对这个结果，Sbergami 给出一个解释，同 Audretsch & Feldman
（1996）和 Paci & Usai（2000）的观点一致，真正对增长有影响的是创
新活动而非生产活动，制造业的高度集聚并不意味着创新活动的高度集
聚，即制造业的集聚并不能作为创新活动集聚的代理变量。模型的结论
在某种程度上与 Glaeser et al.（1992）和 Paci & Usai（2000）的结论相
同，制造业的多样化（而非专业化）或创新活动对于生产率和增长的影

---

① 李海萍.空间统计分析中的 MAUP 及其影响[J].统计与决策，2009（22）.

响更大。

Henderson（2003b）是第一篇利用跨国数据严格地来分析城市化和城市集中度对经济增长影响的文献。Henderson 基于 Williamson（1965）的"倒 U 形假说"，利用 1960—1990 年 70 个国家的面板数据，使用动态面板数据的差分广义矩估计方法（Difference GMM），估计结果为：城市化（Urbanization）对于生产率的增长没有太强的影响，城市化是经济发展过程的副产品，不是直接激励增长本身的[①]。城市集中度（Urban Concentration）则不同，在静态城市模型中，城市集中度过高或过低，GDP 会由于既定资源配置的错误而遭受损失。例如，当城市集中度过高时，城市发展集中在几个大城市中，这些城市中会出现规模经济的耗尽、高拥挤和高成本，而小城市则充满未被开发的规模经济和资本投资的不足。在动态城市模型中，城市规模对地方的信息溢出有着正的影响，信息溢出又会影响地方的资本积累，进而促进生产率的增长，然而过大的城市规模，会将用于促进生产率增长的投资和创新的资源转移到去维持处于拥挤环境中的生活质量方面上去。因此，存在使得生产率最大化的城市集中度的最优值，该最优值就是由平衡上面两种得失而决定的，并且最优值随着国家发展水平和规模的不同而不同。

Arbia et al.（2004）的研究工作正好处于欧洲实行一体化政策的背景下。贸易成本下降的结果是提高还是降低欧洲的生产活动的集聚水平？如果集聚水平提高，是否会出现严重的两极分化？集聚或极化现象有怎样的增长效应？Arbia et al. 利用欧洲 1980—2000 年的数据，使用 GINI 指数（反映空间的集中程度）和 I-Moran 指数（反映极化程度），结果显示：随着欧洲一体化的加强，经济活动的集中和极化程度在下降（尤其是制造业）。之后，他们使用了参数和非参数两种计量估计方法，估计结果很稳健地显示了经济活动的集中和极化水平对增长有显著的正效应，即对于 Fujita & Thisse（2003）和 Baldwin & Forslid（2000）的理论模型提供了实证上的检验。Arbia et al. 的研究结论也对欧洲近 10 年

[①] Henderson 举例，非洲很多国家在面对低增长或负增长的情况下，过去的 30 年间经历了快速的城市化过程，这说明"城市化"是由与国家的产出结构和社会状况相关的很多因素所决定的，而本身不是经济增长的推动力量。

来增长不尽如人意的事实作出了有力的解释，在政策建议上，他们对于
欧洲传统上实行的倾向于促进工业分散化的政策提出了质疑，这也符合
Fujita & Thisse（2003）和 Baldwin & Forslid（2000）的观点：在均衡
点，当经济活动的集中程度较高时，地区间的差距会存在，但是中心和
外围地区都会获得更大的增长效应，这也说明促进分散的政策可能会对
整体的经济增长造成影响。

Brülhart & Sbergami（2009）指出，空间集中和经济增长的联系不
能视为一种简单的、具有普遍存在性的规律，空间集中对于经济增长可
能存在着非线性的影响。他们的研究基于两个假设：威廉姆森的"倒 U
假说"和 Krugman & Elizondo（1996）提出的"封闭经济较开放经济更
容易受到内部地理（集聚）的影响"的假设。该文献与 Henderson
（2003b）的研究有几点不同之处：世界样本（World Sample）的容量更
大，包含 1960—2000 年间 105 个国家的数据；在对欧洲样本（EU
Sample）估计时，使用了 Theil 指数来度量国家内的地理集中度；除了
面板数据的估计，还利用了"Barroo Style"的截面数据回归估计长期经
济增长；使用了动态面板数据的系统广义矩估计方法（System GMM）；
为了检验上述两个假设，分别使用集聚变量和收入的交互项以及集聚变
量和开放度的交互项；对于欧洲样本，考虑了集聚在部门层次上的增长
效应。Brülhart & Sbergami 的研究结论表明：支持威廉姆森的"倒 U 假
说"，收入的门槛值约为 10 000 美元（相当于巴西或保加利亚的发展水
平），这意味着随着世界经济的发展，由于集聚所带来的效应将不再那
么重要，一个国家的经济增长和地区间的平等这两者之间的权衡也将不
再重要，然而对于落后地区，采取抑制经济活动在空间上的集中的政策
对增长是很有害的；不支持 Krugman & Elizondo 提出的"封闭经济较开
放经济更容易受到内部地理（集聚）的影响"的假设，而且集聚效应的
非线性形式在统计上也不显著。

5.4 Williamson 的"倒 U 形假说"

Williamson（1965）指出，经济学家长久以来都会关注到几乎所有

的发达国家都曾经经历过经济发展的两极分化问题，这种现象十分普遍，例如，世界经济现象中的南北分化问题就是这种现象的一个缩影。Williamson 使用了截面数据以及时间序列数据两种方式分析了国家发展水平与地区间收入差距或地区不平等之间的关系，其结论均一致地表明：在经济发展的初始阶段，会出现诸如地区收入差异的扩大以及南北分化这样的问题，而当经济发展到一定的成熟阶段，地区间的经济会出现收敛，同时南北两极分化的问题也会减弱。

Williamson（1965）提出：经济发展的初期，交通、通信等基础设施还很落后，此时集聚对经济增长的效应最大，而当经济发展到一定的程度，随着基础设施的不断完善以及市场的不断扩展，拥挤外部性、高成本和犯罪的出现使经济趋于分散，此时集聚对增长的效应很小，甚至不利于增长。在城市经济学方面，研究者使用此假说来分析诸如城市规模和城市等级体系等问题，Bertinelili & Black（2004）所建构的关于城市化与经济增长的模型与 Williamson（1965）所描述的问题的基本思路是一致的。

5.5 Krugman & Elizondo 的"开放性假说"

Krugman & Elizondo（1996）提出了一个简单的理论模型，该模型阐述的结论是：在发展中国家出现了很多诸如墨西哥城这样的大型城市，这种现象主要是源于发展中国家的进口替代政策，使得国家的制造业只服务于国内市场，这样制造业的前向联系和后向联系的效应更强；当发展中国家的对外政策发生转变时，即随着贸易自由度的增大，这种关联效应就会相应地减弱，进而会限制大型城市的规模。

与大部分经济地理模型一致，模型中讨论了产生集聚的离心力和向心力的权衡关系，但为了简化，该模型中只包含了规模经济、市场潜能和运输成本这三者相互作用下而产生的向心力，而离心力包含通勤成本和房租。模型假设：三个地区，包括墨西哥城（地区 1）、蒙特瑞（地区 2）和其他（地区 0）；生产中只需要劳动一种生产要素；劳动力供给是固定的，且在地区 1 和 2 之间是可以自由流动的。此外，模型中还包含了两个隐含的假设：规模经济的重要性和工业生产的国内市场导向。对于这两个假设的理解，Krugman & Elizondo 指出，第一个假设在前向与后向联系中所发挥的重要性是发展经济学所广泛讨论和证明过的，而对于第二个假设，他们指出：如果厂商的产品主要是销售到国外市场或者原材料的来源主要是通过进口，那么产业间相应的后向联系和前向联系就减弱了，因此厂商定位于大城市的意愿就会减弱，同时由于集聚而造成的地价与工资的上涨的离心力就会占上风。由此可见，第二个假设是 Krugman & Elizondo（1996）的一个基本而重要的假设，这与墨西哥城在 20 世纪 80 年代采取的进口替代导向的政策是相一致的。在实施进口替代导向政策之前，墨西哥城在墨西哥的经济和制造业部门中的地位并没有如此重要，而取消了进口替代导向政策之后，墨西哥城的制造业有相当部分转移到了墨西哥的北部地区。

Krugman & Elizondo 还给出了数值模拟的结果，如图 5-2 所示。从图（a）到图（c），贸易开放度不断增大，可以看到最终在（c）图中出现了唯一的、稳定的对称均衡。从模型的结论来看，Krugman & Elizondo 强调了贸易理论和集聚经济之间的关联性是很重要的。

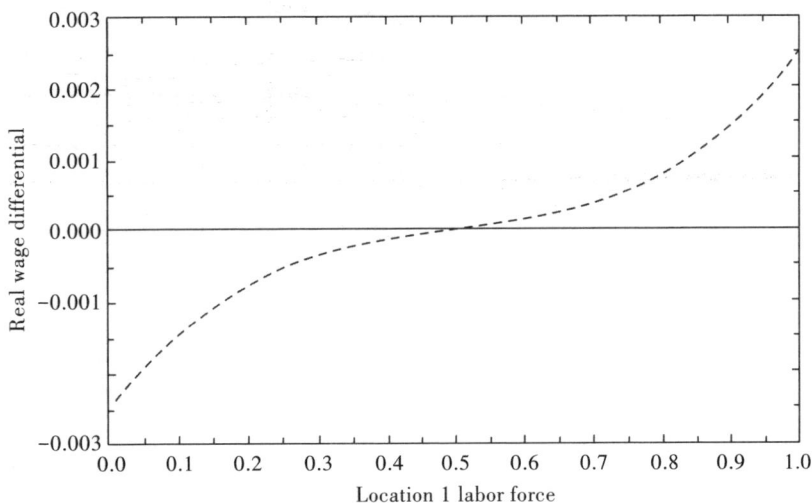

（a）

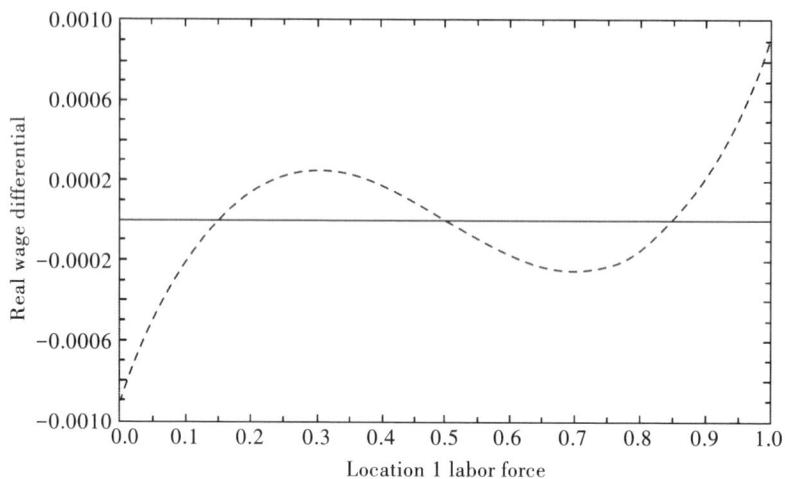

（b）

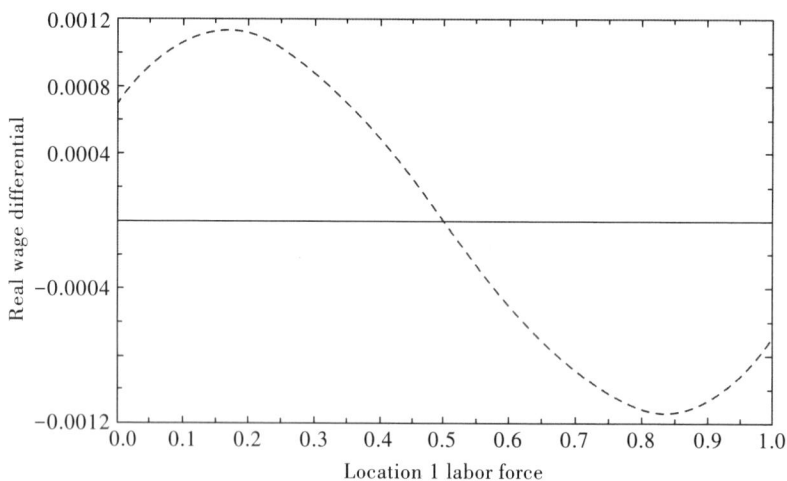

（c）

图 5-2　不同贸易自由度下的两地区多重均衡的数值模拟结果

资料来源　引自 Krugman & Elizondo（1996）。

5.6 经济集聚与区域经济增长关系的实证分析

5.6.1 面板数据门槛模型[①]

门限回归模型（Threshold Auto-regressin，TAR）是 Tong 于 1978 年提出的，此后这种非线性时间序列模型在经济和金融领域得到了非常广泛的应用。尽管门限回归模型多数用于时间序列模型中，但此方法也被应用于横截面数据模型和面板数据模型之中。在考察通过影响某一变量从而对被解释变量产生差异的因素时，经常采用分组检验或交互项的方式。这两种方式的弊端在于：前者在分组标准的选择上过于主观；而后者局限于所测得的指标影响是具有单调性的（李平、许家云，2011）。门限回归模型是利用门限变量来决定临界点，因此较研究者所使用的主观判定分界点的方法更加客观，因此也减小了由此而带来的偏误（连玉君等，2006；李梅、柳士昌，2012）。

Hansen（1999）讨论了门限回归方法在非动态面板数据模型中的理论方法，并且应用此方法对美国 565 个公司 15 年跨度的面板数据讨论了公司的融资约束对投资决策的门槛效应。Hansen 指出，由于未知参数的存在将导致统计量的分布是非标准的，即会产生"Davies Problem"[②]，因此 Hansen 使用不对称分布理论来构造参数的置信区间，同时利用 Bootstrap 方法（自体抽样法）来检验门槛效应的统计显著性。

Hansen（1999）建议采用两个步骤来估计面板门限模型。首先，对于给定的门槛值，计算相应的残差平方和（SRR），然后选择最小的残差平方和所对应的门槛值；其次，利用门槛值来估计模型中不同区间的系数，并给出相关的解释和分析。

5.6.1.1 面板数据的单一门槛模型

（1）模型的设定

对于面板数据 $\{y_{it}, x_{it}, q_{it} : 1 \leqslant i \leqslant n, 1 \leqslant t \leqslant T\}$，其中，$i$ 表示个体，t 表

[①] 此小节的内容主要参考了 Hansen（1999）和陈强（2010）。
[②] Davies Problem 是指由于未知参数的存在使得检验统计量服从非标准分布的问题，可参见 Davies（1977，1987）。

示时间，y_{it} 是被解释变量，q_{it} 是门槛变量（也可以是解释变量的一部分，这两者都是数量形式），x_{it} 是解释变量，是向量形式。Hansen（1999）的基本模型设定如下：

$$y_{it} = \mu_i + \beta'_1 x_{it} I(q_{it} \le \gamma) + \beta'_2 x_{it} I(q_{it} > \gamma) + \varepsilon_{it} \tag{5-11}$$

其中，扰动项 ε_{it} 为独立同分布的，与解释变量不相关；γ 是待估计的门槛值；$I(\cdot)$ 是一个指标函数，括号中的条件成立时取值为 1，括号中的条件不成立时取值为 0。

（5-11）式也可以写成下面的（5-12）式：

$$y_{it} = \begin{cases} \mu_i + x_{it}\beta'_1 + \varepsilon_{it}, & q_{it} \le \gamma \\ \mu_i + x_{it}\beta'_2 + \varepsilon_{it}, & q_{it} > \gamma \end{cases} \tag{5-12}$$

为了分析上的方便，（5-11）式也可以进一步简化成更加紧凑的方式来表达：

设 $\beta = (\beta'_1 \beta'_2)'$，且 $x_{it}(\gamma) = \begin{cases} x_{it} I(q_{it} \le \gamma) \\ x_{it} I(q_{it} > \gamma) \end{cases}$，于是得到下面的（5-13）式：

$$y_{it} = \mu_{it} + \beta' x_{it}(\gamma) + \varepsilon_{it} \tag{5-13}$$

（2）模型的估计

对（5-13）式的估计所采用的方法与固定效应模型所采用的方法一致，就是通常所使用的利用取组内平均值而去除个体效应。先对（5-13）式两边求组内平均值，然后将所得到的方程与（4-13）式相减：

$$y_{it}^* = \beta' x_{it}^*(\gamma) + \varepsilon_{it}^* \tag{5-14}$$

其中，$y_{it}^* = y_{it} - \bar{y}_{it}$，$x_{it}^* = x_{it} - \bar{x}_{it}$，$\varepsilon_{it}^* = \varepsilon_{it} - \bar{\varepsilon}_{it}$。

Chan（1993）和 Hansen（1996）建议采用最小二乘法来估计 γ，具体可以采取两个步骤：对于给定的 γ，用普通最小二乘法得到参数 β 的一致估计量，也得到相应的残差平方和；然后选择 $\hat{\gamma}$，使得残差平方和 SSR 最小，这样便得到估计参数 β。

Hansen（1999）也指出，在上面求残差平方和最小化的计算过程中，仅需要对非重复的门槛值进行搜索即可：先对门槛变量中非重复的观测值进行排序，去掉其中最大和最小的观察值约 5% 左右，然后用余下的观测值作为估计样本，这样可以减轻搜索的工作量和计算时间。

（3）假设检验

上面所说的是假设门槛值存在，然而门槛效应在统计上是否显著是要进行检验的。

对于是否存在"门槛效应"，原假设是：

$$H_0: \beta_1 = \beta_2 \tag{5-15}$$

在原假设成立的条件下，（5-13）式和（5-14）式就变成：

$$y_{it} = \mu_i + \beta'_1 x_{it}(\gamma) + \varepsilon_{it}; \quad y^*_{it} = \beta'_1 x^*_{it}(\gamma) + \varepsilon^*_{it} \tag{5-16}$$

于是仍然采用 OLS 来估计参数 β，进一步得到无约束的残差平方和 SSR（$\hat{\gamma}$）与有约束的残差的平方和 SSR1，显然如果 SSR1-SSR（$\hat{\gamma}$）越大，则表明满足约束条件下的残差平方和增长越多，则越应该拒绝原假设。然而在原假设成立的条件下，（5-11）式中无论 γ 取何值，对模型都没有影响，因此不存在一个唯一的 γ 值，使得（5-11）式成立，即 γ 不可识别，由此似然比（LR）统计量不是标准的卡方分布，而依赖于样本矩，无法将其临界值列表。对于上述问题，Hansen（1996）指出，采用 Bootstrap 方法（自体抽样法）可以获得其一阶渐进分布，基于此构造的 p 值也是渐进有效的，由此得到临界值。

5.6.1.2 面板数据的多重门槛模型

（5-11）式中仅存在一个门槛，但是在很多情况下门槛的个数会多于一个，类似地，可以考虑多重门槛的面板回归模型，比如双重门槛时，（5-11）式就变成下面的形式：

$$y_{it} = \mu_i + \beta'_1 x_{it} I(q_{it} \leq \gamma_1) + \beta'_2 x_{it} I(\gamma_1 < q_{it} \leq \gamma_2) + \beta'_3 x_{it} I(q_{it} > \gamma_2) + \varepsilon_{it} \tag{5-17}$$

其中，$\gamma_1 < \gamma_2$。

对于给定的门槛值 γ_1，γ_2，（5-17）式是参数 β'_1，β'_2，β'_3 的线性模型，所以可以用 OLS 估计。与单一门槛类似，可以先计算出相应的残差平方和，然后求使得残差平方和最小的两个门槛值。不过 Hansen（1999）也指出，同时估计两个门槛值在实际操作中很费时，为了减少运算量，可以采用"循环法"进行估计，这种方法可以得到参数的一致估计量。

根据上面的方式，以此类推，在假设存在 m 个门槛的基础上检验是否存在第（m+1）个门槛，直到（m+1）个门槛值不显著时停止，最终可以确定 m 个门槛值（王华等，2012）。

5.6.2　计量模型的设定

刘修岩、邵军和薛玉立（2012）利用中国地级城市的数据，使用动态面板数据模型对集聚与经济增长之间的关系进行了实证检验，结果表明集聚对于人均 GDP 的增长和生产率的增长都具有显著的正向促进作用，并且采用滞后一期的人均 GDP 与集聚变量的交叉乘积项的形式，得到经济发展水平达到一定水平之后，会出现 Williamson 所提出的集聚不经济。孙浦阳、武力超、张伯伟（2011）借鉴 Brülhart & Sbergami（2009）的方法，采用交叉乘积项，利用全球 85 个国家近 10 年的面板数据，验证了"Williamson 假说"的存在性，但是"开放性假说"中的集聚的非线性效应没有通过统计上的显著性检验。徐盈之、彭欢欢和刘修岩（2011）基于巴罗的增长模型建立了门槛回归模型，利用省级截面数据，考察了经济集聚与经济增长的非线性关系，发现"Williamson 假说"在中国显著存在。陈得文、苗建军（2010）通过构建集聚和经济增长之间的联立方程，运用 1995—2008 年中国省域面板数据实证分析了集聚和经济增长之间的内生性。实证研究发现：空间集聚对中国整体经济增长具有显著促进作用，区域集聚水平与东、中、西三大区域的经济增长存在 U 形关系，空间集聚是产生区域差距的重要因素；东部地区的经济增长阻碍了区域的空间集聚，中西部地区的经济增长促进了区域的空间集聚，即经济增长对区域集聚存在门槛效应，当区域集聚水平处于该门槛值以下时经济增长会促进区域的空间集聚，当区域集聚水平超过该门槛值后区域内的拥挤成本将急剧增加并最终阻碍经济活动的空间集聚。与开放型经济相比，封闭型经济可能更有利于集聚的产生；但是对于以出口拉动为主的东部区域，对外开放促进了区域的空间集聚。

正如前面所述，对于经济变量的非线性效应采用外生分组和单纯引入交互项的方法都无法内生地确定门槛值的大小，所以本章的模型构建于 Hansen（1999）的面板数据门槛模型基础之上。下面要检验的是 Williamson（1965）的"倒 U 形假说"和 Krugman & Elizondo（1996）的"开放性假说"，即要考察的是：是否存在经济发展水平差距与对外开放程度水平差距的门槛效应，使得在中国省级层级上的经济集聚对经济增长的影响呈现出非线性的关系。

借鉴 Brülhart & Sbergami（2009）的做法，本书设定的面板门槛回归模型如下（模型的形式以假设存在单一门槛为例，如果通过单一门槛的显著性检验，则需要将上式推广到双重门槛的情况，以此类推）：

$$irpgdp_{it} = \alpha_0^l + \alpha_1^l lagpgdp_{i,t-1} + \beta_1^l nonden_{it} I(lagpgdp_{i,t-1} \leq \gamma^l) + \beta_2^l nonden_{it} I(lagpgdp_{i,t-1} > \gamma^l) +$$
$$\alpha_2^l t \sin v_{it} + \alpha_3^l fis_{it} + \alpha_4^l fdi_{it} + \alpha_5^l edu_{it} + \mu_i + \varepsilon_{it} \qquad (5-18)$$

$$irpgdp_{it} = \alpha_0^h + \alpha_1^h lagpgdp_{i,t-1} + \beta_1^h nonden_{it} I(trade_{it} \leq \gamma^h) + \beta_2^h nonden_{it} I(trade_{it} > \gamma^l) +$$
$$\alpha_2^h t \sin v_{it} + \alpha_3^h fis_{it} + \alpha_4^h fdi_{it} + \alpha_5^h edu_{it} + \mu_i + \varepsilon_{it} \qquad (5-19)$$

此外，本书也考虑了经济集聚本身的差距的门槛效应，假设存在双门槛，如果通过双重门槛的显著性检验，则需要将上式推广到三重门槛的情况，以此类推。

$$irpgdp_{it} = \alpha_0^n + \alpha_1^n lagpgdp_{i,t-1} + \beta_1^n nonden_{it} I(nonden_{it} \leq \gamma_1^n) + \beta_2^n nonden_{it} I(\gamma_1^n < nonden_{it} \leq$$
$$\gamma_2^n) + \beta_3^n nonden_{it} I(nonden_{it} > \gamma_2^n) + \alpha_2^n t \sin v_{it} + \alpha_3^n fis_{it} + \alpha_4^n fdi_{it} +$$
$$\alpha_5^n edu_{it} + \mu_i + \varepsilon_{it} \qquad (5-20)$$

（5-18）、（5-19）和（5-20）式中被解释变量 irpgdp 表示地区的人均 GDP 的增长率；lagpgdp 是滞后一期的地区人均 GDP，nonden 是表示经济集聚的变量，trade 是贸易自由度，这也是本书选择的三个门槛变量，因此（5-18）、（5-19）和（5-20）式就是本书构建的分别用来检验门槛效应的三个模型。下面的小节中，将对三个模型中涉及的所有变量的具体含义加以详细的介绍。

5.6.3　数据来源、变量定义及统计描述

本章所使用的样本来自 2002—2010 年中国 30 个省（自治区、直辖市）的面板数据（由于西藏地区的数据严重缺失，所以没有包含在样本中），共计 270 组。数据来源为《中国统计年鉴》、《中国区域统计年

鉴》、《新中国 60 年统计资料汇编》和《中国城市统计年鉴》。

各变量的定义如下：

（1）变量 irpgdp 表示地区的人均 GDP 的增长率，该数据来自历年的《中国统计年鉴》。

（2）变量 lagpgdp 表示滞后一期的地区人均 GDP，用以反映期初经济发展水平的影响，该数据由《中国统计年鉴》直接获得，然后以 2001 年为基期，按照各地区的 GDP 平减指数进行了处理。

（3）变量 nonden 表示非农就业密度，此指标也是本书关注的一个重要的解释变量，对于这个代理变量的选取，本书的解释如下：在度量区域经济集聚的指标的选取上，Ciccone（1996）首次使用了非农就业密度这个指标来度量"规模报酬递增地方化"，使用美国的截面数据，检验了地方化规模报酬递增（产业集聚的源泉）对地区劳动生产率（度量地区间差异）的影响。陈得文、苗建军（2010）和刘修岩、邵军和薛玉立（2012）均借鉴了 Ciccone（1996）对经济集聚程度的刻画方式，其中陈得文、苗建军（2010）采用"非农就业密度"这个指标，而刘修岩、邵军和薛玉立（2012）则采用了"人口密度"。由于中国的区域集聚通常与工业与服务业的集聚水平相关，所以本书采用"非农就业密度"这个代理变量来作为地区经济集聚程度的度量。因为《中国统计年鉴》从 2006 年开始就缺失按三个产业划分的就业人员的数据，所以该指标的数据来源为《中国区域统计年鉴》，并且 2012 年版的《中国区域统计年鉴》没有按行业分的就业人员数目，所以为了保持统计口径的一致性，样本中所包含的数据截止到 2010 年。

（4）变量 tsinv 表示全社会固定资产投资占 GDP 的比重，数据来源为《中国统计年鉴》。根据新古典增长理论，投资的增长被视为资本深化的过程，人均资本存量的增长将有效地提高生产效率，而且新技术往往蕴含在资本品之中，投资的过程也是物化技术得到应用的过程。选择此变量的另一个考虑是，如果以人均 GDP 作为被解释变量，根据生产函数和经济增长理论，就必须控制人均资本存量，而将人均 GDP 的增长速度作为被解释变量，这只需要控制投资而不需要控制资本存量，这与章元、刘修岩（2008）和陈得文、苗建军（2010）

一致。

（5）变量 fis 为财政支出占 GDP 的比重，资料来源为历年的《中国统计年鉴》。

（6）变量 fdi 是实际直接利用外商投资额占 GDP 的比重，资料来源为《新中国 60 年统计资料汇编》（2003—2009 年版）、《中国城市统计年鉴》（2010—2011 年版）和历年的《中国统计年鉴》。

（7）变量 edu 表示地区的人力资本水平，数据来源为《中国统计年鉴》，借鉴 Wang 等（2003）的做法，采用居民平均受教育年限来衡量，在具体计算时：将小学、初中、高中和大专以上的受教育年限分别记为 6 年、9 年、12 年和 16 年。

（8）变量 trade 为地区的贸易自由度，采用该地区进出口总值除以该地区的 GDP 来度量。资料来源为历年的《中国统计年鉴》，该指标也是新经济地理学在讨论集聚力与分散力的相互权衡时起到重要作用的一个参数值。

根据上文的阐述，模型中所涉及的指标的统计描述见表 5-1 和表 5-2。

表 5-1　　　　主要变量的描述统计（2002—2010 年）

变量	指标含义	均值	标准差	最小值	最大值	观测值
irpgdp	人均 GDP 的增长率	0.126	0.022	0.054	0.238	270
lagpgdp	滞后一期的人均 GDP	15 992.11	13 535.01	2 895	90 457.90	270
tsinv	全社会固定资产投资	0.522	0.152	0.263	0.933	270
fis	政府支出占 GDP 比重	0.177	0.072	0.550	0.076	270
fdi	实际利用外商投资占 GDP 比重	0.029	0.025	0.0003	0.153	270
edu	居民平均受教育年限	8.515	1.178	5.506	12.083	270
nonden	非农就业密度	0.0207	0.0269	0.0008	0.158	270
trade	贸易自由度	0.321	0.393	0.019	1.875	270

表 5-2   主要变量的均值与标准差

变量	2002 年	2004 年	2006 年	2008 年	2010 年
irpgdp	0.103 (0.012)	0.129 (0.018)	0.135 (0.015)	0.123 (0.022)	0.135 (0.017)
lagpgdp	9 512.8 (7 247.509)	11 803.32 (9 068.862)	15 100.92 (11 624.54)	19 702.93 (15 178.11)	24 656.24 (18 437.97)
tsinv	0.397 (0.107)	0.459 (0.113)	0.503 (0.102)	0.562 (0.129)	0.683 (0.163)
fis	0.165 (0.070)	0.157 (0.058)	0.165 (0.058)	0.190 (0.071)	0.217 (0.095)
fdi	0.036 (0.039)	0.031 (0.026)	0.029 (0.019)	0.027 (0.020)	0.024 (0.020)
edu	7.822 (0.875)	8.135 (0.863)	8.153 (0.971)	8.375 (0.913)	8.285 (0.891)
nonden	0.016 (0.022)	0.019 (0.027)	0.021 (0.027)	0.023 (0.031)	0.024 (0.030)
trade	0.291 (0.366)	0.395 (0.484)	0.391 (0.463)	0.370 (0.401)	0.307 (0.351)

图 5-3 中给出了 2002—2010 年 30 个省（自治区、直辖市）的非农就业密度的平均值，从图 5-3 中可以看到非农就业密度排在前 10 位的地区分别是：上海、海南、北京、天津、江苏、浙江、山东、广东、青海和新疆；排在后 10 位的地区分别是：辽宁、江西、云南、甘肃、山西、陕西、宁夏、吉林、黑龙江和内蒙古。

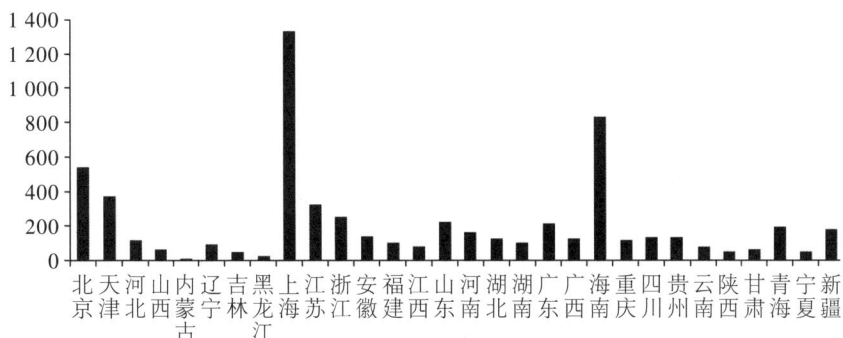

图 5-3　2002—2010 年 30 个省（自治区、直辖市）非农就业密度平均值

资料来源　历年《中国区域统计年鉴》。

5.6.4　计量检验及结果分析

5.6.4.1　面板数据单位根检验

面板数据分析的前提是假定数据在时间维度上是平稳的，否则就可能会出现伪回归的情况，为了避免模型估计中存在的"伪回归"，需要先对面板数据进行单位根检验。一般的时间序列的单位根检验方法有 DF 检验、ADF 检验、PP 检验和 KAPP 检验等，对于面板数据，根据数据生成方式的不同，可以分为同质面板和异质面板，因此面板数据的单位根检验也可以分为两大类：①针对同质面板数据的 LLC（Levin-Lin-Chu）检验、Bretung 检验和 Hadri 检验，这些检验均认为各个截面存在共同的单位根过程。②针对异质面板数据的 IPS（Im-Pesaran-Shin）检验、Fish-ADF 检验和 Fish-PP 检验，这些检验放松了同质性的假定，允许不同截面存在不同的单位根过程。

面板数据单位根检验的优势是可以克服传统时间序列单位根检验的小样本偏误，从一定程度上控制了不可观测的个体效应和截面相关性，而不足之处是面板数据的单位根检验方法还没有一个统一的结论，并且各种单位根检验方法本身又有一定的局限性。为了使得检验结果更加可靠而避免检验结果的偏误，本书同时运用 LLC 和 Fish-PP 这两种检验方法。

表 5-3 是 30 个省（自治区、直辖市）的单位根检验结果，可以

看出，无论是同质面板还是异质面板下的检验都显示人均 GDP 增长率序列、滞后一期的人均 GDP 序列、全社会固定资产投资占 GDP 比重序列、政府支出占 GDP 比重序列、实际利用外商投资额占 GDP 的比重序列、居民平均受教育年限序列、非农就业密度序列和贸易自由度序列均为平稳序列，所以可以将各个变量直接纳入模型进行估计。

表 5-3　　　　　　　　　　　单位根检验结果

检验变量	检验类型	同质面板：LLC检验		异质面板：Fish-PP检验	
		统计量	P值	统计量	P值
irpgdp	（c，0）	−8.398	0	103.350	0.0004
lagpgdp	（c，t）	−2.265	0.0118	111.657	0.0001
tsinv	（c，t）	−7.383	0	75.456	0.0861
fis	（c，t）	−11.327	0	137.145	0
fdi	（c，t）	−25.240	0	157.408	0
edu	（c，0）	−19.358	0	142.908	0
nonden	（c，t）	−9.874	0	195.742	0
trade	（c，0）	−13.158	0	204.170	0

注：检验类型中的（c，0）表示检验方程中包含常数项，（c，t）表示检验方程中包含常数项和时间趋势项。

5.6.4.2　门槛效应检验及回归结果分析

（1）门槛数的确定和门槛值估计结果

首先要确定门槛的个数，以便确定模型的形式。假设检验的内容主要包括两个方面：一是门槛效应的显著性检验；二是门槛估计值的真实性检验。

第一个检验的原假设是：H_0：$\beta_1 = \beta_2$（见（5-15）式），此时检验的统计量是：

$$F_1 = \frac{[SSR1 - SSR(\hat{\gamma})]}{\hat{\sigma}^2} \tag{5-21}$$

其中，如 5.5.1.1 小节中所述，SSR1 是满足原假设的残差平方和，即有约束下的残差平方和；$SSR(\hat{\gamma})$ 是没有约束下的残差平方和；$\hat{\sigma}^2$ 是对扰动项方差的一致估计，即 $\hat{\sigma}^2 = \frac{SSR(\hat{\gamma})}{n(T-1)}$。

如果拒绝"H_0：$\beta_1 = \beta_2$"，则可以进一步对门槛值进行检验。

第二个检验的原假设是：$\hat{\gamma} = \gamma_0$，此时检验的统计量是：

$$LR_1 = \frac{[SSR(\gamma_0) - SSR(\hat{\gamma})]}{\hat{\sigma}_2} \tag{5-22}$$

对于 F_1 统计量，它的分布是非标准的，所以 Hansen（1999）建议采用"自抽样法"来获得其渐进分布，进而构造出"P 值"。同时似然比统计量 $LR_1(\hat{\gamma})$ 也是非标准的，但是 Hansen（1999）也提供了计算其非拒绝域的方式[①]。

在估计过程中，采用了 Hansen（1999）的"格子搜索法"，同连玉君等（2006）一致，按照{1.00%，1.25%，1.50%，1.75%，…，99.0%}栅格进行搜索，共包括 393 个分位值。

表 5-4、表 5-5 和表 5-6 分别给出了三个门槛变量的第一个检验的结果。

表 5-4　　　　　　门槛（lagpgdp）效应的显著性检验

	F统计量	P值	临界值		
			1%	5%	10%
单一门槛检验	12.705***	0.004	10.004	6.171	4.748
双重门槛检验	6.764	0.130	27.029	12.721	8.842

注：P 值和临界值均为采用"自抽样法"（Bootstrap）反复抽样 500 次得到的结果；***、**、*分别表示在 1%、5%、10%水平上显著。

---

① Hansen（1999）指出，在 $1-\alpha$ 的置信水平上的"非拒绝域"是指一系列满足 $LR_1(\hat{\gamma}) \leqslant -2\ln(1-\sqrt{1-\alpha})$ 的 γ 值。

从表 5-4 中可以看到滞后一期的人均 GDP 水平的单一门槛效应在 1%的水平上是显著的，其中 F 统计量的值为 12.705，其 P 值为 0.004，而双重门槛效应在 10%的水平上是不显著的，所以（5-18）式的设定是正确的。

表 5-5　　　　　　　　门槛（trade）效应的显著性检验

	F统计量	P值	临界值		
			1%	5%	10%
单一门槛检验	17.003***	0.004	15.084	11.307	8.584
双重门槛检验	4.620	0.178	14.636	9.629	6.967

注：同表 5-4。

从表 5-5 中可以看到贸易自由度水平的单一门槛效应在 1%的水平上是显著的，其中 F 统计量的值为 17.003，其 P 值为 0.004，而双重门槛效应在 10%的水平上是不显著的，所以（5-19）式的设定是正确的。

表 5-6　　　　　　　　门槛（nonden）效应的显著性检验

	F统计量	P值	临界值		
			1%	5%	10%
单一门槛检验	16.731***	0.000	9.129	5.005	3.112
双重门槛检验	12.536*	0.078	20.730	14.293	11.062
三重门槛检验	7.033**	0.014	9.296	4.498	3.660

注：同表 5-4。

从表 5-6 中可以看到非农就业密度的单一门槛效应在 1%的水平上是显著的，其中 F 统计量的值为 16.731，其 P 值为 0，进一步来看，双重门槛效应在 10%的水平上也是显著的，其中 F 统计量的值为 12.536，其 P 值为 0.078。虽然非农就业密度的三重门槛效应在统计上同样是显著的，但是结合表 5-7，可以看到第三个门槛的估计值为 0.009，其置信区间为[0.004，0.144]，与第二个门槛值 0.024 的置信区间几乎一致，这表明在统计意义上，第三个门槛值与第二个门槛值没有差别，所以最终可以确定 nonden 为双重门槛效应，所以（5-20）式的设定是正确的。

表 5-7 给出了三个门槛变量的门槛值的估计结果。

表 5-7　　　　　　　　　门槛值估计结果

	门槛 lagpgdp 的估计值	95%置信区间	门槛 trade 的估计值	95%置信区间	门槛 nonden 的估计值	95%置信区间
门槛值 γ_1	20 154	[7 925.576, 3.0e+04]	0.7254	[0.043, 1.101]	0.0064	[0.006, 0.007]
门槛值 γ_2					0.024	[0.005, 0.144]

从表 5-7 中可以看到滞后一期的人均 GDP 水平的单一门槛的估计值为 20 154 元；贸易自由度的单一门槛的估计值为 0.7254；非农就业密度的第一个门槛为 0.0064，第二个门槛值为 0.024。

下面借助于图 5-4 至图 5-8 可以更加清晰地看到三个门槛变量的门槛值的估计结果和置信区间的构成情况，其中门槛的估计值是指似然比检验统计量 LR1 为零时所对应的 γ 的取值。

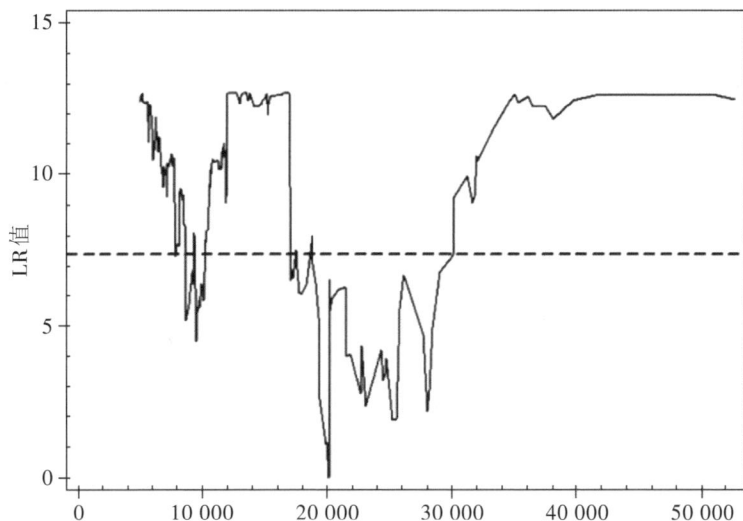

图 5-4　单一门槛的估计值和置信区间（门槛参数 lagpgdp）

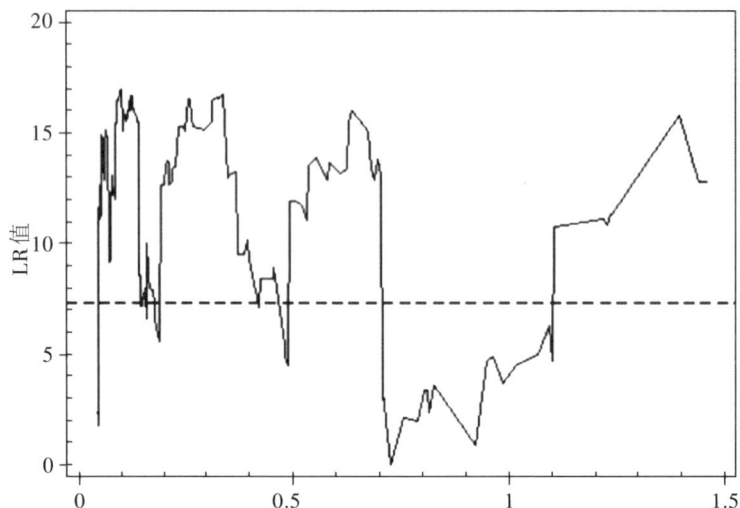

图 5-5　单一门槛的估计值和置信区间（门槛参数 trade）

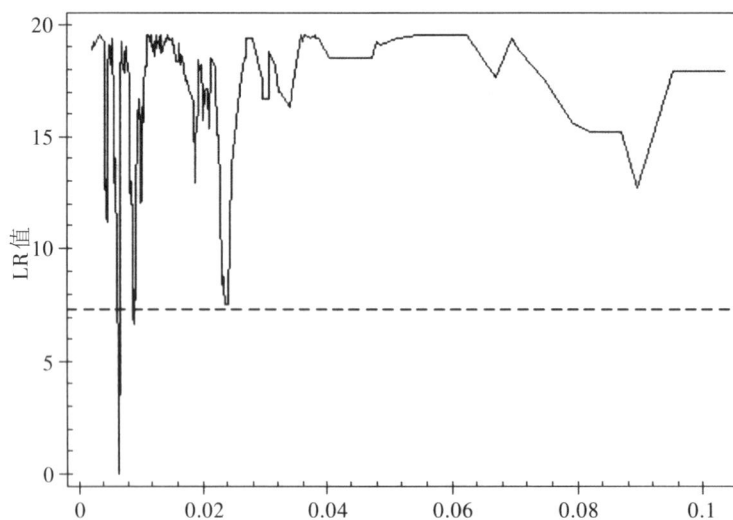

图 5-6　双重门槛第一个门槛的估计值和置信区间（门槛参数 nonden）

图 5-8 是固定住第二个门槛后对第一个门槛的重新识别，这样可以得到优化后的一致估计量（Bai（1997））。

（2）根据门槛值的内生分组结果

下面根据门槛值将样本分成不同的区间，对于第一个门槛变量 lagpgdp，其门槛值为 20 154 元，因此将地区人均 GDP 的水平分成两个

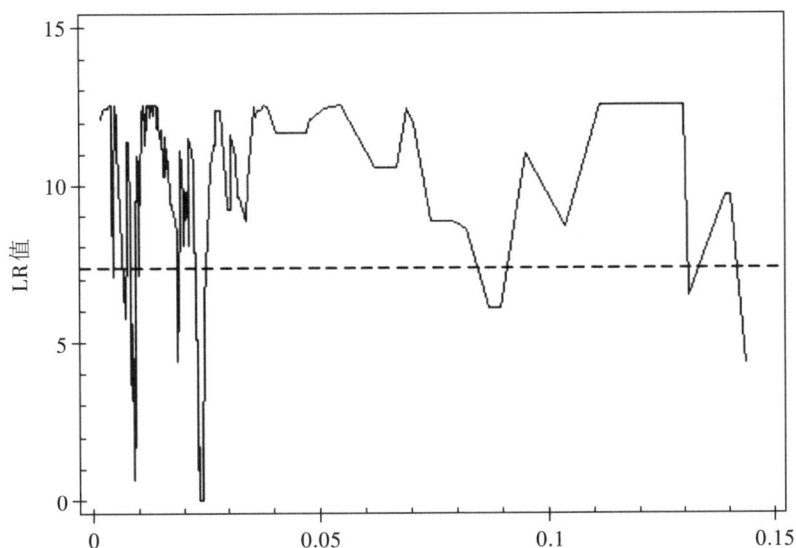

图 5-7　双重门槛第二个门槛的估计值和置信区间（门槛参数 nonden）

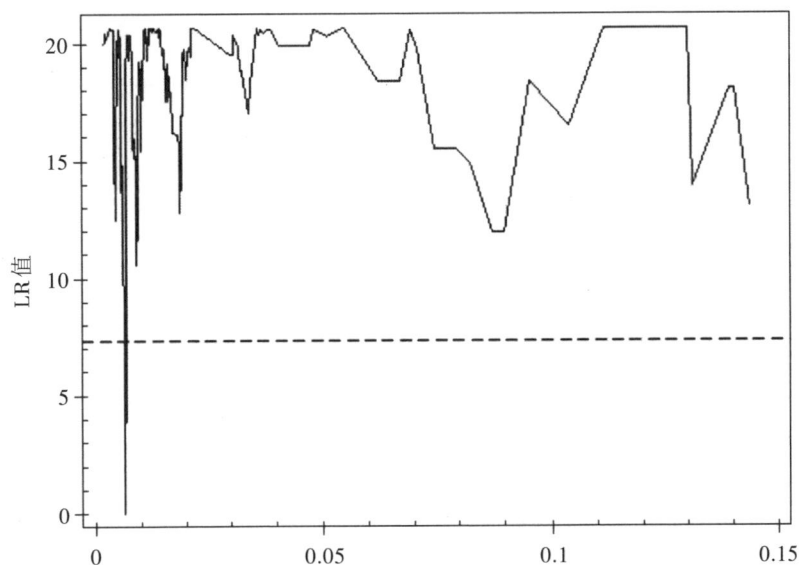

图 5-8　双重门槛第一个门槛的重新识别（门槛参数 nonden）

区间，即 {lagpgdp ≤ 20 154} 和 {lagpgdp>20 154} 元。根据门槛变量 lagpgdp 的取值，其各个区间内所包含的省（自治区、直辖市）见表 5-8。

表 5-8　　　　2001—2009 年门槛变量 lagpgdp 各个区间内
所包含的省（自治区、直辖市）

区　间	2001年	2004年	2007年	2009年
区　间 1 lagpgdp ≤ 20 154	天津、河北、山西、内蒙古、辽宁、吉林、黑龙江、江苏、浙江、安徽、福建、江西、山东、河南、湖北、湖南、广东、广西、海南、重庆、四川、贵州、云南、陕西、甘肃、青海、宁夏、新疆	河北、山西、内蒙古、辽宁、吉林、黑龙江、江苏、安徽、福建、江西、山东、河南、湖北、湖南、广东、广西、海南、重庆、四川、贵州、云南、陕西、甘肃、青海、宁夏、新疆	河北、山西、内蒙古、吉林、黑龙江、安徽、江西、河南、湖北、湖南、广西、海南、重庆、四川、贵州、云南、陕西、甘肃、青海、宁夏、新疆	河北、山西、内蒙古、安徽、江西、河南、湖北、湖南、广西、海南、重庆、四川、贵州、云南、陕西、甘肃、青海、宁夏、新疆
区　间 2 lagpgdp>20 154	北京、上海	北京、天津、上海、浙江	北京、天津、辽宁、上海、浙江、江苏、福建、山东、广东	北京、天津、河北、辽宁、吉林、黑龙江、上海、浙江、江苏、福建、山东、广东

对于第二个门槛变量 trade，其门槛值为 0.725，因此将地区贸易自由度的水平分成两个区间，即{trade ≤ 0.725}和{trade>0.725}元。根据门槛变量 trade 的取值，其各个区间内所包含的省（自治区、直辖市）见表 5-9。

对于第三个门槛变量 nonden，其第一个门槛值为 0.0064，第二个门槛值为 0.0239，因此将地区非农就业密度的水平分成三个区间，即{nonden ≤ 0.0064}、{0.0064<nonden ≤ 0.0239}和{nonden>0.0239}。根据门槛变量 nonden 的取值，其各个区间内所包含的省（自治区、直辖市）见表 5-10。

表 5-9　　　　2002—2010 年门槛变量 trade 各个区间内
所包含的省（自治区、直辖市）

区　间	2002年	2005年	2008年	2010年
区　间 1 trade ≤ 0.725	北京、河北、山西、内蒙古、辽宁、吉林、黑龙江、江苏、浙江、安徽、福建、江西、山东、河南、湖北、湖南、广西、海南、重庆、四川、贵州、云南、陕西、甘肃、青海、宁夏、新疆	北京、河北、山西、内蒙古、辽宁、吉林、黑龙江、浙江、安徽、福建、江西、山东、河南、湖北、湖南、广西、海南、重庆、四川、贵州、云南、陕西、甘肃、青海、宁夏、新疆	北京、河北、山西、内蒙古、辽宁、吉林、黑龙江、安徽、福建、江西、山东、河南、湖北、湖南、广西、海南、重庆、四川、贵州、云南、陕西、甘肃、青海、宁夏、新疆	北京、天津、河北、山西、内蒙古、辽宁、吉林、黑龙江、浙江、安徽、福建、江西、山东、河南、湖北、湖南、广西、海南、重庆、四川、贵州、云南、陕西、甘肃、青海、宁夏、新疆
区　间 2 trade>0.725	天津、上海、广东	天津、上海、江苏、广东	天津、上海、江苏、浙江、广东	上海、江苏、广东

表 5-10　　　　2002—2010 年门槛变量 nonden 各个区间内
所包含的省（自治区、直辖市）

区　间	2002年	2005年	2008年	2010年
区　间 1 nonden ≤ 0.0064	山西、内蒙古、吉林、黑龙江、云南、陕西、宁夏	山西、内蒙古、吉林、黑龙江、陕西、甘肃、宁夏	内蒙古、吉林、黑龙江、陕西、甘肃、宁夏	内蒙古、吉林、黑龙江、陕西、宁夏
区　间 2 0.0064<nonden ≤ 0.0239	河北、辽宁、浙江、安徽、福建、江西、山东、河南、湖北、湖南、广东、广西、重庆、四川、贵州、甘肃、青海、新疆	河北、辽宁、浙江、安徽、福建、江西、山东、河南、湖北、湖南、广东、广西、重庆、四川、贵州、云南、青海、新疆	山西、河北、辽宁、安徽、福建、江西、河南、湖北、湖南、广西、重庆、四川、贵州、云南、青海、新疆	山西、河北、辽宁、安徽、福建、江西、山东、河南、湖北、湖南、广西、重庆、四川、贵州、云南、甘肃、青海、新疆
区　间 3 nonden>0.0239	北京、天津、上海、江苏、海南	北京、天津、上海、江苏、海南	北京、天津、山东、上海、江苏、浙江、海南、广东	北京、天津、上海、江苏、浙江、海南、广东

（3）基于内生门槛回归模型的参数估计结果

模型（5-18）、（5-19）和（5-20）的估计结果见表 5-11，表中第 2 列的模型 1 是对（5-18）式的估计结果，表中第 3 列的模型 2 是对（5-19）式的估计结果，表中第 4 列的模型 3 是对（5-20）式的估计结果。估计中使用了稳健标准差，以减少异方差。

表 5-11　　　　　　　　　基于内生门槛回归模型的参数估计结果

	模型 1 （门槛变量：lagpgdp）	模型 2 （门槛变量：trade）	模型 3 （门槛变量：nonden）
滞后一期的人均GDP （lagpgdp）	$-5.62e-07^{**}$ （-2.16）	$-1.00e-06^{***}$ （-4.03）	$-7.64e-07^{***}$ （-3.13）
全社会固定资产投资 （tsinv）	0.1063^{***} （8.17）	0.1106^{***} （8.53）	0.1014^{***} （7.83）
政府支出占GDP 的比重（fis）	-0.2997^{***} （-4.99）	-0.0584^{***} （-4.61）	-0.2601^{***} （-4.55）
实际利用外商投资占 GDP的比重（fdi）	0.0820 （0.64）	0.1981 （1.61）	0.1670 （1.36）
居民平均受教育年限 （edu）	0.0105^{**} （2-26）	0.0081^{*} （1.67）	0.0113^{**} （2-37）
常数项	0.0134 （0.35）	0.0300 （0.80）	-0.0018 （-0.05）
区间1	1.5983^{***} （5-16）	1.5620^{***} （5-22）	6.2447^{***} （5-49）
区间2	0.8295^{***} （2-66）	1.1754^{***} （4-10）	2.1335^{***} （5-56）
区间3			1.1347^{***} （3-99）
调整 R^2	0.50	0.52	0.54
F值	5.70 （0.00）	5.92 （0.00）	6.42 （0.00）
样本数	270	270	270

注：1. 各个模型的被解释变量为人均GDP的增长率。

2. ***、**、*分别表示在 1%、5%、10%水平上显著；F 检验的结果显示个体效应在 1%的水平上是显著的，其括号中为相应的 P 值。

（4）回归结果分析

从表 5-10 中可以看到，模型 1、模型 2 和模型 3 中滞后一期的人均 GDP 的系数在 5% 的水平上显著为负值，这个结果说明：近 10 年来，中国各个省（自治区、直辖市）的经济发展所体现出的收敛性。全社会固定资产投资的系数在 1% 的水平上显著为正，这与理论上的预期相符。居民人均受教育年限的估计系数在 10% 的水平上显著为正，这也说明了人力资本对于地区经济增长确实起到了积极的推动作用。Fdi 变量的估计系数为正，但是在 10% 的水平上并不显著，说明实际利用外商投资额占 GDP 的比重对于短期的经济增长的影响在统计上并不明显。Fis 变量的估计系数在 1% 的显著性水平上为负值，对此的一个解释是：财政支出的增长会有两个方面的效果，其一是扩大基础设施方面的投资，这样可以提高经济效率进而降低交易成本；其二也意味着地方政府对地方经济干预程度的加深，因此可能影响资源配置的效率，导致产出的低效率。中国的基础设施建设已经达到了一定的水平，地方政府推动基础设施建设的相对重要性也在不断地减弱，因此当今的经济发展阶段对政府推动经济发展模式的需求已经不像过去那样强烈了，回归结果也显示了这两个方面的力量的权衡，表现出了地方政府干预程度的加深，在某种程度上阻碍了资源的有效配置，同时也显示了政府在处理复杂市场信息时的劣势越来越明显。

从表 5-10 的第 2 列中可以看到，当滞后一期的人均 GDP 小于 20 154 元时，即人均 GDP 水平位于区间 1 时，非农就业密度每增加 1 个单位，人均 GDP 的增长率提高 1.5983 个单位，而当人均 GDP 跨过门槛值 20 154 元，即人均 GDP 位于区间 2 时，非农就业密度每增加 1 个单位，人均 GDP 的增长率提高 0.8295 个单位。此处的分析结果表明：用非农就业密度度量的地区经济集聚水平对于经济增长确实具有正向的推动作用，但同时这种推动作用的影响程度会受到经济发展水平即滞后的人均 GDP 的制约，即在经济发展水平达到一定的层次之后，存在着 Williamson（1965）所提到的集聚不经济。从表 5-8 中看到，2001 年的人均 GDP 水平只有北京和上海跨过了 20 154 元的门槛值，2004 年天津和浙江也跨过此门槛值，到 2009 年超过 20 154 元门槛值的共有 12

个省（直辖市）：北京、天津、河北、辽宁、吉林、黑龙江、上海、浙江、江苏、福建、山东和广东。尽管随着经济发展水平的提高，经济集聚所带来的增长效应有所减小，但是经济集聚对经济增长的影响仍为正效应，即仍处于 Williamson "倒 U 形" 曲线的左侧。

从表 5-10 的第 3 列中可以看到，当贸易自由度小于 0.725 时，即贸易自由度位于区间 1 时，非农就业密度每增加 1 个单位，人均 GDP 的增长率提高 1.562 个单位，而地区的贸易自由度水平跨过门槛值 0.725，即贸易自由度位于区间 2 时，非农就业密度每增加 1 个单位，人均 GDP 的增长率提高 1.1754 个单位。此处的分析结果表明：用非农就业密度度量的地区经济集聚水平对于经济增长确实具有正向的推动作用，但同时这种推动作用的影响程度会受到贸易自由度水平大小的影响，即贸易自由度较高的地区较贸易自由度较低的封闭地区，经济集聚对于经济增长的正向促进作用有所减小，这个结果符合 Krugman & Elizondo（1996）的 "开放性假说"。从表 5-9 中可以看到，2002 年只有天津、上海和广东这 3 个省（直辖市）的贸易自由度水平跨过了门槛值 0.725，2005 年江苏的贸易自由度水平也跨过了该门槛值，2008 年跨过此门槛值的有 5 个省（直辖市）：天津、上海、江苏、浙江和广东，2010 年只剩下 3 个省（直辖市）：上海、江苏和广东。

从表 5-10 的第 4 列中可以看到，当非农就业密度小于 0.0064（万人/平方公里），即非农就业密度位于区间 1 时，非农就业密度每增加 1 个单位，人均 GDP 的增长率提高 6.2447 个单位，当非农就业密度跨过第一个门槛值 0.0064（万人/平方公里），即非农就业密度位于区间 2 时，非农就业密度每增加 1 个单位，人均 GDP 的增长率提高 2.1335 个单位，当非农就业密度跨过第二个门槛值 0.0239（万人/平方公里），即非农就业密度位于区间 3 时，非农就业密度每增加 1 个单位，人均 GDP 的增长率提高 1.1347 个单位。这个结果表明：随着非农就业密度的提高，即随着经济集聚水平的提高，集聚不经济逐渐显现，使得经济集聚对于经济增长的推动作用有所减缓。从表 5-10 中可以看到，2002—2010 年，30 个省（自治区、直辖市）的非农就业密度所在的区间并没有太大的改变：内蒙古、吉林、黑龙江、陕西和宁夏的非农就业密度一直位于区间 1；北京、天津、上海、江苏和海南的非农就业密度一直位于区间 3，其余省份的变化不大。

5.7 本章小结

本章利用中国 30 个省（自治区、直辖市）的面板数据，对于经济集聚与区域经济增长关系的门槛效应进行了检验。利用面板门槛模型，主要检验了 Williamson 的 "倒 U 形假说"、Krugman & Elizondo（1996）的 "开放性假说" 以及经济集聚自身的门槛效应。门槛模型的检验结果显示：用非农就业密度度量的地区经济集聚水平对于经济增长确实具有正向的推动作用，但同时这种推动作用的影响程度会受到经济发展水平即滞后的人均 GDP 的制约，即在经济发展水平达到一定的层次之后，存在着 Williamson（1965）所提到的集聚不经济；贸易自由度较高的地区较贸易自由度较低的封闭地区，经济集聚对于经济增长的正向促进作用有所减小，这个结果符合 Krugman & Elizondo（1996）的 "经济开放假说"；同时非农就业密度自身的双重门槛效应显著。

尽管通过近年来中国经济发展的典型事实可以看到沿海地区的集聚效应是经济快速增长的巨大动力，但是随之又会产生一个难题：选择经济效率似乎难以避免地会扩大地区间的差异，带来社会的不稳定。然而从本书的回归结果来看，尽管随着经济发展水平的提高，经济集聚所带来的增长效应有所减小，但是经济集聚对经济增长的影响仍为正效应，即仍处于 Williamson "倒 U 形" 曲线的左侧，因此如果试图在经济集聚还没有达到应有的水平的条件下，通过经济分散的政策来追求地区间的平衡发展，势必会丧失经济持续发展的推动力和竞争力的来源。经济集聚仍然是提升区域核心竞争力的重要战略，是促进中国区域经济发展和壮大的重要力量。因此，在这样的大趋势下，如何在集聚发展过程中促进区域间的协调发展是一个重要的问题。强调空间概念与收益递增的新经济地理学对经济活动的空间分布给出了严格的论证：经济增长取决于集聚效应，同时保证要素的流动性会使得地区间的发展趋于平衡和收敛，所以在政策上应该尽可能地降低要素流动特别是城乡和地区间劳动力流动的障碍。同时也该认识到，虽然经济集聚在大城市的体现比较明显，且 GDP 也主要集中在诸如东部沿海城市的周围，但是中国城乡与区域协调发展的真正含义是追求城乡和区域之间在生活质量上的和谐发展。当然也要认识到，集聚效应也不会一直发挥促进经济增长的正效应，随着人口和经济活动的集聚，也会出现抵消集聚效应的"拥挤效应"，因此地方政府应妥善处理交通拥挤、环境污染以及土地和劳动力价格上升的各种"拥挤效应"，以保证经济集聚效应最大限度地发挥。

第6章 经济集聚、外部性与地区
工资差异

本章是关于经济集聚的工资效应研究，从经济集聚的外部性的角度，将 Krugman（1991b）的经典工资方程推广到多区域，检验了各种类型的市场潜能、非农就业密度和地区工资的关系，进一步又检验了国外市场潜能（出口开放）和国内市场潜能之间是否具有替代关系，即检验了市场范围和分工模式的关系。新经济地理学意义下的市场潜能是从市场需求的角度来解释经济集聚的，属于金融外部性范畴。除了金融外部性，另一种外部性被称为技术外部性，强调的是技术交流和知识溢出。Marshall（1920）的外部性定义指出，地理上的集中有利于信息传递，从而有利于技术创新，就是对技术外部性的表述。本书采用 Harris（1954）意义下的"市场潜能"（即名义市场潜能）指标来测度金融外部性，同时采用"非农就业密度"指标来测度由于密集经济活动（一般用经济活动密度来衡量）而产生的技术外部性。

6.1 问题的提出与研究综述

随着经济全球化和区域经济一体化的深入发展，中国经济自改革开放以来出现了高速增长，但与此同时地区间的收入差距也呈现出了逐渐扩大的趋势。自 2000 年以来，中国东部地区职工平均工资的 Theil 指数贡献度总体上呈现出缓慢上升的趋势，可以解释全国工资差异的 50%以上。中西部的 Theil 指数贡献度总体上表现出逐年下降的趋势，贡献度不超过 10%。地区间贡献度总体上保持在 35%～47%之间（王晓硕、王维国，2012）。伴随着经济增长的同时，经济集聚现象日益明显，并表现为在东部沿海地区不断增强的趋势，中国东部与中西部地区已经形成了新经济地理学中的"中心"和"外围"（范剑勇，2008）。

地区收入差距的不断加大对于区域间的协调发展及社会和谐、稳定都有很大的影响，不同学者（蔡昉等，2002；万广华等，2005；钟笑寒，2006；王小勇，2006；张建红等，2006；黄玖立等，2006；刘修岩等，2008；孙军，2009）从不同的角度（劳动力流动、制度变迁、外商直接投资、对外开放、人力资本、市场潜能、外部性等）对地区收入和地区工资差异进行过大量的研究。由于经济集聚现象在经济学上难以用严谨的模型来表述，"空间"因素长期被主流经济学家所忽视，因此对于地区差距形成的原因，大多数研究是基于新古典增长理论，即完全竞争和规模报酬不变假设。如何在理论上建立经济地理与经济增长两者间的联系，也成为经济学家的一个新的课题。

以 Krugman 为代表的新经济地理学派，利用 D-S 垄断竞争模型（1977）将经济地理因素模型化，在"中心-外围"模型中提出了包含市场潜能概念的工资方程，表明了地区的工资水平受到该地区市场潜能（或市场规模）大小的影响。利用此工资方程，出现了很多经验研究，大部分检验结果都显示出市场潜能对工资水平有显著为正的效应。刘修岩等（2011）指出，对于具有报酬递增特征的各个制造业部门而言，市场规模具有显著和稳健的"增长效应"，从而较大的市场有助于抑制边际收益递减的趋势。这些研究成果为从"需求"的空间分布角度解释地区收入差距提供了丰富的经验证据。上述研究中对于市场潜能的度量，可大致分为两种方式：不含价格因素的名义市场潜能（Hanson，2005；刘修岩，2008；黄玖立等，2006；孙军，2009），这也是 Harris 意义上的市场潜能；含有市场准入的真实市场潜能

（Redding and Venables，2004；范剑勇等，2009；范剑勇等，2011；Hering and Poncet，2010），其方式是利用贸易数据来构造引力模型。真实市场潜能采用实际发生的、直接的数据，指标的微观解释力更强，政策意义也更丰富，而名义市场潜能在构造方式和指标测度上相对简单、直观，和真实市场潜能相比是属于"向前看"或动态角度的考察，更符合亚当·斯密对市场范围意义的阐述（黄玖立等，2008）。对于分工与市场范围的关系，斯密定理指出劳动分工受市场范围的限制，强调了市场范围的重要性，这被称为"市场范围限制分工假说"。杨格进一步发展了斯密的思想，借用迂回生产的概念，提出了分工和市场范围是相互作用的，即"分工一般地取决于分工"，被称为杨格定理。具体来说，随着贸易的自由化，当考虑到存在跨国分工时，一个国家的经济可能受到市场范围的影响，也可能是受到分工模式的影响，那么哪种模式起主要的作用？如果市场范围是重要的，那么国外市场和地区市场就是相互替代的，对外贸易可以弥补国内市场狭小的不足。这样在贸易自由化以后，可能会使得发达地区大市场优势的丧失和国内市场重要性的减弱，从这个意义上来说，地区间的差距可以得到缓解；如果分工模式是重要的，那么由于各地区的条件不同，初始落后的地区只能生产初级的产品，初始发达的地区可以生产高级产品，这样国外市场和国内市场并没有替代的关系，地区间的差距也会越来越大。

6.2　理论模型的构建

在 Dixit-Stiglitz（1977）的垄断竞争的分析框架下，消费者采用 Cobb-Douglas 双层效用函数 $U = M^{\mu} A^{1-\mu}$，A 是农产品，M 是制成品的数量指数，此处可将其理解成一个符合 CES 函数的子效用函数，即 $M = \left[\int_0^n q(i)^{\frac{\sigma-1}{\sigma}} di\right]^{\frac{\sigma}{\sigma-1}}$，消费者在该行业的大类 M 中选取差异化的各小类产品，$\sigma(>1)$ 是各小类间的替代弹性，q(i) 是消费者在第 i 小类制成品上的消费。

在收入约束条件下，由消费者效用最大化的推导结果可知：

$q(i) = \mu Y \dfrac{p(i)^{-\sigma}}{P^{1-\sigma}}$ 和 $P = \left[\displaystyle\int_0^n p(i)^{1-\sigma} di\right]^{\frac{1}{1-\sigma}}$，其中 P 是价格指数，p(i) 是第 i 小类

制造品的价格，Y 是消费者的收入。

考虑 R 个地区；每种产品只在一个地区生产，且每一个地区所生产的各种产品的生产技术和价格都相同，即具有对称性；制成品在不同地区间的运输成本采用新经济地理学中普遍采用的"冰山"形式。于是上述 P 和 q(i) 分别可改写成（6-1）式和（6-2）式：

$$P_j = \left[\sum_{i=1}^n n_i (p_i T_{ij})^{1-\sigma}\right]^{\frac{1}{1-\sigma}} \tag{6-1}$$

$$q_i = mp_i \cdot p_i^{-\sigma} \tag{6-2}$$

其中，n_i 是 i 地的产品种类；T_{ij} 是制成品从 i 地到 j 地的运输成本；P_j 是 j 地的价格指数；q_i 是 i 地此小类制成品在 R 个地区的总的销售量（i，j=1，2，…，R），记 $mp_i = \displaystyle\sum_{j=1}^R \mu Y_j (\dfrac{T_{ij}}{P})^{1-\sigma}$，这就是 Krugman（1991b）定义的市场潜能。

厂商只用一种生产要素劳动，且生产技术相同，劳动使用量为 $L(i) = F + \dfrac{1}{\alpha} q(i)$，其中，F 是固定投入量，$\alpha$ 是劳动生产率，于是 i 地区的代表厂商的利润为：

$$\pi_i = p_i q_i - w_i \left[F + \dfrac{1}{\alpha} q(i)\right] \tag{6-3}$$

由利润最大化条件知：

$$p_i = \dfrac{\sigma w_i}{(\sigma - 1)\alpha} \tag{6-4}$$

将（6-2）式和（6-4）式代入（6-3）式，得到：

$$\pi_i = \sigma(\dfrac{\sigma - 1}{\sigma})^{\sigma - 1} mp_i - w_i F = \tau(\dfrac{w_i}{\alpha})^{1-\sigma}(mp_i - f_i) \tag{6-5}$$

其中，f_i 可以被视为厂商生产所使用劳动的固定成本。

本书定义 i 地区的产品所销往的 R 个地区分成三种类型的区域：i 地区本身、i 地区以外的本国地区和国外地区，分别用 mpl_i、mpr_i、mpf_i

和 f_i^l、f_i^r、f_i^f 来表示，则（6-5）式可改写成：

$$\pi_i = \tau(\frac{w_i}{\alpha})^{1-\sigma}(mpl_i + mpr_i + mpf_i) - (f_i^l + f_i^r + f_i^f) \tag{6-6}$$

均衡时利润为零，则得到工资的决定方程：

$$w_i = \alpha\left[\frac{\tau(mpl_i + mpr_i + mpf_i)}{f_i^l + f_i^r + f_i^f}\right]^{\frac{1}{\sigma-1}} \tag{6-7}$$

对（6-7）式两端取对数，得（6-8）式：

$$\ln w_i = \ln\alpha + \frac{1}{\sigma-1}\ln[\tau(mpl_i + mpr_i + mpf_i) - \frac{1}{\sigma-1}\ln(f_i^l + f_i^r + f_i^f)] \tag{6-8}$$

6.3　计量模型的设定、变量的选择和数据来源

6.3.1　计量模型的设定和变量选择

新经济地理学的很多模型（中心–外围模型等）中，都将劳动力作为一种集聚媒介，由劳动力的迁移而产生了集聚。集聚产生的各种外部性效应对劳动生产率、经济增长和实际收入等会产生显著影响和促进作用。如果将非农就业密度对劳动生产率的促进程度定义为劳动力作为媒介的集聚效应，可以得出这种集聚效应是非常显著的（Combes，2000；Ciccone and Hall，1996）。

由此，（6-8）式中的劳动生产率 α 可以写为非农就业密度（dense）的函数，即 $\alpha = (dense)^\gamma, \gamma > 0$，这也是本书考虑的技术外部性因素。

根据（6-8）式，本书建立的计量经济模型为（6-9）式：

$$\ln wage_{it} = \beta_0 + \beta_1\ln mp_{it} + \beta_2 exo_{it} + \beta_3 exo_{it}\times\ln mp_{it} + \beta_4\ln dense_{it} + \beta_5(\ln dense_{it})^2$$
$$\beta_6'\vec{Z}_{it} + \varepsilon_{it} \tag{6-9}$$

其中，下标 t 表示时间；下标 i 表示省区；β_0 和 ε_{it} 分别为常数项和误差项。被解释变量 $wage_{it}$ 表示职工平均工资，用来衡量各个地区的工资水平；mp_i 为市场潜能，此处表示本地市场潜能 mpl_{it} 与地区市场潜能 mpr_{it} 之和，即国内市场潜能；exo_{it} 为出口开放度，由于国外市场潜力 mpf_{it} 没有 mpl_{it} 和 mpr_{it} 易于度量，因此本书用 exo_{it} 作为国外市场潜能的度量（黄玖立等，2006；孙军，2009）；$exo_{it}\times\ln mp_{it}$ 是市场潜能

和出口开放度的交互项，用来检验上文中提到的市场范围和分工模式的关系，如果系数为负，则表示市场范围是重要的；$dense_{it}$ 是非农就业密度，衡量技术外部性，考虑到可能存在"门槛"效应，此处加入了其平方项的形式；$\vec{Z}_{it}$ 为控制各省区其他方面差异的变量向量，包括：人力资本（$teacher_{it}$）、非公有制经济比重（$nonpublic_{it}$）和政府支出的规模（$agov_{it}$）。

如果将国内市场潜能分解成地区市场潜能和本地市场潜能，则可将（6-9）式分别写为（6-10）式和（6-11）式：

$$\ln wage_{it} = \beta_0^l + \beta_1^l \ln mpl_{it} + \beta_2^l exo_{it} + \beta_3^l exo_{it} \times \ln mpl_{it} + \beta_4^l \ln dense_{it} + \beta_5^l(\ln dense_{it})^2$$

$$+ \beta_6^{l'}\vec{Z}_{it} + \varepsilon_{it} \tag{6-10}$$

$$\ln wage_{it} = \beta_0^r + \beta_1^r \ln mpr_{it} + \beta_2^r exo_{it} + \beta_3^r exo_{it} \times \ln mrp_{it} + \beta_4^r \ln dense_{it} + \beta_5^r(\ln dense_{it})^2$$

$$+ \beta_6^{r'}\vec{Z}_{it} + \varepsilon_{it} \tag{6-11}$$

6.3.2　数据来源

本书采用 2000—2011 年期间中国 30 个省份（由于数据的缺失，剔除了西藏）的面板资料，共计 360 组。本书使用的数据主要来源于 2001—2012 年的《中国统计年鉴》，2006 年的非农就业人数取自 2007 年的《中国区域经济统计年鉴》（云南省和福建省的数据取自同年各省统计年鉴），各地区（省会城市、自治区首府）间的直线距离数据直接从 Google 电子地图上读取（公里）。

具体来说，职工平均工资（$wage_{it}$）用各省份职工平均工资表示（元），职工平均工资数据以 2000 年为基期，利用实际工资指数平减得到，根据计算所得数据绘制出图 6-1。

市场潜力（mp_i）则根据 Harris 的市场潜力的公式得出：$mp_i = mpl_i + mpr_i = \dfrac{Y_i}{d_{ii}} + \sum_{i \neq j} \dfrac{Y_j}{d_{ij}}$，$Y_j$ 是第 j 个省份经过平减指数处理过的国内生产总值（亿元），d_{ij} 是两个省份之间的距离，d_{ij} 表示省份的内部距离，公式为 $d_{ii} = \sqrt{\dfrac{S_i}{\pi}}$，$S_i$ 是 i 省份的陆地面积。

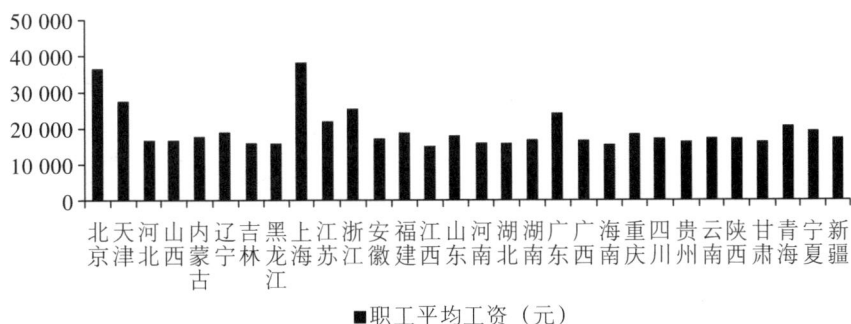

图 6-1　各地区 2000—2011 年职工平均工资均值

表 6-1 中给出了计算得到的各地区国内市场潜能（mp）数据（各地区本地市场潜能 mpl 和地区市场潜能 mpr 的数据见附表 C-1 和 C-2）。

表 6-1　　　　　　　　　各地区国内市场潜能（mp）

地区	2000年	2001年	2002年	2003年	2004年	2005年	2006年	2007年	2008年	2009年	2010年	2011年
北京	188.6	207.7	229.9	257.6	293.1	332.3	378.3	433.4	483.7	540.2	609.0	677.7
天津	194.7	214.5	238.1	268.2	306.2	348.5	397.5	455.9	513.5	578.1	657.2	738.9
河北	172.9	189.3	209.4	235.1	267.5	304.2	346.7	396.8	443.4	494.1	558.1	623.6
山西	156.8	171.5	189.5	212.7	241.7	274.8	313.0	358.4	400.4	445.7	503.7	563.4
内蒙古	105.8	115.9	128.1	143.8	163.4	185.7	211.6	242.5	271.5	303.1	342.8	383.5
辽宁	114.1	124.9	138.0	154.5	175.0	198.0	225.8	258.9	291.4	326.8	370.4	414.6
吉林	98.3	107.6	118.8	132.7	150.1	169.6	193.1	221.1	249.0	279.0	316.0	354.2
黑龙江	78.5	86.0	95.0	106.1	120.0	135.6	154.3	176.6	198.6	222.4	251.7	282.0
上海	285.1	313.5	348.0	391.0	444.7	500.1	567.3	651.8	722.5	794.2	887.5	975.1
江苏	224.4	246.2	273.1	307.3	350.0	396.8	452.5	518.9	581.1	648.3	731.7	813.9
浙江	206.7	227.1	252.3	284.3	323.7	365.9	416.7	478.1	533.2	591.3	665.6	737.1
安徽	207.0	226.8	251.2	281.9	320.6	363.1	413.8	474.4	531.9	594.5	672.1	749.6
福建	133.0	145.5	161.1	180.7	204.7	231.0	263.5	302.4	338.8	378.0	427.8	477.4
江西	161.3	176.5	195.0	218.4	247.5	279.7	318.1	364.6	409.0	457.5	518.3	579.5
山东	188.8	207.0	229.4	258.1	294.3	335.0	382.3	437.5	489.9	547.5	618.1	689.5

续表

地区	2000年	2001年	2002年	2003年	2004年	2005年	2006年	2007年	2008年	2009年	2010年	2011年
河南	171.1	187.2	206.7	231.5	263.1	298.8	340.6	390.1	437.1	487.7	551.2	616.4
湖北	168.4	184.2	203.3	227.2	257.2	290.9	330.8	379.1	425.7	476.7	540.5	605.3
湖南	145.6	159.2	175.7	196.4	222.2	251.2	285.7	327.5	367.7	411.7	467.0	522.9
广东	137.4	150.4	166.7	188.1	213.7	242.4	276.8	317.7	354.0	392.9	443.9	493.4
广西	94.5	103.2	114.0	127.7	144.5	163.5	186.2	213.5	238.9	267.1	302.6	338.5
海南	88.6	96.9	107.1	120.2	136.0	153.7	175.2	201.0	224.4	250.2	283.6	316.5
重庆	114.5	125.1	138.1	154.4	174.6	197.1	223.9	256.9	288.3	324.1	369.0	416.5
四川	95.9	104.8	115.7	129.5	146.5	165.6	188.3	215.8	241.7	271.3	308.2	347.1
贵州	100.1	109.4	120.7	134.9	152.6	172.4	195.9	224.6	251.5	281.7	319.6	359.1
云南	76.4	83.3	91.9	102.6	116.0	130.8	148.6	170.1	190.3	213.0	241.4	271.1
陕西	120.3	131.6	145.3	162.6	184.3	208.9	237.8	272.7	306.2	342.5	388.1	435.4
甘肃	86.8	94.9	104.8	117.3	132.8	150.3	170.9	195.6	219.1	244.9	277.3	311.2
青海	75.8	82.9	91.5	102.4	115.9	131.2	149.1	170.7	191.1	213.6	241.8	271.3
宁夏	38.9	42.6	47.0	52.7	59.7	67.5	76.8	87.8	98.5	110.1	124.6	139.6
新疆	88.4	96.7	106.8	119.7	135.8	154.0	175.3	200.9	225.2	251.6	284.8	319.2

表 6-2 是各地区国内市场潜能（mp）、本地市场潜能（mpl）和地区市场潜能（mpr）在 2000—2011 年的均值及排名情况。从表 6-2 中可以看到：上海、江苏、浙江、天津、北京、山东、河北和河南在各种类型的市场潜能排名上都比较占据优势；大多数的中西部省份在排名上都比较靠后；安徽的本地市场潜能排名第 14，但是由于地区市场潜能排名居于首位，所以在国内市场排名上也居于前列；与安徽省的情况相反，广东省的本地市场潜能排名前 3，但是由于地区市场潜能排名第 26，因此在国内市场排名上也仅位于第 14[①]。

---

① 东部地区包括：北京、天津、河北、辽宁、上海、江苏、浙江、福建、山东、广东和海南，共 11 个省（直辖市）；中西部地区包括：山西、内蒙古、吉林、黑龙江、安徽、江西、河南、湖北、湖南、广西、重庆、四川、贵州、云南、陕西、甘肃、青海、宁夏和新疆，共 19 个省（自治区、直辖市）。

表 6-2　2000—2011 年各地区三种类型市场潜能的均值及排名

地区	国内市场潜能 mp		本地市场潜能 mpl		地区市场潜能 mpr	
	均值	排名	均值	排名	均值	排名
北京	386.0	7	100.0	6	285.2	10
天津	409.3	5	93.8	7	314.6	3
河北	353.4	8	59.6	10	293.3	8
山西	319.3	12	21.9	21	297.2	7
内蒙古	216.5	19	9.2	26	207.2	16
辽宁	232.7	17	64.9	9	167.3	23
吉林	199.1	21	22.5	19	176.5	19
黑龙江	158.9	27	24.3	18	134.5	29
上海	573.4	1	259.3	1	312.1	4
江苏	462.0	2	148.8	2	311.8	5
浙江	423.5	4	102.0	5	320.7	2
安徽	423.9	3	40.8	14	382.8	1
福建	270.3	15	59.3	11	210.6	15
江西	327.1	11	26.2	17	300.7	6
山东	389.8	6	121.7	4	266.9	12
河南	348.4	9	66.7	8	281.2	11
湖北	340.8	10	51.0	12	289.4	9
湖南	294.4	13	41.5	13	252.6	13
广东	281.5	14	125.6	3	154.7	26
广西	191.2	23	22.1	20	168.9	21
海南	179.5	25	14.0	24	165.4	24
重庆	231.9	18	30.2	16	201.5	17
四川	194.2	22	30.9	15	163.0	25
贵州	201.9	20	12.1	25	189.7	18
云南	153.0	29	14.7	23	138.1	28
陕西	244.6	16	20.1	22	224.4	14
甘肃	175.5	26	7.6	27	167.9	22
青海	153.1	28	1.7	30	151.4	27
宁夏	78.8	30	6.1	28	72.7	30
新疆	179.9	24	5.0	29	174.8	20

对于出口开放规模，即国外市场潜能（exo$_{it}$），则先计算各省份的（按经营地）出口总额占各省份的 GDP 的比重，然后再用所得的比重除以各年全国的平均值。图 6-2 给出了 2000—2011 年国外市场潜能的均值，其中广东、上海、天津、江苏、浙江、北京的国外市场潜能居于前 6 位，而贵州、内蒙古、河南、甘肃的国外市场潜能则排名居后。

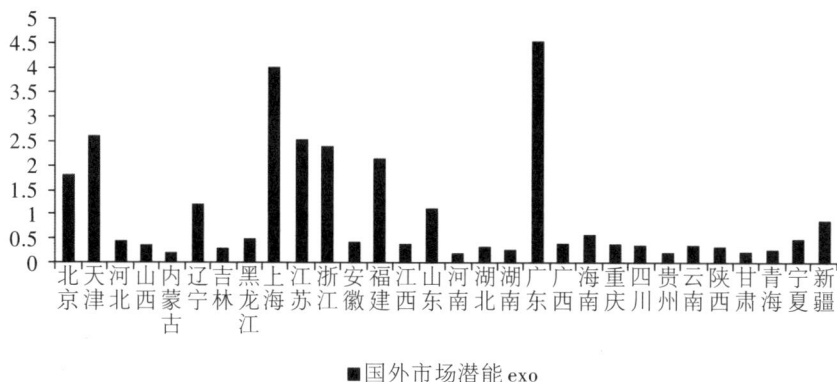

图 6-2　2000—2011 年 30 个省（自治区、直辖市）国外市场潜能（exo）均值

非农就业密度（dense$_{it}$），采用各省份的第二和第三产业的总就业人数除以各省份面积（人/平方公里）。人力资本（teacher$_{it}$），用各省份的每万人中的高等学校专任教师人数（人）表示。

非公有制经济比重（nonpublic$_{it}$），计算上采用"各省份非国有企业就业人数除以各省份总就业人数"来衡量。政府规模（agov$_{it}$），其计算方式类似于出口开放规模的计算，首先计算出政府消费占 GDP 的比重，然后再用该比重除以各年全国的平均值。

6.3.3　数据的描述性统计

根据 6.3.2 中对于变量选取的说明，模型中所选取的指标的统计描述见表 6-3 和表 6-4，其中表 6-3 是全国样本的结果，表 6-4 是东部和中西部分样本的结果。表 6-3 中本地市场潜能变量、出口开放规模变量和非农就业密度变量的变异系数都很大，分别达到了 1.17、1.16 和 1.5。

表6-3　　30个省（自治区、直辖市）主要变量的描述性统计

（2000—2011 年）

变量	指标含义	均值	标准差	最小值	最大值	变异系数	观测值
wage	职工平均工资（元）	19 485.15	9 575.8	6 918	64 405.64	0.49	360
mp	国内市场潜能	279.79	165.99	38.88	975.11	0.59	360
mpl	本地市场潜能	53.89	63.51	0.82	426.00	1.17	360
mpr	地区市场潜能	225.89	121.47	35.76	675.92	0.53	270
exo	出口开放规模	1.00	1.16	0.10	5.18	1.16	360
teacher	每万人高校专职教师数（人）	8.48	5.64	1.99	33.42	0.66	360
dense	非农就业密度（万人/人）	139.50	210.09	1.30	1 705.15	1.50	360
nonpublic	非公有制经济比重	0.58	0.12	0.29	0.87	0.20	360
agov	政府规模	1.00	0.38	0.36	2.54	0.38	360

在表6-4 中，中西部地区除了政府规模变量的均值大于东部地区，其余变量的均值都小于东部地区；东部地区的职工平均工资变量、国内市场潜能变量、本地市场潜能变量和人力资本变量的变异系数均高于中西部地区，而地区市场潜能变量、出口开放规模变量、非农就业密度变量、非公有制经济比重变量和政府规模的变异系数均小于中西部地区。

此外，图6-3 给出了职工平均工资的对数值 log（wage）对于非农就业密度的对数值 log（dense）的散点图，从图中可以看到非农就业密度对地区工资有着非线性的影响，存在着"门槛"效应。

表 6-4　　　　　　东部和中西部地区主要变量的描述性统计

变量	均值		最大值		最小值		变异系数	
	东部	中西部	东部	中西部	东部	中西部	东部	中西部
wage	23 720.27	16 990.61	64 405.64	32 934.24	7 408.00	6 918.00	0.49	0.40
mp	360.11	233.28	975.11	749.63	88.64	38.88	0.60	0.54
mpl	104.46	23.92	426.00	118.36	7.40	0.82	0.68	0.43
mpr	254.77	209.17	563.83	675.92	76.67	35.76	0.28	0.32
exo	2.12	0.35	5.18	1.64	0.37	0.10	0.18	0.19
teacher	11.28	6.87	33.42	15.81	1.99	2.05	1.00	0.84
dense	286.33	54.49	1 705.15	209.58	36.55	1.30	0.51	0.56
nonpublic	0.67	0.53	0.87	0.77	0.38	0.29	0.74	0.85
agov	0.74	1.15	1.37	2.54	0.45	0.36	0.49	0.55

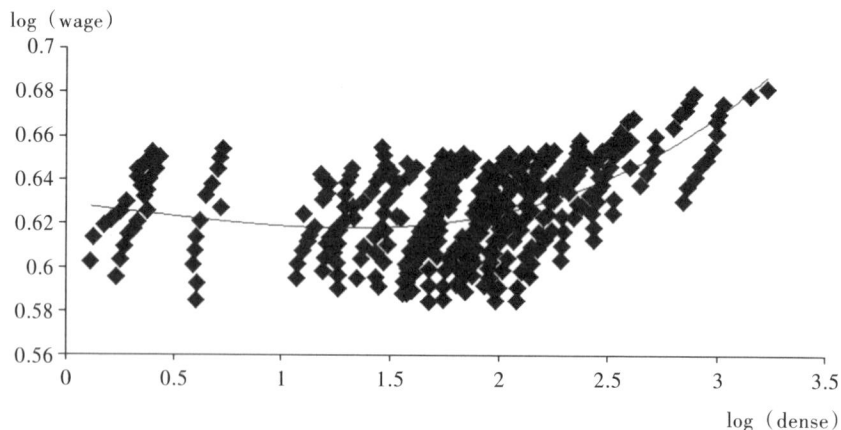

图 6-3　2000—2011 年 30 个省（自治区、直辖市）职工平均工资对数值对

非农就业密度对数值的散点图

6.4　模型的估计结果及分析

6.4.1　数据的平稳性检验

为了避免模型估计中存在的"伪回归"情况，需要先对面板数据进

行单位根检验。面板数据的单位根检验可以分为两大类：①针对同质面板数据的 LLC（Levin-Lin-Chu）检验、Bretung 检验和 Hadri 检验，这些检验均认为各个截面存在共同的单位根过程。②针对异质面板数据的 IPS（Im-Pesaran-Shin）检验、Fish-ADF 检验和 Fish-PP 检验，这些检验放松了同质性的假定，允许不同截面存在不同的单位根过程。为了使得检验结果更加可靠而避免检验结果的偏误，本书同时运用 LLC 和 Fish-PP 这两种检验方法。从表 6-5 中可以看到，除了地区市场潜能变量（mpr）的对数值在同质面板的 LLC 检验中是不平稳的，而在异质面板的 Fish-PP 检验中在 1% 的显著水平下是平稳的；其余各个变量无论在同质面板还是异质面板的检验中，均为 10% 的显著水平下的平稳变量。因此，可以将各个变量纳入回归模型直接进行参数估计。

表 6-5　　2000—2011 年全国 30 个省（自治区、直辖市）的

单位根检验结果

检验变量	检验类型	同质面板：LLC检验		异质面板：Fish-PP检验	
		统计量	P 值	统计量	P 值
lnwage	(c, 0)	−10.317	0	123.528	0
lnmp	(c, t)	−2.668	0.0038	156.521	0
lnmpl	(c, t)	−9.587	0	137.145	0
lnmpr	(c, t)	0.108	0.5433	126.498	0
exo	(c, t)	−5.068	0	108.882	0.0001
exo*lnmp	(c, t)	−2.225	0.013	89.106	0.0087
exo*lnmpl	(c, t)	−1.586	0.0564	82.364	0.0293
exo*lnmpr	(c, t)	−2.1974	0.014	87.126	0.0126
lndense	(c, t)	−8.709	0	152.991	0
$(lndense)^2$	(c, t)	−8.985	0	152.964	0
teacher	(c, 0)	−8.704	0	127.034	0
nonpublic	(c, 0)	−14.628	0	190.709	0
agov	(c, t)	−15.604	0	109.581	0.0001

注：检验形式中的（c, 0）表示检验方程中包含常数项，（c, t）表示检验方程中包含常数项和时间趋势项。

从表 6-6 中可以看到，除了市场潜能变量（mp）的对数值在同质面板的 LLC 检验中是不平稳的，而在异质面板的 Fish-PP 检验中在 10% 的显著水平下是平稳的；其余各个变量无论在同质面板还是异质面板的检验中，均为 10% 的显著水平下的平稳变量。因此，可以将各个变量纳入回归模型直接进行参数估计。

表 6-6　2000—2011 年东部 11 个省（直辖市）的单位根检验结果

检验变量	检验类型	同质面板：LLC检验		异质面板：Fish-PP检验	
		统计量	P值	统计量	P值
lnwage	（c，0）	−4.435	0	57.826	0
lnmp	（c，t）	2.198	0.9861	32.022	0.077
exo	（c，t）	−2.903	0.0018	33.652	0.0533
exo*lnmp	（c，0）	−2.020	0.0217	36.196	0.0289
lndense	（c，t）	−2.972	0.0015	60.670	0
（lndense）^{2}	（c，t）	−3.070	0.0011	62.474	0
teacher	（c，0）	−7.524	0	76.737	0
nonpublic	（c，0）	−7.650	0	95.622	0
agov	（c，t）	−4.543	0	36.123	0.0295

注：检验形式中的（c，0）表示检验方程中包含常数项，（c，t）表示检验方程中包含常数项和时间趋势项。

从表 6-7 中可以看到，除了 exo*lnmp 在异质面板的 Fish-PP 检验中是不平稳的，而在同质面板的 LLC 检验中在 1% 的显著水平下是平稳的；其余各个变量无论在同质面板还是异质面板的检验中，均为 10% 的显著水平下的平稳变量。因此，可以将各个变量纳入回归模型直接进行参数估计。

表 6-7　　2000—2011 年中西部 19 个省（自治区、直辖市）的

单位根检验结果

检验变量	检验类型	同质面板：LLC检验		异质面板：Fish-PP检验	
		统计量	P值	统计量	P值
lnwage	（c，0）	−4.494	0	65.701	0.0035
lnmp	（c，t）	−3.553	0.0002	83.092	0
exo	（c，t）	−6.502	0	62.456	0.0075
exo*lnmp	（c，t）	−6.398	0	48.288	0.1225
lndense	（c，t）	−3.716	0.0001	92.320	0
（lndense）^{2}	（c，t）	−3.998	0	90.490	0
teacher	（c，0）	−7.205	0	50.297	0.0874
nonpublic	（c，0）	−6.957	0	95.086	0
agov	（c，t）	−3.439	0.0003	73.463	0.0005

注：检验形式中的（c，0）表示检验方程中包含常数项，（c，t）表示检验方程中包含常数项和时间趋势项。

6.4.2　模型估计结果

下面对根据（6-9）式、（6-10）式和（6-11）式建立的 3 个计量模型中构建的职工平均工资对各种类型的市场潜能、非农就业密度、人力资本、非公有制经济比重和政府规模的关系进行回归检验，检验结果分为全国样本及东部和中西部的分样本。在对面板数据模型进行估计时，本书选用 F 检验和 Hausman 检验两种方法来确定最佳的估计模型，并且考虑到各省份的差异较大，因此使用可行的广义最小二乘估计（FGLS）对个体固定效应模型的组间异方差和序列相关进行修正。

6.4.2.1　全国样本的回归结果

表 6-8 给出了 2000—2011 年全国 30 个省（自治区、直辖市）样本的回归结果，根据 F 检验和 Hausman 的检验结果，模型 1 至模型 6 均采用了个体时点双固定效应模型。模型 1 和模型 2 是估计包含国内市

场潜能的（6-9）式；模型 3 和模型 4 是将（6-9）式中的国内市场潜能替换成本地市场潜能，即估计模型（6-10）；模型 5 和模型 6 是将（6-9）式中的国内市场潜能替换成地区市场潜能，即估计模型（6-11）；模型 1、模型 3 和模型 5 中没有包含（6-9）式中的控制变量；模型 2、模型 4 和模型 6 中控制了各个地区在人力资本、非公有制经济和政府规模上的差异。

从表 6-8 中可以看到，对比模型 1、模型 3、模型 5 和加入控制变量的模型 2、模型 4 和模型 6，模型中的主要解释变量 lnmp、lnmpl、lnmpr、exo、exo*lnmp、exo*lnmpl、exo*lnmpr、lndense、（lndense）^{2} 的系数的符号都是一致的，同时各个主要变量的系数的显著性与解释力都是比较一致的，只是加入了控制变量的模型中，诸如国内市场潜能（mp）变量和国外市场潜能（exo）变量的解释力会相应地减弱。通过对比，可以看出模型估计结果是相当稳健的。

在模型 1、模型 2、模型 3 和模型 4 中，国内市场潜能（mp）变量与本地市场潜能（mpl）变量的系数分别在 5% 和 1% 的水平上显著为正，而在模型 5 和模型 6 中，地区市场潜能（mpr）变量的符号仍然为正，但是在 10% 的水平上并不显著。估计结果与理论模型中的预期是一致的，即国内市场潜能（金融外部性）的估计系数为正。通过系数值大小的对比可以看到，国内市场潜能（mp）变量对于职工平均工资的影响要大于本地市场潜能（mpl）变量对于职工平均工资的影响。在模型 1 至模型 6 中，exo 变量前的系数均在 1% 的水平上显著为正，这个结果与理论模型中的预期也是一致的，即国外市场潜能对于职工平均工资水平的影响也是正向的。

在模型 1 至模型 6 中，出口开放规模（exo）与国内市场潜能（mp）、本地市场潜能（mpl）和地区市场潜能（mpr）的交互项的系数均在 1% 的水平上显著为负，这也检验了本书 6.1 节中所提到的市场范围假说：如果市场范围是重要的，那么国外市场和地区市场就是相互替代的，对外贸易可以弥补国内市场狭小的不足。这样在贸易自由化以后，可能会使得发达地区大市场优势的丧失和国内市场重要性的减弱，从这个意义上来说，地区间的差距可以得到缓解。

表 6-8　　2000—2011 年全国 30 个省（自治区、直辖市）的回归结果

解释变量	模型 1	模型 2	模型 3	模型 4	模型 5	模型 6
国内市场潜能对数值（lnmp）	1.557*** (3-44)	1.093** (2-19)				
本地市场潜能对数值（lnmpl）			0.455*** (7.40)	0.429*** (6-16)		
地区市场潜能对数值（lnmpr）					0.501 (0.78)	0.850 (1.34)
国外市场潜能（exo）	0.375*** (9.45)	0.387*** (9.66)	0.219*** (7.91)	0.218*** (7.74)	0.357*** (9.28)	0.364*** (9.48)
国外市场潜能与国内市场潜能的交互效应（exo*lnmp）	-0.067*** (-9.96)	-0.069*** (-10.20)				
国外市场潜能与本地市场潜能的交互效应（exo*lnmpl）			-0.054*** (-8.75)	-0.053*** (-8.06)		
国外市场潜能与地区市场潜能的交互效应（exo*lnmpr）					-0.070*** (-10.42)	-0.071*** (-10.48)
非农就业密度的对数值（lndense）	-0.464*** (-7.00)	-0.379*** (-5.36)	-0.443*** (-6.64)	-0.404*** (-5.55)	-0.471*** (-6.93)	-0.343*** (-4.73)
(lndense)²	0.046*** (7.76)	0.040*** (6-48)	0.042*** (6-98)	0.038*** (5-96)	0.046*** (7.64)	0.037*** (5-86)
每万人高校专职教师数（teacher）		0.008** (2-41)		0.005 (1.54)		0.011*** (3-64)
非公有制经济比重（nonpublic）		-0.113 (-0.23)		0.015 (0.16)		-0.124 (-1.35)
政府规模（agov）		-0.053** (-2.13)		0.0006 (0.023)		-0.057** (-2.30)
常数项	-10.777*** (-2.88)	4.63* (1.70)	9.272*** (31.55)	9.206*** (30.47)	8.193** (2-40)	6.023*** (3-39)
调整 R²	0.99	0.99	0.99	0.99	0.99	0.99
观察值个数	360	360	360	360	360	360

注：1. 各个模型的被解释变量为职工平均工资的对数值。

2. 括号内为 t 统计量，*表示 10%的水平上显著，**表示 5%的水平上显著，***表示 1%的水平上显著。

各个模型均采用个体时点双固定效应。

在模型 1 至模型 6 中，非农就业密度（dense）（技术外部性）变量前的系数在 1% 的显著水平上为负，其平方项在 1% 的水平上显著为负值，这个结果说明非农就业密度对地区职工工资的影响具有非线性的关系（与图 6-2 中所显示的一致），即具有"门槛"效应。对上述结论的一个解释是：在劳动密度提高的过程中具有两种不同的效应，一个是由此产生的技术外部性对于工资的正效应，另一个是由于劳动力供给的增加对工资的负效应。当就业密度低于门槛值时，负效应大于正效应，当就业密度越过门槛值时，正效应要大于负效应[①]。

人力资本 teacher 的符号均为正，且在包含国内市场潜能和本地市场潜能的模型 2 和模型 6 中分别在 5% 和 1% 的水平上是显著的，而在包含本地市场潜能的模型 4 中在 10% 的水平上是不显著的。非公有制经济比重的系数在 10% 的水平上均不显著；政府消费比重的系数在包含国内市场潜能和本地市场潜能的模型 2 和模型 6 中均在 5% 水平上是显著为负的，而在包含本地市场潜能的模型 4 中估计系数为正，但是在 10% 的水平上是不显著的。

6.4.2.2 东部和中西部样本的回归结果

表 6-9 给出了 2000—2011 年东部 11 个省（直辖市）和中西部 19 个省（自治区、直辖市）分样本的回归结果，根据 F 检验和 Hausman 的检验结果，模型 7 至模型 10 均采用了个体固定效应模型。模型 7 至模型 10 估计的是包含是国内市场潜能的（6-9）式；模型 7、模型 9 中没有包含（6-9）式中的控制变量；模型 8、模型 10 中控制了各个地区在人力资本、非公有制经济和政府规模上的差异。

表 6-9 的结果显示：无论东部还是中西部地区，在 1% 的水平下，国内市场潜能对地区工资的影响均显著为正，非农就业密度对工资的影响均具有"门槛"效应[②]。东部地区国外市场潜能和国内市场潜能交互项系数显著为负，表明了国外市场潜能和国内市场潜能的替代关系，进一步验证了市场范围是重要的；与全国和东部地区不同，中西部地区出

[①] 计算的结果显示：模型 2、模型 4 和模型 6 中非农就业密度的门槛值均不在样本期内，这也说明了全国 30 个省（自治区、直辖市）样本中现阶段劳动密度提高过程中，仍然是负效应占据优势。

[②] 计算的结果显示：模型 8 和模型 10 中非农就业密度的门槛值均不在样本期内，这也说明了东部地区和中西部地区样本中现阶段劳动密度提高过程中，仍然是负效应占据优势。

口开放规模以及出口开放规模与国内市场潜能的交互项系数在 10% 的水平下均不显著，表明了国外市场潜能和国内市场潜能之间并不存在替代关系，也说明了对中西部地区，分工模式的重要性超过市场范围的重要性。

表 6-9 　　　2000—2011 年东部与中西部的回归结果

解释变量	模型 7 （东部）	模型 8 （东部）	模型 9 （中西部）	模型 10 （中西部）
国内市场潜能对数值 （lnmp）	1.134*** （41.25）	0.903*** （35.23）	0.998*** （47.52）	0.946*** （27.98）
国外市场潜能（exo）	0.333*** （6-94）	0.232*** （6-78）	−0.270 （−1.27）	−0.243 （−1.11）
国外市场潜能与国内市场潜能的交互效应 （exo*lnmp）	−0.053*** （−6.45）	−0.041*** （−7.083）	0.033 （0.89）	0.030 （0.79）
非农就业密度的对数值 （lndense）	−1.042*** （−6.01）	−1.242*** （−9.86）	−0.373*** （−4.69）	−0.277*** （−3.13）
（lndense）²	0.078*** （5-46）	0.081*** （8.65）	0.047*** （5-65）	0.036*** （4-09）
每万人高校专职教师数 （teacher）		0.011*** （5-35）		0.0072* （1.83）
非公有制经济比重 （nonpublic）		0.789*** （9.68）		−0.124 （−1.35）
政府规模（agov）		1.215*** （5-25）		−0.028 （−0.31）
常数项 c	6.640*** （14.76）	8.196*** （22.52）	5.092*** （31.77）	5.172*** （30.21）
调整 R²	0.99	0.99	0.99	0.99
观察值个数	132	132	228	228

注：1. 各个模型的被解释变量为职工平均工资的对数值。

2. 括号内为 t 统计量，*表示 10% 的水平上显著，**表示 5% 的水平上显著，***表示 1% 的水平上显著。

各模型均采用个体固定效应。

对于东部地区，与全国样本的结果一致的地方是：模型 7 与加入了控制变量的模型 8 中主要解释变量 lnmp、lnmpl、lnmpr、exo、exo*lnmp、lndense、(lndense)²的系数的符号都是一致的，同时各个主要变量的系数的显著性与解释力都是比较一致的，只是加入了控制变量的模型中，诸如国内市场潜能（mp）变量和国外市场潜能（exo）变量的解释力会相应地减弱。人力资本 teacher 的符号为正，且在包含国内市场潜能的模型 8 中在 1%的水平上是显著的。非公有制经济比重的系数在 1%的水平上显著为正，也说明了非公有制经济对东部地区的工资有着显著的正向影响；与全国样本不同的是，政府消费比重在 1%的水平上显著为正，表明了政府规模对东部地区的工资有着显著的正向影响。

对于中西部地区，模型 9 与加入了控制变量的模型 10 中主要解释变量的系数的符号均保持一致，人力资本 teacher 的符号为正，且在包含国内市场潜能的模型 10 中在 10%的水平上是显著的，不过与东部地区比较，中部地区人力资本前的系数要小，这也说明东部地区的人力资本水平对于工资的正向效应更加明显。最后，非公有制经济比重和政府规模的系数均不显著。

6.5　长三角、珠三角和环渤海地区的市场潜能比较

在第 3 章中，利用拓展的市场潜能函数即 Helpman（1998）模型，研究了中国三大地区（长江三角洲、珠江三角洲和环渤海地区）的房价水平、差异化产品分布与城市集聚规模。最后，作为第 3 章内容的一个补充，给出长三角、珠三角和环渤海地区的 48 个城市的市场潜能的计算结果及比较①，具体结果见表 6-10。

从表 6-10 中可以看到，在国内市场潜能均值的排名上：环渤海地区比较靠后，所考察的 19 个城市中有 13 个城市的排名均位于 30 名以后。环渤海地区的 19 个城市中排名最靠前的是天津，排在第 22 名，丹东排第 48 名，位于三大地区国内市场潜能的末位；长三角地区的 16 个

---

① 三大地区的各种市场潜能的计算结果可见附录 C。

表 6-10　2003—2010 年三大地区各种市场潜能均值及排名

地区		国内市场潜能（mp）		本地市场潜能（mpl）		地区市场潜能（mpr）	
		均值	排名	均值	排名	均值	排名
环渤海地区	北京	236.8	24	99.2	5	188.1	24
	天津	264.9	22	94.6	7	223.9	23
	石家庄	163.1	39	41.2	27	116.1	41
	唐山	214.7	28	41.0	28	171.7	31
	秦皇岛	169.3	37	16.7	43	136.3	38
	沧州	209.0	30	20.2	40	165.0	33
	沈阳	145.7	43	54.1	16	103.7	44
	大连	189.5	36	53.7	18	147.5	36
	丹东	115.7	48	7.6	48	69.7	48
	锦州	143.4	44	10.5	45	105.4	43
	营口	149.1	41	12.8	44	122.1	40
	盘锦	154.2	40	25.3	37	130.2	39
	葫芦岛	148.0	42	8.6	46	110.0	42
	济南	209.2	29	61.9	12	176.2	29
	青岛	216.6	27	63.2	11	177.6	27
	东营	205.3	32	30.2	34	172.3	30
	烟台	203.8	33	42.9	25	159.8	34
	潍坊	202.6	35	32.6	32	155.6	35
	威海	208.2	31	44.5	23	181.2	26

地区		国内市场潜能（mp）		本地市场潜能（mpl）		地区市场潜能（mpr）	
		均值	排名	均值	排名	均值	排名
长三角地区	上海	527.1	1	296.2	1	497.1	1
	南京	295.5	20	73.3	9	265.5	20
	无锡	491.1	3	103.3	4	466.1	3
	常州	393.4	8	53.9	17	369.4	8
	苏州	482.2	4	97.5	6	448.2	4
	南通	366.5	10	48.0	20	333.5	11
	扬州	333.3	15	33.9	30	303.3	14
	镇江	358.9	11	42.3	26	335.9	10
	泰州	312.1	17	31.2	33	284.1	16
	杭州	328.1	16	59.9	13	280.1	17
	宁波	296.3	19	67.9	10	260.3	21
	嘉兴	419.9	5	48.9	19	396.9	5
	湖州	377.6	9	28.0	35	349.6	9
	绍兴	333.5	14	47.7	21	299.5	15
	舟山	248.3	23	16.9	42	234.3	22
	台州	203.0	34	39.0	29	167.0	32

续表

地区		国内市场潜能（mp）		本地市场潜能（mpl）		地区市场潜能（mpr）	
		均值	排名	均值	排名	均值	排名
珠三角地区	广州	418.0	6	154.8	3	386.0	7
	韶关	138.4	45	8.2	47	87.4	46
	深圳	407.6	7	217.0	2	391.6	6
	珠海	294.1	21	45.9	22	279.1	18
	汕头	163.7	38	58.5	14	146.7	37
	佛山	502.4	2	86.8	8	479.4	2
	江门	302.6	18	32.9	31	266.6	19
	湛江	116.9	47	20.3	39	74.9	47
	茂名	132.0	46	25.6	36	92.0	45
	肇庆	221.8	26	17.8	41	176.8	28
	惠州	224.8	25	23.5	38	185.8	25
	东莞	348.1	12	56.7	15	330.1	13
	中山	347.3	13	43.5	24	332.3	12

资料来源　参见第3章4.2节的数据来源介绍。

城市的整体排名居前，除台州排第34名、舟山排第23名外，其余14个城市的排名均位于20名以内，其中上海、无锡、苏州和嘉兴依次位居第1名、第3名、第4名和第5名；珠三角地区的13个城市的排名在三大地区中居中，其中位于前10位的城市有佛山、广州和深圳，而韶关、湛江和茂名的名次则位于40名之后。

在本地市场潜能和地方市场潜能均值的排名中，三大地区的整体排名情况与在国内市场潜能均值的排名上基本上是保持一致的：就环渤海地区的 19 个城市而言，北京、天津、沈阳、大连和青岛这 5 个城市的本地市场潜能相对较大，而地区市场潜能相对较小，因而也导致在国内市场潜能的总体排名上居后，其中北京和天津的本地市场潜能较大，排在第 5 名和第 7 名，而由于地区市场潜能的排名仅居于第 24 名和第 23 名，所以在国内市场排名上也丧失了优势。丹东、营口、锦州和葫芦岛的各项市场潜能的排名比较居后。从长三角地区来看，上海在各项市场潜能的排名中均位居榜首，其他 15 个城市中，南京、无锡、杭州、宁波、台州在本地市场潜能上占有优势，其他城市则在地区市场潜能上稍占优势。珠三角地区中，在本地市场潜能中稍占优势的城市有广州、深圳和汕头，在地区市场潜能中稍占优势的城市有佛山、江门、肇庆、惠州和中山。

6.6　本章小结

本章是关于经济集聚工资效应的研究，利用推广到多区域的经典工资方程，使用中国 2000—2011 年 30 个省（自治区、直辖市）的面板数据，检验了各种类型的市场潜能（金融外部性）、非农就业密度（技术外部性）和地区工资的关系。

实证结果发现，无论是全样本还是东部和中西部的分样本中，国内市场潜能对地区工资的正向效应都是十分显著的；就业密度外部性对地区工资均具有"门槛"效应，当就业密度低于门槛值时，就业密度的增加对于地区工资的影响是负向的，当就业密度高于门槛值时，就业密度的增加对地区工资的影响是正向的；在全国样本中，出口开放规模（exo）与国内市场潜能（mp）、本地市场潜能（mpl）和地区市场潜能（mpr）的交互项的系数均在 1% 的水平上显著为负，这也检验了本书 6.1 节中所提到的市场范围假说：如果市场范围是重要的，那么国外市场和地区市场就是相互替代的，对外贸易可以弥补国内市场狭小的不足。这样在贸易自由化以后，可能会造成发达地区大市场优势的丧失和国内市场重要性的减弱，从这个意义上来说，地区间的差距可以得到缓解；东部地区国外市场潜能和国内市场潜能交互项系数显著为负，表明了国外市场潜能和国内市场潜能的替代关系，进一步验证了市场范围是重要的；与全国和东部地区不同，中西部地区出口开放规模以及出口开放规模与国内市场潜能的交互项系数在 10% 的水平下均不显著，表明了国外市场潜能和国内市场潜能之间并不存在替代关系，也说明了对中西部地区来说，分工模式的重要性超过市场范围的重要性。第 2 章检验了 Krugman & Elizondo（1996）提出的"封闭经济较开放经济更容易受到内部地理（集聚）的影响"的假设，面板门槛模型的回归结果显示：用非农就业密度度量的地区经济集聚水平对于经济增长确实具有正向的推动作用，并且贸易自由度较高的地区较贸易自由度较低的封闭地区，经济集聚对于经济增长的正向促进作用有所减小。因此，本章东部和中西部的样本的检验结果，从侧面验证了"开放性假说"的成立。

作为第 3 章内容的一个补充，在长三角、珠三角和环渤海地区的48 个城市的样本中，比较了 Harris（1954）意义下的市场潜能：首先，在国内市场潜能均值的排名上：环渤海地区 19 个城市的排名比较靠后；长三角地区 16 个城市的整体排名居前，除台州和舟山外，其余 14个城市的排名均位于 20 名以内，其中上海、无锡、苏州和嘉兴依次位居第 1 名、第 3 名、第 4 名和第 5 名；珠三角地区的 13 个城市的排名在三大地区中居中，位于前 10 位的城市有佛山、广州和深圳，而韶关、湛江和茂名的名次则位于 40 名之后。其次，在本地市场潜能和地方市场潜能均值的排名中，三大地区的整体排名情况与在国内市场潜能均值的排名上基本上是保持一致的。

本章的政策含义：首先，如前所述，国内市场潜能决定了收益递增的程度和生产效率的高低，市场潜能效应对于地区工资、收入有着很大的影响，从而市场规模的差异是跨地区经济发展的重要决定因素，因此在政策上应该逐步地取消各地区的贸易壁垒，尽可能地扩大各个地区的市场范围，促进地区间的经济活动和人口集聚，并顺应空间上的经济集聚现象，使得市场潜能效用充分地发挥。其次，对于中西部地区，要提供优惠的政策，促进城市化进程，要加强公共交通设施建设，进一步降低中西部与东部的贸易成本，提高中西部地区的市场潜能，这样也可以吸引东部地区的产业向中西部转移。最后，中西部地区的分工模式限制了市场范围的正效应，因此要加快中西部地区的产业结构升级，扩大中西部地区与其他国家的贸易往来，进而提升在对外贸易生产环节中的层次，恰当地拓展其外部市场。然而，需要特别注意的是：地方保护主义会积极而盲目地发展一些并非适合本地优势的战略性产业。这样就会出现地区间的重复建设，并且这样做的效果可能并不会缩小地区间的差距，其原因在于：市场的分割会阻碍集聚效应的发挥，而"中心"地区可以借助国外市场的需求来进行弥补，因此这种损失对于"中心"地区的损失危害程度要远远小于"外围"地区。

第7章 结论及政策建议

在不同的地理尺度上，集聚现象都非常显著。从世界范围来看，经济社会的人口、就业和收入等现象在空间分布上是不平衡的。从大范围来说，这些不平衡存在于不同的国家和地区之间，从小范围来说，这些不平衡存在于城市、小镇，甚至商业区和工业区等。由此可见，经济集聚的概念非常清晰地反映了真实世界的情形。纵观世界经济的发展历史，就会发现经济的空间集聚是一种普遍存在的、世界性的经济现象：世界主要产业活动总是趋于共同的特定区位；世界主要工业制成品也大多在数量有限、高度集中的工业核心区生产；而且这种地理上的集中趋势并没有随着经济全球化的到来而有所减缓，相反呈现愈演愈烈的趋势。正如一些历史学家和发展理论学家们所注意到的那样，经济增长已经趋于区域化。

本书以新经济地理学理论为基础，从城市、产业和区域不同层面对于中国地区所呈现出的以东部沿海地区为"中心"、以中西部为"外围"的经济集聚现象的形成和由此所产生的经济增长效应、工资效应进行了详细的刻画和检验，并在此基础上提出可行性的政策建议。

7.1 本书的主要结论

7.1.1 关于房价水平、差异化产品分布与城市集聚规模的结论

1. 按照政府对土地管制强度从高到低的排名依次为：

1. 珠海；2. 深圳；3. 沧州；4. 广州；5. 中山；6. 东莞；7. 佛山；8. 杭州；9. 江门；10. 绍兴；11. 北京；12. 宁波；13. 南京；14. 沈阳；15. 盘锦；16. 湖州；17. 惠州；18. 苏州；19. 营口；20. 天津；21. 台州；22. 茂名；23. 大连；24. 青岛；25. 丹东；26. 锦州；27. 无锡；28. 唐山；29. 扬州；30. 威海；31. 肇庆；32. 秦皇岛；33. 汕头；34. 上海；35. 常州；36. 南通；37. 镇江；38. 嘉兴；39. 潍坊；40. 韶关；41. 湛江；42. 泰州；43. 舟山；44. 烟台；45. 济南；46. 石家庄；47. 东营；48. 葫芦岛

其中排名前 10 位的城市中，珠三角地区占了 7 个，长三角地区占了 2 个，环渤海地区占了 1 个；排名后 10 位的城市中，珠三角地区占了 2 个，长三角地区占了 2 个，环渤海地区占了 6 个。总体来看，珠三角地区政府对土地的管制强度较大而环渤海地区较小。

2. 对于"非黑洞条件"的检验结果：

（1）三大地区的差异化产品间的替代弹性为 3.269，房产支出比例为 0.651，两者的乘积满足"非黑洞条件"。

（2）环渤海地区的差异化产品间的替代弹性为 2.619，房产支出比例为 0.746，两者的乘积满足"非黑洞条件"。

（3）长三角和珠三角地区的差异化产品间的替代弹性为 2.266，房产支出的比例为 0.669，两者的乘积满足"非黑洞条件"。

（4）比较来看，长三角和珠三角地区的替代弹性比环渤海地区要小，这说明长三角和珠三角地区的产业集聚程度更大，因此生产出的差异化产品的种类更丰富，更能满足消费者的多样性偏好；环渤海地区在房屋上的支付比例比长三角和珠三角地区高出 7% 左右，对于这个结论

的理解是：环渤海地区的相对工资较低，其值在 0.83~0.96 之间，珠三角的相对工资居中，其值在 0.92~1.06 之间，长三角的相对工资最高，其值在 1.09~1.15 之间；环渤海地区的相对房价较低，其值在 0.78~1.02 之间，珠三角的相对房价居中，其值在 0.84~1.15 之间，长三角的相对房价最高，其值在 0.93~1.31 之间；环渤海地区相对房价和相对工资均体现出了上升的趋势，且相对房价的上升幅度更大，珠三角地区的相对房价总体变化平稳，相对工资呈下降趋势，长三角地区相对房价呈明显的下降趋势，而相对工资呈小幅下降趋势。

3.对于满足"非黑洞条件"出现的沿海地区产业转移背后含义的检验结果：

（1）房屋的价格的确对城市的就业产生了显著的影响，相对房价的增长会抑制城市的相对就业，这与前面验证的"非黑洞条件"所产生的含义是一致的。相对房价每增加 1 个单位，相对就业就减少 0.31 个单位，而相对产值则会增加 0.059 个单位，这表明城市相对房价的上升，提高了产业的劳动生产率，导致城市产业升级。

（2）分析相对房价对第二产业和第三产业相对就业和相对产值的影响，得到的结论是：相对房价明显地促进了第三产业劳动生产率的提高，相对房价每增加 1 个单位，相对就业就减少 0.13 个单位，而相对产值则会增加 0.079 个单位；相对房价明显地促进了第二产业相对产值的提高，但对相对就业的影响不显著地为正，这表明相对房价并没有明显地促进第二产业的劳动生产率，相对房价对第二产业的相对就业没有挤出效应，对于这个结果的一个解释是：中国城市就业人口的增长多是流动人口，而处于价值链低端产业的就业人口的居住条件多为集体宿舍和城市的廉租房，所以这部分劳动者对于房价上升并不是特别敏感。

7.1.2 关于服务业集聚的形成的结论

1.利用新经济地理学和城市经济学等经济理论，服务业空间集聚的影响因素包括：（1）传统区位理论的地理因素；（2）新经济地理因素，包括收益递增、运输成本与信息成本、市场需求、知识溢出与面对面接触；（3）制度因素，包括政府规模和经济一体化。

2. 服务业地区专业化总体水平与经济发展水平的关系：

（1）中国服务业地区专业化整体水平和以人均 GDP 度量的经济发展水平呈现出明显的倒 U 形上升关系。这种倒 U 形上升关系揭示出随着中国经济发展水平的不断提高，服务业地区专业化水平总体呈现出了上升的趋势。

（2）东北三省的服务业专业化水平与经济发展水平关系呈现出了 W 形的特点。东北三省的服务业专业化程度在五大区域中处于偏低的位置，从侧面反映了老工业基地经济缺乏活力，服务业发展水平偏低的特点。进一步来看，东北三省这种 W 趋势线的形状比较复杂，从一定程度上体现了东北三省的服务业部门正处于不断调整和改善之中。

（3）东部地区的服务业专业化水平与经济发展水平关系呈现出了倒 N 形的特点，即经济发展的初期，专业化水平先下降，随着东部地区经济发展水平的不断提高，专业化水平又出现了上升的趋势，当经济达到较高的发展水平，专业化水平又出现了下降的趋势。东部地区的服务业专业化程度在五大区域中处于很高的地位，2003—2011 年间的 G（s）指数的平均值为 0.126，位于五大区域 G（s）指数平均值的首位。

（4）中部地区的服务业专业化水平与经济发展水平关系呈现出了与东部地区相同的倒 N 形的特点。中部地区的服务业专业化程度在五大区域中处于较低的位置，2003—2011 年间的 G（s）指数的平均值为 0.049，位于五大区域 G（s）指数平均值的第 4 位。

（5）西北部地区的服务业专业化水平与经济发展水平关系呈现出了与东北三省相同的 W 形的特点，与东北三省的 W 形不同：西北部地区的 W 形呈现出上升的趋势，这说明西北部地区的服务业部门在不断调整，但总体发展趋势仍然是上升的。西北部地区的服务业专业化程度在五大区域中处于中间的位置，2003—2011 年间的 G（s）指数的平均值为 0.05，位于五大区域 G（s）指数平均值的第 3 位。

（6）西南部地区的服务业专业化水平与经济发展水平关系呈现出了 U 形上升的特点，即经济发展的初期，专业化水平先趋于下降，随着西南部地区经济发展水平的不断提高，专业化水平又出现了上升的趋势。与东部地区不同，这种上升的趋势并没有结束，而是持续地上升。西南部地区的服务业专业化程度在五大区域中处于较高的位置，2003—2011年间的 G（s）指数的平均值为 0.053，位于五大区域 G（s）指数平均值的第 2 位。

3. 产业平均集中率：东部地区的产业集中率一直遥遥领先于其他各个地区，但是需要引起注意的是：东部沿海地区服务业的发展和蓬勃是以东北三省、中部和西北部服务业的萎缩为代价的，这种发展模式对于区域的协调发展提出了挑战。

4. 服务业中心值：与产业平均集中率的结论相类似，从服务业中心值来衡量的服务业在各个地区分布的情况反映了服务业在空间上不断向东北沿海地区转移的整体趋势，这种转移趋势是以东北三省、中部地区、西北地区的服务业落后的局面为代价的。西南地区尽管中心值偏低，但是服务业的发展具备良好的势头和局面。

5. 空间基尼系数和 SP 指数：14 个行业的空间基尼系数和 SP 指数的变化趋势基本上保持一致，从排名的情况来看，有一些产业的排名有一定的出入，例如，房地产行业在 SP 指数均值中的排名为第 12 名，在空间基尼系数均值中的排名是第 3 名。这个差异说明根据 SP 指数衡量的房地产行业的集聚度较低是源于房地产行业集聚的省份不具备相邻的特点，而是集聚在距离比较远的省份。同样，金融业在空间基尼系数均值中的排名为第 8 名，而在 SP 指数均值中的排名是第 2 名，这个差异体现了金融业集聚在相邻省份的特点。

6. 偏离份额法：

（1）五大区域角度：东部地区大部分行业的相对增长率（NRC）在数值上均占有绝对的优势：除了居民服务和其他服务业、教育以及文化体育和娱乐业，其他行业的就业增长率要高于全国所有行业就业增长率的平均水平；东部地区各个行业的相对增长率也普遍高于其他地区同行业的水平。东北三省和西北部地区 7 个行业的就业增长率要低于全国所有行业就业增长率的平均水平；中部地区 10 个行业的就业增长率要低于全国所有行业就业增长率的平均水平；西南部地区 5 个行业的就业增长率要低于全国所有行业就业增长率的平均水平。

（2）行业角度：

交通运输、仓储和邮政业：该行业就业的绝对增长率在东部和西南部地区为正，而在其余地区中均为负值；该行业的 NRC 只有在东部地区为正，而其余地区均为负值，这表明东部地区该行业的快速发展是以其他地区的萎缩为代价的；从偏离份额分析中的结构转移部分来看，所有五大区域的该指标都导致了该行业的萎缩；从偏离份额分析中的差异转移部分来看，只有东部地区的 DIF 促进了本地区该行业的就业增长，这个特点表示：尽管交通运输、仓储和邮政业行业的就业的增长速度要远远低于其他行业的增长速度，但是在东部沿海地区这一行业的竞争力仍然超过其他地区。

信息传输计算机服务和软件业：该行业就业的绝对增长率和相对增长率（NRC）在各个地区均为正值，但是东部地区的相对增长率为 48.15%，要远远高于其他地区，这表明该行业在东部地区快速增长的同时也伴随着其他地区该行业的缓慢发展；从偏离份额分析中的结构转移部分来看，所有五大区域的该指标都导致了该行业的扩大；从偏离份额分析中的差异转移部分来看，同交通运输、仓储和邮政业一致，只有东部地区的 DIF 促进了本地区该行业的就业增长，这个特点表示：在东部沿海地区这一行业的竞争力要大大超过其他地区。

金融业：就业的绝对增长率在五大区域中均为正；除了东北三省，其余各个地区的相对增长率均为正；差异转移部分，同样得到了东部地区在该行业的竞争力要远远超过其他地区的结论。

房地产：在绝对增长率、相对增长率和结构转移部分方面，与信息传输计算机服务和软件业行业的特点一致；在偏离份额分解的差异转移部分，东部和中部地区均为正值，并且中部地区的份额较东部更大，这表明中部地区的房地产行业在全国其余地区的同行业中具有较东部地区更大的竞争优势。

教育：五大区域的绝对增长率均为正，而相对增长率均为负，这说明各个地区在教育行业方面的就业增长率要小于全国所有行业就业增长

率的平均水平，这个特点在 14 个行业中并不多见，仅仅存在于教育与
文化、体育和娱乐业之中；从差异转移部分来看，东北三省和中部地区
的竞争力更是处于弱势。

批发和零售业：五大区域的绝对增长率均为正，但是只有东部的相
对增长率为正；从差异转移部分来看，东部和西南部具备一定的地区竞
争优势。

水利、环境和公共设施管理业：从差异转移部分来看，西南部地区
和西北部地区的地区竞争优势明显，东北三省的地区竞争优势微弱，而
东部和中部则处于竞争劣势。

7.1.3 关于经济集聚与区域经济增长关系的门槛效应分析的结论

门槛模型的检验结果显示：

1. Williamson "倒 U 形假说"的检验结果

（1）用非农就业密度度量的地区经济集聚水平对于经济增长确实具
有正向的推动作用，但这种推动作用的影响程度会受到经济发展水平即
滞后的人均 GDP 的制约，即在经济发展水平达到一定的层次之后，存
在着 Williamson（1965）所提到的集聚不经济。

（2）存在一个门槛，门槛值为 20 154 元。2001 年的人均 GDP 水平
只有北京和上海跨过了 20 154 元的门槛值，2004 年天津和浙江也跨过
此门槛值，到 2009 年超过 20 154 元门槛值的共有 12 个省（直辖市）：
北京、天津、河北、辽宁、吉林、黑龙江、上海、浙江、江苏、福建、
山东和广东。

（3）尽管随着经济发展水平的提高，经济集聚所带来的增长效应有
所减小，但是经济集聚对经济增长的影响仍为正效应，即仍处于
Williamson "倒 U 形"曲线的左侧，经济集聚仍然是提升区域核心竞争
力的重要战略，是促进中国区域经济发展和壮大的重要力量。如果试图
在经济集聚还没有达到应有的水平的条件下，通过经济分散的政策来追
求地区间的平衡发展，势必会丧失经济持续发展的推动力和竞争力的
来源。

2.“开放性假说”的检验结果

（1）用非农就业密度度量的地区经济集聚水平对于经济增长确实具有正向的推动作用，但这种推动作用的影响程度会受到贸易自由度水平大小的影响，即贸易自由度较高的地区较贸易自由度较低的封闭地区，经济集聚对于经济增长的正向促进作用有所减小，这个结果符合Krugman & Elizondo（1996）的“开放性假说”。

（2）存在一个门槛，门槛值为 0.725。2002 年只有天津、上海和广东这 3 个省（直辖市）的贸易自由度水平跨过了 0.725 的门槛值，2005年江苏的贸易自由度水平也跨过了该门槛值，2008 年跨过此门槛值的有 5 个省（直辖市）：天津、上海、江苏、浙江和广东，2010 年只剩下3 个省（直辖市）：上海、江苏和广东。

3.非农就业密度门槛值的检验结果

（1）存在两个门槛，门槛值为 0.0064 和 0.0239。

当非农就业密度小于 0.0064（万人/平方公里）时，非农就业密度每增加 1 个单位，人均 GDP 的增长率提高 6.2447 个单位，当非农就业密度跨过第一个门槛值 0.0064（万人/平方公里）时，非农就业密度每增加 1 个单位，人均 GDP 的增长率提高 2.1335 个单位，当非农就业密度跨过第二个门槛值 0.0239（万人/平方公里）时，非农就业密度每增加 1 个单位，人均 GDP 的增长率提高 1.1347 个单位。

（2）随着非农就业密度的提高，即随着经济集聚水平的提高，集聚不经济逐渐显现，使得经济集聚对于经济增长的推动作用有所减缓。

7.1.4 关于经济集聚、外部性与地区工资差异研究的结论

1.无论是全国样本还是东部和中西部的分样本，国内市场潜能对地区工资的正向效应都是十分显著的；就业密度外部性对地区工资均具有“门槛”效应，当就业密度低于门槛值时，就业密度的增加对于地区工资的影响是负向的，当就业密度高于门槛值时，就业密度的增加对地区工资的影响是正向的。

2.在全国样本中，国外市场规模（exo）与国内市场潜能（mp）、本地市场潜能（mpl）和地区市场潜能（mpr）的交互项的系

数均显著为负，这也检验了市场范围假说：如果市场范围是重要的，那么国外市场和国内市场就是相互替代的，对外贸易可以弥补国内市场狭小的不足。在贸易自由化以后，造成发达地区大市场优势的丧失和国内市场重要性的减弱，从这个意义上来说，地区间的差距可以得到缓解。

3. 东部地区国外市场潜能和国内市场潜能交互项系数显著为负，表明了国外市场潜能和国内市场潜能的替代关系，进一步验证了市场范围是重要的。

4. 与全国和东部地区不同，中西部地区出口开放规模以及出口开放规模与国内市场潜能的交互项系数在 10% 的水平下均不显著，表明了国外市场潜能和国内市场潜能之间并不存在替代关系，也说明了对中西部地区，分工模式的重要性超过市场范围的重要性。

5. 长三角、珠三角和环渤海地区：在国内市场潜能均值的排名上，环渤海地区 19 个城市的排名比较靠后；长三角地区 16 个城市的整体排名居前，除台州排名第 34 位、舟山排名第 23 位外，其余 14 个城市的排名均位于 20 名以内，其中上海、无锡、苏州和嘉兴依次位居第 1 名、第 3 名、第 4 名和第 5 名；珠三角地区 13 个城市的排名在三大地区中居中，其中位于前 10 位的城市有佛山、广州和深圳，而韶关、湛江和茂名的名次则位于 40 名之后。在本地市场潜能和地方市场潜能均值的排名中，三大地区的整体排名情况与国内市场潜能均值的排名基本上保持一致。

7.2 本书的主要创新点

1. 利用广义矩估计方法，对长江三角洲、珠江三角洲与环渤海地区的房价水平、差异化产品分布以及城市集聚规模进行研究。

土地的稀缺、房价的上涨对于中国城市，特别是东部沿海城市的集聚规模的影响是一个重要且不可忽视的要素。在理论模型上，选择了 Helpman（1998）的模型，该模型较 Krugman（1991b）所提出的 CP 模型加入了房屋价格作为另一种离心力，因此，Helpman（1998）更适用于城市层面这种小空间尺度下的集聚机制的分析和检验。同时，在 CP 模型的理论框架下，将推广到多区域的 Krugman-Helpman 模型以及相对房价与相对就业关系模型相互结合，又进一步检验了满足"非黑洞条件"下东部沿海地区所出现的产业转移背后的含义。

2. 从地区和行业两个层面、静态和动态两个角度，利用多种测度指标，较为全面而系统地分析中国服务业集聚的形成。

利用新经济地理学理论对产业集聚的研究大多集中在制造业。服务业空间集聚的机理方面的系统研究和完整分析框架的建立仍然很缺乏，大多数的研究还是直接套用制造业的研究框架，但是鉴于服务业和制造业的诸多差别，这种研究方式的合理性也同样存在很多的质疑。本书在新经济地理学理论的基础上，融合了新古典经济学和城市经济学理论，对于中国服务业空间集聚的影响因素进行了分析，并且与制造业进行了比较。对于服务业集聚的形成研究，第一个层面是从地区角度：使用的测度指标包括全域专业化指数、产业平均集中率和服务业中心值；第二个层面是从行业角度：使用的测度指标包括空间基尼系数、SP 指数和偏离份额法。

3. 利用面板门槛模型，检验了 Williamson 的"倒 U 形假说"、Krugman & Elizondo 的"开放性假说"以及经济集聚自身的门槛效应。

由于对于经济变量的非线性效应采用外生分组和单纯引入交互项的方法都无法内生地确定门槛值的大小，本书的模型构建于 Hansen (1999) 的面板数据门槛模型基础之上，利用门槛变量来决定临界点，因此较研究者所使用的主观判定分界点的方法更加客观，减小模型估计结果的偏误。

4. 将经典工资方程推广到多区域，同时检验经济集聚的两种外部性对地区工资水平的影响，并检验了市场范围和分工模式的关系。

基于 CP 模型中经典工资方程，检验了各种类型的市场潜能（金融外部性）、非农就业密度（技术外部性）的地区工资效应。在对外开放的大背景下，地区间经济差距、分工模式必然会受到国际分工中扩大的"市场范围"的影响，因此将市场潜能细分为本地市场潜能、地区市场潜能和国外市场潜能三种类型，又进一步检验了国外市场潜能（出口开放）和国内市场潜能之间是否具有替代关系，即验证了市场范围和分工模式的关系。

7.3 政策建议

1.降低地方政府对土地的管制力度，促进土地的跨地区交易

中国特色的土地管制决定了地方政府在当地经济发展中的权威地位，也决定了中国地方经济发展方式的粗放性，所以应该打破地方政府在土地管制上的垄断性，切断由垄断出现的土地稀缺性而导致的城市房价的上涨。有研究表明：与其他国家相比较，中国城市规模差异明显低于其他国家。"非黑洞条件"的验证也从侧面反映了中国城市体系中中小城市过多、大城市集聚规模相对不足的状况。就横向的国际比较来看，中国的工业集聚水平并不算高，城市化水平也滞后于工业化水平和经济发展水平。土地的跨地区交易是保证经济集聚与区域协调发展的重要途径。例如，允许更需要将农业用地转为非农用地的东部沿海地区向中西部地区购买土地使用指标，进而通过价格机制让欠发达地区亨受到沿海发达地区集聚经济所带来的好处。不管是 次性的有偿转让，还是"入股"而长期分享，中西部地区都可以通过这些方式来分享土地在沿海地区增值而带来的增值的收益。当然，在经济活动不断地向东部沿海地区集聚的过程中，随着土地价格的上涨，经济活动也会自然地向内地扩散，这是必然的趋势。但是，如果是源于政府对土地的高度管制而造成的，就会产生经济效率的大大损失，而损害了东部沿海地区集聚效应的发挥，这样的结果对于内地欠发达地区也是极为不利的。

2.提升社会保障和公共服务，逐步给予非户籍常住人口平等待遇，促进劳动力的跨地区流动

如果土地的跨地区交易可以解决东部沿海地区充分发挥集聚优势效应所需要的土地资源，那么促进劳动力的跨地区流动便可以解决劳动力资源的供给短缺问题。对地方政府而言，首先让城市人口受益是根本的出发点，因此尽管劳动力的跨地区流动的障碍已经放松，但是

非户籍人口与户籍人口并不能享受同样的公共服务和政治权利，在城市内部往往形成了新的"二元社会"。这样的结果会提高城市劳动力的价格，压低农村移民工资待遇，这样不仅造成了东部沿海地区劳动力的短缺，也会进一步导致地区间收入差异的持续扩大。因此，地方政府也要适当、适时地取消对要素市场的定价扭曲或对流动人口的流入障碍，给外来劳动力提供更多的公共品服务，提供更多的福利，减少歧视。同时要进行合理的引导，要改善和健全城市住房保障体系，满足劳动力的流动要求。当更多的从欠发达地区流入的外来人口在城市真正地定居下来，中西部地区的其他居民也可以享受到更多的人均资源。

3. 充分发挥集聚优势，加强政府在东部与中西部之间的横向转移支付力度，实现保证发展下的平衡发展战略

中国经济活动正不断地向东部沿海地区集聚，由此所形成的以东部沿海为"中心"、其他地区为"外围"的经济格局的确是导致地区间差距不断扩大的重要原因。不过经济集聚本身并没有过错，中国经济的持续发展的大目标更不能通过牺牲集聚来实现，需要认识到的问题是：如何把"中心"地区的经济集聚效益分配给"外围"地区？因此，加强政府在东部与中西部地区之间的横向转移支付力度，集中支持中西部地区的基础设施建设、教育的投入、医疗卫生设施的改善等项目的实施，这样才能更好地将"中心"地区的"集聚租"补偿给"外围"地区。因此，简单、盲目地通过政策手段来遏制集聚优势以减缓地区收入差距的做法是会破坏中国经济持续增长的，更恰当而有效的政策是要制定切实可行的措施让"外围"地区来分享"中心"地区的集聚成果。只有通过集聚才能保证获得更多的财政收入，才能保证地区间实施公共服务平等化政策的顺利实施。

4. 出口导向发展战略要因地制宜，提高地区间的分工效率是促进经济持续发展的关键

在全球化的大背景下，中国经济的不断开放，对国内资源整合的要求也会相应地提高，因此对外开放是推动国内市场一体化的重要力量。市场整合将使得生产要素在地区间得到重新而有效的配置，经济集聚也

将逐步加强。东部沿海地区借助地理上的优势，面对更大范围的市场需求，而中西部地区则受分工模式的影响更大，因此中西部地区在市场潜能方面的欠缺并不能通过国外市场范围来弥补。这种情况下，地方保护主义会积极而盲目地发展一些并非适合本地优势的战略性产业。这样就会出现地区间的重复建设，并且这样做的效果可能并不会缩小地区间的差距，其原因在于：市场的分割会阻碍集聚效应的发挥，而"中心"地区可以借助国外市场的需求来进行弥补，因此这种损失对于"中心"地区的损失危害程度要远远小于"外围"地区。

5. 加大高质量人力资本的引进，带动服务业在"中心"地区的集聚，减少政府分割市场的力量，促进制造业逐步向"外围"地区转移

东部沿海地区已经凭借地理位置的优势，在循环累积因果律的作用下，成为"中心"地区，而高昂的房价对于服务业就业也存在着挤出效应，因此要加大高质量人力资本的引进，因为只有高效率的劳动力才能得到更高的报酬，进而承受"中心"地区高昂的生活成本。当土地和劳动力成本不断上升之后，只有劳动生产率和土地利用效率更高的服务业才有能力留在"中心"地区，而简单的加工制造业必然向"外围"地区转移。此外，大型城市中差异化产品种类不够丰富也是引发"非黑洞条件"的一个重要原因，如果大型城市缺乏消费者所喜爱的与城市生活相配套的各种生产性、消费性和公共性的服务行业，比如与制造业直接相关的生产性服务业的发展不能与之配套，那么消费者就会从高房价与缺乏更多种类的差异化产品的大城市迁移到其他中小城市中，这样都会对集聚效率造成损害。此外，增强国内一体化的进程，减少政府分割市场的力量，这样才能促使制造业顺利地向"外围"地区进行转移。各地方政府只有在经济行为上保持一体化，才能更好地使得财政转移政策得到完美的执行，使得地区间的平衡发展得以实现。

6. 正确地理解"和谐社会"的内涵，充分利用"中心"地区的集聚效益，确保"中心"和"外围"实现"生活质量"指标上的平衡

合理地控制地区间经济差距有助于社会的和谐发展。"构建社会主义和谐社会"概念是在十六届四中全会《中共中央关于加强党的执政能

力建设的决定》中首次完整提出的。集聚和地区经济差距并不是矛盾的，对于这个结论的理解，前面的几条政策建议中已经做了详细的分析。应该认识到，集聚的效应不会一直持续下去，当拥挤效应超过集聚效应时，城市规模也会达到最优的状态。因此，要正确地理解"和谐社会"的内涵，由于集聚效应和拥挤效应是相互伴随的，"中心"地区和"外围"地区在生活质量方面的差异要小于在经济发展方面的差异，因此在人口可以流动的条件下，不同偏好的人们可以选择居住在高收入的"中心"，但同时要忍受拥挤和污染，也可以选择生活在收入水平偏低的"外围"，但同时可以享受到安静和安逸。

7.4 未来进一步的研究方向

有关经济集聚的研究会涉及很多的理论，并且在不同的地理尺度下，集聚的微观基础、作用机制也是多方面的，本书利用新经济地理学理论和研究逻辑对经济集聚的形成和效应进行了系统的定量分析。限于能力和时间，本书仍存在许多不足，还有许多方面可以进行更加深入的思考和分析。

在理论方面，使用的模型是建立在新经济地理学理论基础之上的，对于集聚过程中向心力和离心力的分析中，新经济地理学模型多注重金融外部性，而对于技术外部性的刻画则十分不足。尽管对知识溢出等涉及技术外部性的微观理论基础还处于发展阶段，不过这也是一个令人期待的发展前景，因此会继续关注此领域的最新进展。

在实证方面，在研究土地稀缺、房价水平与城市集聚规模的问题中，对于政府对土地的管制强度进行了测度，不过鉴于数据的限制，这种测度标准是否是合适而准确的，还有待日后进行更加系统的研究。此外，政府对土地的管制强度对于城市房价的影响程度是否在统计上显著以及大小如何，也是未来会深入分析的一个方向。对于服务业空间集聚的形成，采用了比较全面和系统的指标，但是对于服务业集聚影响因素的分析中，仅仅是从理论的框架上进行了归纳和总结，而没有进行计量上的检验，鉴于这个方面的理论框架还不是很完整和系统，所以也是日后会继续追踪的一个领域。另外，在集聚指标的选取上、行业数据的层次上，还有很多其他的方式和更详尽的分类标准，这些都会对定量分析的结论产生一定的影响。最后，在计量方法的选取上，由于经济的集聚必然会涉及空间相关性的问题，因此利用空间计量经济分析技术的检验是一个有效的分析工具。总之，以上的各种问题和不足之处，会在未来进行更加深入的研究。

附　录

附录 A

表 A-1　　2003—2010 年政府土地管制强度各年份的数值及排名

地区		2003年	2004年	2005年	2006年	2007年	2008年	2009年	2010年	均值	排名
环渤海地区	北京	2.15	2.36	6.15	3.35	17.46	12.31	8.43	9.34	7.69	11
	天津	2.72	2.22	11.55	6.08	11.62	2.2	6.09	3	5.69	20
	石家庄	1.99	0.31	4.18	4.86	3.87	1.76	2.54	2.13	2.71	46
	唐山	2.41	3.96	8.62	5.32	6.19	0.89	3.14	4.78	4.42	28
	秦皇岛	2.68	2.73	4.87	4.01	6.09	8.49	1.8	3.23	4.24	32
	沧州	1.61	2.49	1.53	9.03	2.59	1.82	1.16	101.85	15.26	3
	沈阳	6.52	7.55	7.22	10.97	2.29	11.92	6.81	3.73	7.13	14
	大连	3.79	6.48	7.94	7.52	3.96	3.9	3.04	5.08	5.22	23
	丹东	2.77	11.25	2.42	11.02	1.76	1.9	2.26	5.45	4.85	25

地区		2003年	2004年	2005年	2006年	2007年	2008年	2009年	2010年	均值	排名
环渤海地区	锦州	5.7	7.51	2.3	6.3	2.83	4.78	5.23	3.44	4.76	26
	营口	6.03	3.33	8.91	9.91	8.5	3.26	3.45	2.58	5.75	19
	盘锦	1.59	6.53	11.6	3.52	18.05	3.19	1.76	NA	6.61	15
	葫芦岛	1.06	1.18	3.49	2.76	3.29	1.77	2.39	4.21	2.52	48
	济南	1.19	2.79	3.79	4.3	5.63	0.7	2.32	2.19	4.05	34
	青岛	5.53	4.57	13.45	5.84	4.5	1.47	2.92	2.15	7.37	13
	东营	5.04	1.68	3.71	2.29	3.87	1.89	1.76	0.47	4.61	27
	烟台	2.72	4.25	4.07	5.11	2.37	1.33	1.95	1.73	4	35
	潍坊	3.18	2.38	4.09	4.9	3.58	2.94	3.85	3.35	5.84	18
	威海	3.82	3.8	8.91	4.34	5.32	3.34	2.65	2.2	3.97	36
长三角地区	上海	6.91	1.95	3.52	5.12	7.03	3.03	4.09	0.74	4.41	29
	南京	3.36	6.52	9.28	9.47	13.83	1.56	7.3	7.62	3.74	37
	无锡	4.1	4.93	7.41	3.9	6.3	3.44	2.96	3.82	3.24	42
	常州	5.4	4.2	6.01	5.74	6.06	1.66	1.63	1.27	8.66	8
	苏州	5.35	7.38	9.56	7.97	5.83	2.93	3.95	3.71	7.65	12
	南通	4.2	2.44	6.9	6.75	4.04	2.36	3.06	1.98	3.66	38
	扬州	5.27	4.33	6.18	5.83	5.56	3.27	1.41	3.4	6.31	16
	镇江	3.75	3.44	2.32	2.95	7.75	1.66	3.35	4.71	7.7	10

续表

地区		2003 年	2004 年	2005 年	2006 年	2007 年	2008 年	2009 年	2010 年	均值	排名
长三角地区	泰州	3.41	2.34	4.57	3	6.33	1.39	1.42	3.46	2.95	43
	杭州	12.67	8.79	15.88	8.05	7.22	3.5	8	5.18	5.3	21
	宁波	11.59	11.84	7.3	13.25	6.64	3.04	4.21	3.34	2.86	45
	嘉兴	6.94	1.93	7.16	5.62	2.27	1.17	2.25	1.95	5.05	24
	湖州	7.08	5.69	9.11	7.21	3.52	4.24	10.01	3.66	2.59	47
	绍兴	6.73	13.1	9.42	9.81	7.74	3.23	6.08	5.52	2.94	44
	舟山	5.11	2.84	4.97	3.49	2.37	2.33	0.89	1.64	3.53	39
	台州	7.74	8.51	6.89	6.03	2.88	1.67	5.13	3.58	4.3	30
珠三角地区	广州	6.55	37.72	11.87	21.02	13.14	6.2	15.62	6.52	14.83	4
	韶关	4.55	2.44	4.31	6.33	2.17	2.67	1.54	4.18	3.52	40
	深圳	6.14	10.54	18.21	29.19	10.8	29.44	52.46	9.15	20.74	2
	珠海	62.01	50.49	20.69	50.74	37.05	NA	1.34	NA	37.05	1
	汕头	2.38	6.25	1.94	11.45	5.83	1.23	1.35	2.16	4.07	33
	佛山	4.96	15.05	5.76	8.99	15.72	NA	7.54	4.6	8.95	7
	江门	1.44	21.48	19.31	7.38	7.01	2.03	6.81	0.48	8.24	9
	湛江	0.15	8.44	5.69	3.84	1.48	2.08	3.45	1.36	3.31	41
	茂名	3.45	5.73	11.99	7.14	2.18	5.45	2.31	4.18	5.3	22
	肇庆	12.31	11.51	4.62	1.78	1.73	0.46	0.43	1.3	4.27	31
	惠州	3.97	11.08	2.34	1.47	20.87	4.17	2.34	1.54	5.97	17
	东莞	1.57	13.78	17.89	19.11	15.26	5.04	3.81	5.76	10.28	6
	中山	NA	NA	33.77	2.85	7.88	8.47	14.79	2.96	11.79	5

数据来源　根据《中国国土资源年鉴》（2004—2011）的数据整理计算得到。

表 A-2　　2003—2010 年相对就业、相对产值、相对房价和
相对工资的均值

地区		相对就业	相对产值	相对房价	相对工资
环渤海地区	北京	8.056	3.518	1.827	1.648
	天津	2.383	2.124	0.921	1.234
	石家庄	1.04	0.987	1.16	0.74
	唐山	0.921	1.132	0.32	0.84
	秦皇岛	0.344	0.274	0.65	0.87
	沧州	0.525	0.571	0.61	0.75
	沈阳	1.237	1.271	2.21	1
	大连	1.104	1.29	1.56	1.07
	丹东	0.231	0.188	0.72	0.66
	锦州	0.315	0.226	0.38	0.68
	营口	0.209	0.228	0.53	0.71
	盘锦	0.546	0.239	0.48	0.72
	葫芦岛	0.28	0.165	0.34	0.65
	济南	1.269	1.048	0.79	0.98
	青岛	1.476	1.49	1.3	0.97
	东营	0.426	0.639	0.57	1.16
	烟台	0.98	1.128	0.77	0.89
	潍坊	0.815	0.828	0.65	0.72
	威海	0.456	0.619	0.82	0.75
长三角地区	上海	4.453	4.844	2.11	1.71
	南京	1.219	1.308	0.87	1.31
	无锡	0.748	1.544	1.41	1.22
	常州	0.441	0.752	1.7	1.1
	苏州	1.333	2.31	1.34	1.17

地区		相对就业	相对产值	相对房价	相对工资
长三角地区	南通	0.699	0.848	1.03	0.93
	扬州	0.444	0.538	0.91	0.88
	镇江	0.404	0.502	0.6	0.96
	泰州	0.408	0.485	0.72	0.78
	杭州	1.714	1.632	1.56	1.37
	宁波	1.193	1.379	1.64	1.25
	嘉兴	0.755	0.641	1.05	1
	湖州	0.326	0.363	0.73	1.07
	绍兴	0.839	0.797	0.76	1.05
	舟山	0.148	0.158	0.74	1.18
	台州	0.592	0.701	0.65	1.21
珠三角地区	广州	2.579	2.827	0.93	1.54
	韶关	0.338	0.192	0.31	0.85
	深圳	2.18	2.57	0.89	1.49
	珠海	0.61	0.349	0.98	0.99
	汕头	0.371	0.357	0.2	0.76
	佛山	0.632	1.353	1.81	1.01
	江门	0.469	0.469	0.38	0.75
	湛江	0.474	0.375	0.38	0.74
	茂名	0.364	0.44	0.19	0.76
	肇庆	0.312	0.284	0.47	0.77
	惠州	0.813	0.45	0.86	0.74
	东莞	0.247	1.098	2.4	1.29
	中山	0.282	0.467	3.77	1.07

数据来源　根据《中国城市统计年鉴》（2004—2011）整理计算得到。

附录 B

表 B-1　　2003—2011 年服务业 14 个行业的空间基尼系数

	2003年	2004年	2005年	2006年	2007年	2008年	2009年	2010年	2011年
交通运输、仓储和邮政业	0.277	0.280	0.288	0.298	0.306	0.304	0.311	0.313	0.326
信息传输、计算机服务和软件业	0.383	0.360	0.361	0.378	0.406	0.425	0.420	0.449	0.455
批发和零售业	0.349	0.348	0.356	0.350	0.349	0.359	0.375	0.379	0.390
住宿和餐饮业	0.395	0.410	0.414	0.415	0.419	0.434	0.434	0.437	0.427
金融业	0.323	0.324	0.325	0.329	0.333	0.336	0.337	0.338	0.345
房地产业	0.442	0.446	0.453	0.453	0.448	0.461	0.452	0.451	0.443
租赁和商务服务业	0.470	0.483	0.497	0.504	0.493	0.502	0.520	0.520	0.493
科学研究、技术服务和地质勘查业	0.339	0.320	0.331	0.339	0.345	0.362	0.368	0.376	0.371
水利、环境和公共设施管理业	0.285	0.275	0.279	0.275	0.276	0.270	0.267	0.273	0.273
居民服务和其他服务业	0.468	0.520	0.517	0.507	0.510	0.494	0.503	0.501	0.479
教育	0.303	0.301	0.300	0.301	0.300	0.294	0.295	0.298	0.297
卫生、社会保证和社会福利业	0.310	0.308	0.309	0.308	0.308	0.309	0.309	0.312	0.312
文化、体育和娱乐业	0.278	0.293	0.293	0.299	0.298	0.305	0.311	0.308	0.317
公共管理和社会组织	0.305	0.308	0.310	0.308	0.305	0.304	0.305	0.303	0.300

表 B-2　　　2003—2011 年服务业 14 个行业的 SP 指数

	2003年	2004年	2005年	2006年	2007年	2008年	2009年	2010年	2011年
交通运输、仓储和邮政业	0.569	0.568	0.564	0.564	0.559	0.558	0.560	0.559	0.560
信息传输、计算机服务和软件业	0.557	0.563	0.558	0.554	0.551	0.549	0.545	0.539	0.535
批发和零售业	0.527	0.529	0.522	0.530	0.533	0.528	0.526	0.526	0.521
住宿和餐饮业	0.548	0.543	0.542	0.542	0.550	0.541	0.537	0.536	0.534
金融业	0.545	0.544	0.545	0.543	0.540	0.540	0.537	0.539	0.540
房地产业	0.564	0.560	0.556	0.561	0.568	0.558	0.552	0.551	0.555
租赁和商务服务业	0.521	0.521	0.521	0.523	0.529	0.522	0.522	0.530	0.543
科学研究、技术服务和地质勘查业	0.546	0.555	0.551	0.553	0.554	0.553	0.552	0.550	0.551
水利、环境和公共设施管理业	0.569	0.568	0.573	0.572	0.574	0.576	0.577	0.576	0.576
居民服务和其他服务业	0.529	0.513	0.535	0.535	0.556	0.551	0.555	0.566	0.563
教育	0.543	0.542	0.541	0.542	0.542	0.544	0.544	0.544	0.544
卫生、社会保障和社会福利业	0.548	0.545	0.547	0.547	0.547	0.547	0.545	0.546	0.548
文化、体育和娱乐业	0.553	0.555	0.557	0.556	0.554	0.551	0.553	0.551	0.548
公共管理和社会组织	0.542	0.542	0.540	0.542	0.544	0.543	0.540	0.541	0.542

附录 C

表 C-1 各地区本地市场潜能（mpl）

地区	2000年	2001年	2002年	2003年	2004年	2005年	2006年	2007年	2008年	2009年	2010年	2011年
北京	51.6	57.4	63.4	70.2	79.5	79.5	100.7	115.3	125.7	138.6	152.8	165.2
天津	40.0	44.8	50.4	57.9	67.0	67.0	88.3	101.9	118.8	138.3	162.4	189.1
河北	31.2	33.9	37.1	41.4	46.6	46.6	60.0	67.6	74.5	81.9	91.9	102.3
山西	11.0	12.0	13.4	15.2	17.4	17.4	22.2	25.8	27.9	29.5	33.6	37.9
内蒙古	3.5	3.8	4.3	5.0	6.0	6.0	8.8	10.5	12.4	14.4	16.6	19.0
辽宁	32.2	35.1	38.7	43.1	48.6	48.6	62.6	72.0	81.6	92.3	105.4	118.3
吉林	11.1	12.1	13.3	14.7	16.4	16.4	21.2	24.6	28.5	32.4	36.9	42.0
黑龙江	12.9	14.1	15.5	17.1	19.1	19.1	23.9	26.7	29.9	33.3	37.5	42.1
上海	133.9	147.5	163.6	183.0	207.9	207.9	261.0	300.7	329.9	357.0	393.7	426.0
江苏	69.8	76.9	85.8	97.5	112.0	112.0	147.4	169.3	190.8	214.5	241.7	268.3
浙江	49.5	54.7	61.5	70.4	80.4	80.4	103.3	118.5	130.5	142.1	159.0	173.3
安徽	21.5	23.3	25.4	27.8	31.2	31.2	39.0	44.5	50.2	56.7	64.9	73.7
福建	29.7	32.4	35.8	39.9	44.8	44.8	57.3	66.1	74.6	83.8	95.5	107.2

续表

地区	2000年	2001年	2002年	2003年	2004年	2005年	2006年	2007年	2008年	2009年	2010年	2011年
江西	13.1	14.2	15.7	17.8	20.1	20.1	25.5	28.9	32.7	37.0	42.1	47.4
山东	57.3	63.1	70.4	80.1	92.3	92.3	121.8	139.1	155.8	174.8	196.3	217.7
河南	33.6	36.6	40.1	44.4	50.5	50.5	66.0	75.6	84.8	94.0	105.8	118.4
湖北	26.4	28.8	31.4	34.4	38.2	38.2	48.5	55.6	63.1	71.6	82.2	93.5
湖南	21.3	23.3	25.4	27.8	31.1	31.1	39.4	45.3	51.6	58.7	67.2	75.8
广东	60.8	66.6	74.2	84.8	96.8	96.8	126.9	145.8	160.9	176.6	198.4	218.3
广西	11.2	12.1	13.4	14.8	16.5	16.5	21.2	24.4	27.5	31.4	35.8	40.2
海南	7.4	8.1	8.8	9.7	10.8	10.8	13.5	15.6	17.2	19.2	22.3	24.9
重庆	14.9	16.2	17.9	19.9	22.3	22.3	28.0	32.5	37.2	42.8	50.1	58.3
四川	15.4	16.8	18.6	20.7	23.4	23.4	29.9	34.2	38.0	43.5	50.0	57.5
贵州	6.3	6.9	7.5	8.3	9.2	9.2	11.7	13.5	15.0	16.7	18.8	21.6
云南	8.4	9.0	9.7	10.5	11.8	11.8	14.3	16.0	17.7	19.9	22.3	25.4
陕西	9.8	10.7	11.7	13.0	14.6	14.6	19.0	22.0	25.6	29.0	33.3	37.9
甘肃	4.1	4.5	4.9	5.4	6.0	6.0	7.5	8.4	9.3	10.2	11.4	12.9
青海	0.8	0.9	1.0	1.2	1.3	1.3	1.7	1.9	2.2	2.4	2.7	3.1
宁夏	3.1	3.4	3.8	4.3	4.7	4.7	5.9	6.7	7.5	8.4	9.5	10.7
新疆	2.8	3.0	3.3	3.6	4.0	4.0	5.0	5.6	6.2	6.7	7.4	8.3

表 C-2

各地区地区市场潜能（mpr）

地区	2000年	2001年	2002年	2003年	2004年	2005年	2006年	2007年	2008年	2009年	2010年	2011年
北京	137.0	150.2	166.5	187.4	213.6	243.2	277.6	318.1	358.0	401.7	456.1	512.5
天津	154.7	169.7	187.7	210.4	239.2	271.5	309.3	354.0	394.7	439.7	494.8	549.9
河北	141.7	155.4	172.2	193.7	220.9	251.4	286.8	329.2	369.0	412.2	466.2	521.3
山西	145.7	159.5	176.1	197.5	224.3	255.1	290.8	332.6	372.5	416.2	470.1	525.5
内蒙古	102.4	112.1	123.8	138.8	157.5	178.3	202.8	232.0	259.2	288.7	326.2	364.5
辽宁	81.9	89.8	99.4	111.3	126.4	143.2	163.2	186.9	209.7	234.4	265.0	296.4
吉林	87.2	95.4	105.5	118.0	133.7	151.2	171.9	196.5	220.4	246.6	279.1	312.2
黑龙江	65.7	71.9	79.5	89.0	101.0	114.3	130.5	149.9	168.7	189.1	214.2	239.9
上海	151.3	166.0	184.4	208.0	236.8	268.4	306.2	351.1	392.6	437.3	493.8	549.1
江苏	154.6	169.3	187.3	209.8	238.0	268.5	305.1	349.6	390.3	433.8	489.9	545.6
浙江	157.3	172.4	190.8	214.0	243.3	275.2	313.4	359.6	402.7	449.2	506.6	563.8
安徽	185.5	203.5	225.7	254.1	289.3	328.5	374.8	429.9	481.7	537.8	607.1	675.9
福建	103.3	113.1	125.3	140.8	159.9	181.1	206.1	236.3	264.1	294.2	332.4	370.2
江西	148.2	162.3	179.3	200.6	227.3	257.0	292.6	335.7	376.3	420.5	476.2	532.1
山东	131.5	143.9	159.0	178.0	202.0	228.8	260.5	298.4	334.1	372.7	421.8	471.9

续表

地区	2000年	2001年	2002年	2003年	2004年	2005年	2006年	2007年	2008年	2009年	2010年	2011年
河南	137.5	150.6	166.6	187.1	212.5	241.1	274.6	314.5	352.3	393.7	445.5	498.0
湖北	142.0	155.4	171.9	192.8	219.0	248.0	282.3	323.5	362.6	405.1	458.3	511.8
湖南	124.3	135.9	150.3	168.6	191.1	216.3	246.3	282.2	316.0	353.0	399.7	447.1
广东	76.7	83.8	92.5	103.3	116.8	131.9	150.0	171.9	193.0	216.4	245.4	275.1
广西	83.3	91.0	100.6	112.9	128.0	144.8	164.9	189.1	211.4	235.7	266.8	298.2
海南	81.2	88.8	98.3	110.4	125.2	141.9	161.7	185.5	207.2	231.0	261.4	291.6
重庆	99.7	108.9	120.2	134.5	152.3	172.2	195.9	224.4	251.1	281.3	319.0	358.2
四川	80.6	88.0	97.2	108.7	123.2	139.3	158.4	181.6	203.7	227.8	258.2	289.6
贵州	93.8	102.5	113.2	126.6	143.4	162.0	184.2	211.2	236.6	265.0	300.8	337.5
云南	68.0	74.3	82.2	92.0	104.3	118.0	134.3	154.1	172.6	193.1	219.1	245.7
陕西	110.6	120.9	133.6	149.6	169.7	192.3	218.9	250.7	280.6	313.5	354.9	397.5
甘肃	82.7	90.4	99.9	111.8	126.8	143.6	163.4	187.2	209.9	234.7	265.9	298.3
青海	75.0	82.0	90.5	101.2	114.6	129.7	147.4	168.8	189.0	211.2	239.1	268.2
宁夏	35.8	39.1	43.2	48.5	54.9	62.2	70.9	81.2	91.0	101.7	115.1	128.9
新疆	85.6	93.6	103.5	116.0	131.7	149.5	170.3	195.3	219.0	244.9	277.4	310.9

表 C-3　三大地区的市场潜能（mp）

地区	2000年	2001年	2002年	2003年	2004年	2005年	2006年	2007年	2008年	2009年	2010年	2011年
北京	115.8	128.1	142.0	159.3	181.3	205.2	233.3	267.2	296.8	330.8	371.5	410.8
天津	124.4	137.6	153.2	173.2	198.1	225.5	257.3	295.0	332.4	375.0	427.1	480.5
石家庄	79.9	87.7	97.2	109.4	124.5	141.4	161.1	183.9	204.5	227.3	255.9	284.1
唐山	103.9	114.4	126.9	142.9	162.8	184.9	210.7	240.9	269.1	300.8	339.9	379.1
秦皇岛	82.3	90.4	100.3	112.9	128.5	146.0	166.4	190.3	212.5	237.0	267.4	297.4
沧州	100.0	110.3	122.5	138.3	157.8	179.5	204.8	234.3	262.4	293.9	332.6	371.5
沈阳	70.9	77.7	86.0	96.6	109.8	124.3	141.9	162.8	182.9	205.0	232.2	258.7
大连	91.6	100.5	111.5	125.5	142.9	162.1	185.2	212.3	238.1	266.6	301.5	335.5
丹东	55.9	61.4	68.2	76.8	87.5	99.3	113.4	130.0	145.5	162.5	183.5	203.8
锦州	69.6	76.4	84.7	95.2	108.3	122.8	140.2	160.7	180.1	201.4	227.8	253.4
营口	72.4	79.4	88.0	99.0	112.6	127.6	145.6	167.0	187.3	209.7	237.2	264.0
盘锦	74.9	82.2	91.0	102.3	116.3	131.7	150.4	172.5	193.6	216.9	245.5	273.4

续表

地区	2000年	2001年	2002年	2003年	2004年	2005年	2006年	2007年	2008年	2009年	2010年	2011年
葫芦岛	71.8	78.8	87.4	98.3	111.9	126.9	144.8	166.0	185.9	207.9	234.9	261.4
上海	260.9	287.6	319.9	360.4	411.0	462.1	524.4	603.0	666.6	729.9	812.2	886.9
南京	140.4	154.7	172.5	195.6	224.1	255.0	291.8	335.0	374.5	416.9	468.4	517.5
无锡	233.9	257.8	287.6	326.1	373.4	424.5	485.3	557.5	622.7	692.0	776.5	856.5
常州	187.2	206.3	230.1	260.9	298.8	339.8	388.6	446.3	498.7	554.4	622.5	686.9
苏州	231.4	255.0	284.4	322.2	368.6	418.1	477.3	548.4	611.2	676.9	758.5	834.9
南通	176.3	194.2	216.5	245.0	280.2	317.8	362.6	416.6	464.2	514.1	576.0	634.0
扬州	158.2	174.3	194.4	220.4	252.5	287.4	328.9	377.7	422.4	470.5	528.6	584.1
镇江	170.2	187.6	209.2	237.2	271.8	309.5	354.2	406.7	455.0	506.9	569.5	629.3
泰州	148.6	163.8	182.6	207.0	237.0	269.6	308.3	354.0	395.5	439.9	493.9	545.3
杭州	158.1	174.4	194.9	221.4	253.1	286.4	326.6	374.9	415.7	457.5	512.3	562.1
宁波	143.4	158.2	176.8	200.7	229.3	259.2	295.2	339.0	375.3	412.1	461.1	505.2

续表

地区	2000年	2001年	2002年	2003年	2004年	2005年	2006年	2007年	2008年	2009年	2010年	2011年
嘉兴	203.2	224.0	250.2	283.6	324.1	366.4	417.5	479.6	531.9	585.4	654.9	718.1
湖州	181.4	200.0	223.3	253.4	289.8	328.5	374.8	430.4	478.5	528.4	592.1	650.8
绍兴	161.0	177.6	198.6	225.7	257.9	291.6	332.3	381.5	422.6	464.3	519.7	569.6
舟山	120.4	132.7	148.2	168.1	192.0	217.0	247.2	283.8	314.4	345.6	386.6	423.8
台州	98.0	108.0	120.7	137.2	156.7	177.3	202.2	232.1	257.1	282.7	316.7	347.4
济南	99.6	109.7	122.1	138.2	158.3	180.6	206.4	236.2	264.0	294.8	331.8	368.1
青岛	103.0	113.4	126.3	143.1	164.0	187.1	214.0	245.0	273.7	305.4	343.4	380.4
东营	97.9	107.8	119.9	135.7	155.3	177.1	202.4	231.6	259.0	289.4	326.0	362.0
烟台	97.2	106.9	119.0	134.6	154.2	175.8	201.0	230.1	257.3	287.5	323.6	358.9
潍坊	96.6	106.3	118.3	133.9	153.4	174.9	199.9	228.9	255.8	285.6	321.4	356.4
威海	99.2	109.1	121.4	137.4	157.4	179.5	205.3	235.0	262.9	293.7	330.6	366.6
广州	200.6	220.0	245.0	279.7	319.5	364.4	418.0	480.1	530.6	582.7	654.9	720.6

续表

地区	2000年	2001年	2002年	2003年	2004年	2005年	2006年	2007年	2008年	2009年	2010年	2011年
韶关	66.5	73.0	81.3	92.6	105.8	120.4	137.9	158.3	175.4	193.2	217.1	239.2
深圳	195.6	214.5	238.9	272.7	311.5	355.2	407.5	468.1	517.3	568.2	638.6	702.7
珠海	141.2	154.9	172.5	196.8	224.8	256.3	294.0	337.7	373.3	410.1	460.9	507.3
汕头	78.7	86.4	96.2	109.6	125.2	142.6	163.3	187.5	207.6	228.5	256.7	282.6
佛山	241.0	264.3	294.4	336.1	383.9	437.9	502.4	577.2	637.7	700.3	787.0	866.0
江门	145.2	159.3	177.4	202.5	231.3	263.7	302.4	347.4	384.0	422.0	474.2	521.9
湛江	56.1	61.6	68.6	78.2	89.3	101.7	116.5	133.8	148.2	163.1	183.3	201.9
茂名	63.4	69.6	77.5	88.3	100.8	114.9	131.6	151.2	167.3	184.2	206.9	227.9
肇庆	106.5	116.8	130.1	148.4	169.5	193.2	221.5	254.4	281.3	309.3	347.6	382.6
惠州	107.9	118.4	131.9	150.4	171.8	195.8	224.5	257.9	285.2	313.6	352.4	387.9
东莞	167.0	183.2	204.1	232.9	266.1	303.4	348.0	399.7	441.8	485.4	545.5	600.4
中山	166.7	182.8	203.6	232.4	265.4	302.7	347.2	398.8	440.8	484.2	544.2	598.8

表 C-4　　三大地区的地区市场潜能（mpr）

地区	2000年	2001年	2002年	2003年	2004年	2005年	2006年	2007年	2008年	2009年	2010年	2011年
北京	67.0	79.3	93.3	110.5	132.5	156.4	184.5	218.4	248.1	282.0	322.7	362.0
天津	83.4	96.6	112.2	132.2	157.1	184.5	216.3	254.0	291.4	334.0	386.1	439.5
石家庄	32.9	40.7	50.2	62.4	77.5	94.4	114.1	136.9	157.5	180.3	208.9	237.1
唐山	60.9	71.4	83.9	99.9	119.8	141.9	167.7	197.9	226.1	257.8	296.9	336.1
秦皇岛	49.3	57.4	67.3	79.9	95.5	113.0	133.4	157.3	179.5	204.0	234.4	264.4
沧州	56.0	66.3	78.5	94.3	113.8	135.5	160.8	190.3	218.4	249.9	288.6	327.5
沈阳	28.9	35.7	44.0	54.6	67.8	82.3	99.9	120.8	140.9	163.0	190.2	216.7
大连	49.6	58.5	69.5	83.5	100.9	120.1	143.2	170.3	196.1	224.6	259.5	293.5
丹东	9.9	15.4	22.2	30.8	41.5	53.3	67.4	84.0	99.5	116.5	137.5	157.8
锦州	31.6	38.4	46.7	57.2	70.3	84.8	102.2	122.7	142.1	163.4	189.8	215.4
营口	45.4	52.4	61.0	72.0	85.6	100.6	118.6	140.0	160.3	182.7	210.2	237.0
盘锦	50.9	58.2	67.0	78.3	92.3	107.7	126.4	148.5	169.6	192.9	221.5	249.4

续表

地区	2000年	2001年	2002年	2003年	2004年	2005年	2006年	2007年	2008年	2009年	2010年	2011年
葫芦岛	33.8	40.8	49.4	60.3	73.9	88.9	106.8	128.0	147.9	169.9	196.9	223.4
上海	230.9	257.6	289.9	330.4	381.0	432.1	494.4	573.0	636.6	699.9	782.2	856.9
南京	110.4	124.7	142.5	165.6	194.1	225.0	261.8	305.0	344.5	386.9	438.4	487.5
无锡	208.9	232.8	262.6	301.1	348.4	399.5	460.3	532.5	597.7	667.0	751.5	831.5
常州	163.2	182.3	206.1	236.9	274.8	315.8	364.6	422.3	474.7	530.4	598.5	662.9
苏州	197.4	221.0	250.4	288.2	334.6	384.1	443.3	514.4	577.2	642.9	724.5	800.9
南通	143.3	161.2	183.5	212.0	247.2	284.8	329.6	383.6	431.2	481.1	543.0	601.0
扬州	128.2	144.3	164.4	190.4	222.5	257.4	298.9	347.7	392.4	440.5	498.6	554.1
镇江	147.2	164.6	186.2	214.2	248.8	286.5	331.2	383.7	432.0	483.9	546.5	606.3
泰州	120.6	135.8	154.6	179.0	209.0	241.6	280.3	326.0	367.5	411.9	465.9	517.3
杭州	110.1	126.4	146.9	173.4	205.1	238.4	278.6	326.9	367.7	409.5	464.3	514.1
宁波	107.4	122.2	140.8	164.7	193.3	223.2	259.2	303.0	339.3	376.1	425.1	469.2

续表

地区	2000年	2001年	2002年	2003年	2004年	2005年	2006年	2007年	2008年	2009年	2010年	2011年
嘉兴	180.2	201.0	227.2	260.6	301.1	343.4	394.5	456.6	508.9	562.4	631.9	695.1
湖州	153.4	172.0	195.3	225.4	261.8	300.5	346.8	402.4	450.5	500.4	564.1	622.8
绍兴	127.0	143.6	164.6	191.7	223.9	257.6	298.3	347.5	388.6	430.3	485.7	535.6
舟山	106.4	118.7	134.2	154.1	178.0	203.0	233.2	269.8	300.4	331.6	372.6	409.8
台州	62.0	72.0	84.7	101.2	120.7	141.3	166.2	196.1	221.1	246.7	280.7	311.4
济南	66.6	76.7	89.1	105.2	125.3	147.6	173.4	203.2	231.0	261.8	298.8	335.1
青岛	64.0	74.4	87.3	104.1	125.0	148.1	175.0	206.0	234.7	266.4	304.4	341.4
东营	64.9	74.8	86.9	102.7	122.3	144.1	169.4	198.6	226.0	256.4	293.0	329.0
烟台	53.2	62.9	75.0	90.6	110.2	131.8	157.0	186.1	213.3	243.5	279.6	314.9
潍坊	49.6	59.3	71.3	86.9	106.4	127.9	152.9	181.9	208.8	238.6	274.4	309.4
威海	72.2	82.1	94.4	110.4	130.4	152.5	178.3	208.0	235.9	266.7	303.6	339.6
广州	168.6	188.0	213.0	247.7	287.5	332.4	386.0	448.1	498.6	550.7	622.9	688.6

续表

地区	2000 年	2001 年	2002 年	2003 年	2004 年	2005 年	2006 年	2007 年	2008 年	2009 年	2010 年	2011 年
韶关	15.5	22.0	30.3	41.6	54.8	69.4	86.9	107.3	124.4	142.2	166.1	188.2
深圳	179.6	198.5	222.9	256.7	295.5	339.2	391.5	452.1	501.3	552.2	622.6	686.7
珠海	126.2	139.9	157.5	181.8	209.8	241.3	279.0	322.7	358.3	395.1	445.9	492.3
汕头	61.7	69.4	79.2	92.6	108.2	125.6	146.3	170.5	190.6	211.5	239.7	265.6
佛山	218.0	241.3	271.4	313.1	360.9	414.9	479.4	554.2	614.7	677.3	764.0	843.0
江门	109.2	123.3	141.4	166.5	195.3	227.7	266.4	311.4	348.0	386.0	438.2	485.9
湛江	14.1	19.6	26.6	36.2	47.3	59.7	74.5	91.8	106.2	121.1	141.3	159.9
茂名	23.4	29.6	37.5	48.3	60.8	74.9	91.6	111.2	127.3	144.2	166.9	187.9
肇庆	61.5	71.8	85.1	103.4	124.5	148.2	176.5	209.4	236.3	264.3	302.6	337.6
惠州	68.9	79.4	92.9	111.4	132.8	156.8	185.5	218.9	246.2	274.6	313.4	348.9
东莞	149.0	165.2	186.1	214.9	248.1	285.4	330.0	381.7	423.8	467.4	527.5	582.4
中山	151.7	167.8	188.6	217.4	250.4	287.7	332.2	383.8	425.8	469.2	529.2	583.8

表 C-5　　三大地区的本地市场潜能（mpl）

地区	2000年	2001年	2002年	2003年	2004年	2005年	2006年	2007年	2008年	2009年	2010年	2011年
北京	50.8	56.5	62.4	69.1	78.2	87.7	99.1	113.4	123.8	136.4	150.4	162.6
天津	40.0	44.8	50.4	57.9	67.0	76.9	88.3	101.9	118.8	138.3	162.4	189.1
石家庄	21.3	23.2	25.4	28.4	31.9	36.2	41.1	46.3	51.0	56.1	62.9	70.1
唐山	21.3	23.1	25.4	28.3	31.8	36.1	40.9	46.2	50.8	55.9	62.8	69.8
秦皇岛	8.6	9.4	10.3	11.5	12.9	14.7	16.6	18.8	20.7	22.7	25.5	28.4
沧州	10.5	11.4	12.5	13.9	15.7	17.8	20.2	22.8	25.1	27.6	30.9	34.4
沈阳	26.6	29.0	32.0	35.7	40.2	45.4	51.8	59.6	67.5	76.4	87.2	97.9
大连	26.4	28.8	31.8	35.4	39.9	45.0	51.4	59.1	67.0	75.8	86.6	97.1
丹东	3.8	4.1	4.5	5.0	5.7	6.4	7.3	8.4	9.5	10.8	12.3	13.8
锦州	5.2	5.6	6.2	6.9	7.8	8.8	10.0	11.5	13.1	14.8	16.9	18.9
营口	6.3	6.9	7.6	8.5	9.6	10.8	12.3	14.1	16.0	18.1	20.7	23.2
盘锦	12.5	13.6	15.0	16.7	18.8	21.2	24.2	27.9	31.6	35.7	40.8	45.8

续表

地区	2000年	2001年	2002年	2003年	2004年	2005年	2006年	2007年	2008年	2009年	2010年	2011年
葫芦岛	4.2	4.6	5.1	5.6	6.4	7.2	8.2	9.4	10.7	12.1	13.8	15.5
上海	151.7	167.2	185.4	207.4	235.7	262.5	295.9	340.8	373.9	404.5	446.2	482.8
南京	34.0	37.5	41.9	47.6	54.7	62.6	71.9	82.6	93.1	104.6	117.9	130.9
无锡	48.0	52.9	59.0	67.1	77.1	88.2	101.4	116.5	131.3	147.6	166.3	184.6
常州	25.0	27.6	30.8	35.0	40.2	46.0	52.9	60.7	68.4	76.9	86.7	96.2
苏州	45.3	49.9	55.7	63.3	72.7	83.3	95.7	110.0	123.9	139.3	157.0	174.3
南通	22.3	24.6	27.4	31.2	35.8	41.0	47.1	54.2	61.0	68.6	77.3	85.8
扬州	15.7	17.3	19.4	22.0	25.3	28.9	33.2	38.2	43.0	48.4	54.5	60.5
镇江	19.7	21.7	24.2	27.5	31.6	36.1	41.5	47.7	53.7	60.4	68.1	75.6
泰州	14.5	15.9	17.8	20.2	23.2	26.6	30.6	35.1	39.6	44.5	50.1	55.7
杭州	28.8	31.8	35.8	41.0	46.8	52.8	60.1	69.0	76.0	82.7	92.6	100.9
宁波	32.7	36.1	40.6	46.4	53.1	59.9	68.2	78.2	86.1	93.8	104.9	114.4

续表

地区	2000年	2001年	2002年	2003年	2004年	2005年	2006年	2007年	2008年	2009年	2010年	2011年
嘉兴	23.5	26.0	29.2	33.5	38.2	43.1	49.1	56.3	62.0	67.5	75.6	82.4
湖州	13.5	14.9	16.8	19.2	21.9	24.7	28.2	32.3	35.6	38.8	43.4	47.3
绍兴	22.9	25.3	28.5	32.6	37.3	42.0	47.9	54.9	60.5	65.9	73.7	80.3
舟山	8.1	9.0	10.1	11.6	13.2	14.9	17.0	19.5	21.5	23.4	26.2	28.5
台州	18.7	20.7	23.3	26.7	30.5	34.4	39.2	44.9	49.4	53.8	60.3	65.7
济南	28.9	31.8	35.4	40.3	46.5	53.4	61.3	70.0	78.4	88.0	98.8	109.6
青岛	29.5	32.5	36.2	41.2	47.5	54.6	62.6	71.5	80.1	89.9	101.0	112.0
东营	14.1	15.5	17.3	19.7	22.7	26.1	29.9	34.2	38.3	43.0	48.3	53.5
烟台	20.0	22.0	24.5	27.9	32.2	37.0	42.5	48.5	54.3	60.9	68.4	75.9
潍坊	15.2	16.7	18.7	21.2	24.5	28.2	32.3	36.9	41.3	46.4	52.1	57.7
威海	20.8	22.9	25.5	29.0	33.5	38.5	44.1	50.4	56.4	63.3	71.1	78.9
广州	74.2	81.4	90.6	103.6	118.3	135.0	155.0	178.1	196.6	215.7	242.5	266.7

续表

地区	2000年	2001年	2002年	2003年	2004年	2005年	2006年	2007年	2008年	2009年	2010年	2011年
韶关	4.0	4.3	4.8	5.5	6.3	7.2	8.3	9.5	10.5	11.5	12.9	14.2
深圳	104.1	114.1	127.0	145.2	165.8	189.3	217.3	249.7	275.6	302.4	339.9	373.9
珠海	22.0	24.1	26.9	30.7	35.1	40.0	46.0	52.8	58.3	64.0	71.9	79.1
汕头	28.1	30.8	34.2	39.1	44.7	51.0	58.6	67.3	74.3	81.5	91.6	100.8
佛山	41.6	45.6	50.8	58.1	66.3	75.7	86.9	99.8	110.2	120.9	135.9	149.5
江门	15.8	17.3	19.2	22.0	25.1	28.7	32.9	37.8	41.8	45.8	51.5	56.6
湛江	9.7	10.6	11.9	13.6	15.5	17.7	20.3	23.3	25.7	28.2	31.7	34.9
茂名	12.3	13.5	15.0	17.1	19.6	22.3	25.6	29.5	32.5	35.7	40.1	44.1
肇庆	8.5	9.3	10.4	11.9	13.6	15.5	17.8	20.4	22.6	24.8	27.8	30.6
惠州	11.3	12.4	13.8	15.8	18.0	20.5	23.6	27.1	29.9	32.8	36.9	40.6
东莞	27.2	29.8	33.2	38.0	43.4	49.5	56.8	65.3	72.1	79.0	88.8	97.7
中山	20.9	22.9	25.5	29.1	33.2	37.9	43.5	50.0	55.2	60.6	68.1	74.9

主要参考文献

[1] 安虎森.空间经济学原理[M].北京：经济科学出版社，2005.

[2] 白重恩，杜颖娟，陶志刚，等.地方保护主义及产业地区集中度的决定因素和变动趋势[J].经济研究，2004（11）：29-39.

[3] 白仲林.面板数据的计量经济分析[M].天津：南开大学出版社，2008.

[4] 薄文广.产业特征、空间差异与制造业地理集中：基于中国数据的实证研究[J].南方经济，2010（6）：51-64.

[5] 蔡昉，王德文.比较优势差异、变化及其对地区差距的影响[J].中国社会科学，2002（5）：41-54.

[6] 陈得文，苗建军.空间集聚与区域经济增长内生性研究——基于1995—2008年中国省域面板数据分析[J].数量经济技术经济研究，2010（9）：82-106.

[7] 陈建军，陈国亮，黄洁.新经济地理学视角下的生产性服务业集聚及其影响因素研究[J].管理世界，2009（4）：83-95.

[8] 陈建军，陈国亮.集聚视角下的服务业发展与区位选择：一个最新研究综述[J].浙江大学学报，2009（7）：46-52.

[9] 陈建军，陈菁菁.生产性服务业与制造业的协同定位研究——以浙江省69个城市和地区为例[J].中国工业经济，2011（6）：141-150.

[10] 陈良文，杨开忠.地区专业化，产业集中与经济集聚——对我国制造业的实证分析[J].经济地理，2006（S1）.

[11] 陈敏，桂琦寒，陆铭等.中国经济增长如何持续发挥规模效应——经济开放与国内商品市场分割的实证研究[J]，经济学（季刊），2007(7)：125-149.

[12] 陈强.高级计量经济学及Stata应用[M].北京：高等教育出版社,2010.

[13] 杜传忠，郭树龙.中国服务业进入退出影响因素的实证分析[J].中国工业经济，2010 (10)：75-84.

[14] 段楠，郝寿义.区位选择到聚集逻辑演绎缺失的原因探讨[J].暨南学报：哲学社会科学版,2011(5)：47-53.

[15] 范剑勇.市场一体化,地区专业化与产业集聚趋势——兼谈对地区差距的影响[J].中国社会科学,2004(6)：39-51.

[16] 范剑勇.产业集聚与中国地区差异研究[M].上海：格致出版社,2008.

[17] 范剑勇，莫家伟，张吉鹏.地方政府供地行为与中国不完全城市化：基于空间均衡模型和地级城市的实证研究[J].北京论坛,2012：351-384.

[18] 范剑勇，李方文.中国制造业空间集聚的影响：一个综述[J].南方经济,2011(6)：53-66.

[19] 范剑勇，邵挺.房价水平、差异化产品区位分布与城市体系[J].经济研究,2011(2)：87-99.

[20] 范剑勇，张雁.经济地理与地区工资差异[J].经济研究,2009(8)：73-84.

[21] 高波，陈健，邹琳华.区域房价差异、劳动力流动与产业升级[J].经济研究,2012(1)：66-78.

[22] 高鸿鹰，武康平.集聚效应、集聚效率与城市规模分布变化[J].统计研究,2007(3).

[23] 黄玖立，李坤望.对外贸易、地方保护和中国的产业布局[J].经济学（季刊),2006(3)：733-759.

[24] 黄玖立，李坤望.出口开放、地区市场规模和经济增长[J].经济研究,2006(6)：27-38。

[25] 黄玖立，黄俊立.市场规模与中国省区的产业增长[J].经济学（季刊),2008(4)：1317-1334.

[26] 洪银兴，陈雯.城市化模式的新发展：以江苏为例[J].经济研究,2005(12)：106-127.

[27] 胡翠，许召元.中国服务业比重变化的因素分解——兼与日、韩的国际比较[J].数量经济技术经济研究,2012(4)：80-94.

[28] 胡霞.中国城市服务业空间集聚变动趋势研究[J].财贸经济,2008(6)：103-107.

[29] 郭晔.我国三大经济区的发展比较——基于城市与区域集聚效应的面板数据分析[J].中国工业经济,2010(4)：35-45.

[30] 金煜，陈钊，陆铭. 中国的地区工业集聚：经济地理、新经济地理与经济政策[J]. 经济研究，2006(4)：79-89.

[31] 蒋三庚. 现代服务业研究[M]. 北京：中国经济出版社，2007.

[32] 江小涓. 服务业增长：真实含义、多重影响和发展趋势[J]. 经济研究，2011(4)：4-14.

[33] 蒋媛媛. 中国地区专业化促进经济增长的实证研究：1990—2007年[J]. 数量经济技术经济研究，2011，28(10)：3-20.

[34] 井原哲夫. 服务经济学[M]. 李松操，译. 北京：中国展望出版社，1986.

[35] 李金滟，宋德勇. 新经济地理视角中的城市集聚理论述评[J]. 经济学动态，2008(11)：89-94.

[36] 李海萍. 空间统计分析中的MAUP及其影响[J]. 统计与决策，2009(12)：15-17.

[37] 李梅，柳士昌. 对外直接投资逆向技术溢出的地区差异和门槛效应——基于中国省际面板数据的门槛回归分析[J]. 管理世界，2011(1)：21-33.

[38] 李平，许家云. 国际智力回流的技术扩散效应研究——基于中国地区差异及门槛回归的实证研究[J]. 经济学(季刊)，2011(3)：935-961.

[39] 李青. 知识溢出：对研究脉络的基本回顾[J]. 数量经济技术经济研究，2007(6)：153-161.

[40] 连玉君，程建. 不同成长机会下资本结构与经营绩效之间关系研究[J]. 当代经济科学，2006(3)：97-103.

[41] 梁琦. 空间经济学：过去、现在与未来——兼评《空间经济学：城市、区域与国际贸易》[J]. 经济学(季刊)，2005，4(4)：1067-1086.

[42] 梁琦. 产业集聚论[M]. 北京：商务印书馆，2006.

[43] 梁琦. 分工、集聚与增长[M]. 北京：商务印书馆，2009.

[44] 刘修岩，何玉梅. 集聚经济、要素禀赋与产业的空间分布：来自中国制造业的证据[J]. 产业经济研究，2011(3)：10-19.

[45] 刘修岩，邵军，薛玉立. 集聚与地区经济增长：基于中国地级城市数据的再检验[J]. 南开经济研究，2012(3)：52-64.

[46] 刘修岩，殷醒民. 空间外部性与地区工资差异：基于动态面板数据的实证研究[J]. 经济学(季刊)，2008(1)：77-98.

[47] 吕国庆，汤茂林. 我国沿海省市制造业集聚变动的实证分析[J]. 城市发展研究，2008(6)：108-112.

[48] 路江涌，陶志刚. 中国制造业区域聚集及国际比较[J]. 经济研究，2006(3)：103-113.

[49] 陆铭，陈钊. 以邻为壑的经济增长——为什么经济开放可能加剧市场分割

[J]. 经济研究，2009(3)：1-12.

[50]　陆铭，向宽虎. 地理与服务业——内需是否会使城市体系分散化？[J]. 经济学（季刊），2012(3)：1080-1096.

[51]　罗勇，曹丽莉. 中国制造业集聚程度变动趋势实证研究[J]. 经济研究，2005(8)：106-127.

[52]　苗长青. 中国地区专业化与经济增长关系的实证分析[J]. 河北经贸大学学报，2007(1)：24-27.

[53]　申玉铭，吴康，任旺兵. 国内外生产性服务业空间集聚的研究进展[J]. 地理研究，2009(6)：1494-1507.

[54]　孙军. 地区市场潜能、出口开放与我国工业集聚效应研究[J]. 数量经济技术经济研究，2009(7)：47-60.

[55]　孙浦阳，韩帅，勒舒晶. 产业集聚对外商直接投资的影响分析[J]. 数量经济技术经济研究，2012(9)：40-57.

[56]　孙浦阳，武力超，张伯伟. 空间集聚是否总能促进经济增长：不同假定条件下的思考[J]. 世界经济，2011(10)：3-20.

[57]　藤田昌久，克鲁格曼，维纳布尔斯. 空间经济学：城市、区域与国际贸易[M]. 梁琦，译. 北京：中国人民大学出版社，2011.

[58]　藤田昌久，蒂斯. 集聚经济学：城市产业区位与区域增长[M]. 刘峰，张雁，陈海威，译. 成都：西南财经大学出版社，2004.

[59]　徐盈之，彭欢欢，刘修岩. 威廉姆森假说：空间集聚与区域经济增长——基于中国省域数据门槛回归的实证研究[J]. 经济理论与经济管理，2011(3)：935-961.

[60]　万广华，陆铭，陈钊. 全球化与地区间收入差距：来自中国的证据[J]. 中国社会科学，2005(3)：17-27.

[61]　王华，祝树金，赖明勇. 技术差距的门槛与FDI技术溢出的非线性——理论模型及中国企业的实证研究[J]. 数量经济技术经济研究，2012(4)：3-17.

[62]　王津港. 动态面板数据模型估计及其内生结构突变检验理论与应用[D]. 武汉：华中科技大学，2009.

[63]　王恕立，胡宗彪. 中国服务业分行业生产率变迁及异质性考察[J]. 经济研究，2012(4)：15-27.

[64]　王晓硕，王维国. 出口开放，外部性与地区工资差异研究——新经济地理观点[J]. 软科学，2012(7)：54-59.

[65]　王小勇. 市场潜力，外部性与中国地区工资差异[J]. 南方经济，2006(8)：46-54.

[66]　杨洪焦，孙林岩，吴安波. 中国制造业聚集度的变动趋势及其影响因素研究

[J]. 中国工业经济，2008(4)：64-72.

[67]　杨向阳，徐翔. 中国服务业生产率与规模报酬分析[J]. 财贸经济，2004
　　　(11)：77-82.

[68]　岳希明，张曙光. 我国服务业增加值的核算问题[J]. 经济研究，2002(12)：
　　　51-59.

[69]　张吉鹏. 新经济地理学与中国产业地理集聚——兼评杨宝良的《外部经济与
　　　产业地理集聚》[J]. 世界经济文汇，2004(3)：65-77.

[70]　张建红，ELHORST，WITTELOOSTUIJN. 中国地区工资水平差异的影响因
　　　素分析[J]. 经济研究，2006(10)：62-71.

[71]　章元，刘修岩. 聚集经济与经济增长：来自中国的经验证据[J]. 世界经济，
　　　2008(3)：60-70.

[72]　钟立新. 长三角地区制造业集聚与扩散的尺度效应与政策启示[J]. 生态经
　　　济，2012(3)：106-109.

[73]　钟笑寒. 劳动力流动与工资差异[J]. 中国社会科学，2006(1)：34-46.

[74]　周明，黄慧. 中国地区经济差距演变及其结构分解：1990—2009[J]. 统计与
　　　决策，2012 (16)：122-125.

[75]　ACEMOGLU D，ZILIBOTTI F.Information accumulation in development[J].
　　　Journal of Economic Growth，1999,1(1)：5-38.

[76]　ALONSO-VILLAR O.Large metropolises in the Third World：an explana-
　　　tion[J].Urban Studies，2001,38(8)：1359 1371.

[77]　ALONSO W. Location and land use[M].Cambridge，Mass.：Harvard Uni-
　　　versity Press,1964.

[78]　ANAS A，XIONG K.Intercity trade and the industrial diversification of cities
　　　[J].Journal of Urban Economics，2003,54(2)：258-276.

[79]　ANDERSSON F，BURGESS S，LANE J I.Cities，matching and the produc-
　　　tivity gains of agglomeration[J].Journal of Urban Economics，2007，61
　　　(1)：112-128.

[80]　ANDERSON T W，HSIAO C.Estimation of dynamic models with error
　　　component[J].Journal of the American Statistical Association，1981，76
　　　(375)：598-606.

[81]　ARBIA,et al. Does spatial concentration foster economic growth? Empiri-
　　　cal evidence on EU regions[R].Conference Paper of First Seminar of Spa-
　　　tial Econometrics,2004.

[82]　ARELLANO M，BOND S R.Some tests of specification for panel data：
　　　Monte Carlo evidence and an application employment equations[J].Re-

view of Economic Studies，1991，58（2）：277－297.

[83]   ARELLANO M，BOVER O.Another look at instrumental variable estima-
        tion of error components models[J].Journal of Econometrics，1995，68
        （1）：29－51.

[84]   AU C C，HENDERSON J V.Are Chinese cities too small?[J].Review of
        Economic Studies ，2006，73（3）：549－576.

[85]   AUDRETSCH D B，Feldman M P.R&D spillovers and the geography of in-
        novation and productions[J].American Economic Review，1996，86（3）：
        630－640.

[86]   BAI J. Estimating multiple breaks one at a time[J].Econometric Theory，
        1997，13（3）：315－352.

[87]   BALDWIN R E. Agglomeration and endogenous capital[J].European Eco-
        nomic Review，1999，43（2）：253－280.

[88]   BALDWIN R E，FORSLID R E.The core-periphery model and endogenous
        growth：stabilizing and destabilizing integration[J].Economica，2000，67
        （267）：307－324.

[89]   BALDWIN R E.The core-periphery model with forward-looking expecta-
        tions[J].Regional Science and Urban Economics，2004，31（1）：1－49.

[90]   BERTINELLI L，BLACK D. Urbanization and growth[J].Journal of Urban
        Economics，2004，56（1）：80－96.

[91]   BLUNDEL R，BOND S. Initial conditions and moment restrictions in dy-
        namic panel data models[J].Journal of Econometrics，1998，87（1）：115－
        143.

[92]   BRÜLHART M. Evolving geographical concentration of European manufac-
        turing industries[J].Weltwirtschaftliches Archiv，2001，137（2）：215－243.

[93]   BRÜLHART M，MATHYS N A. Sectoral agglomeration economies in a pan-
        el of European regions[J].Regional Science and Urban Economics，2008，
        38（4）：348－362.

[94]   BRÜLHART M，SBERGAMI F. Agglomeration and growth：cross-country
        evidence[J].Journal of Urban Economics，2009，65（1）：48－63.

[95]   CABALLERO R J，LYONS R K.External effects in U.S. procyclical produc-
        tivity[J].Journal of Monetary Economics，1992，29（2）：209－226.

[96]   CANTWELL J，PISCITELLO L. Recent location of foreign-owned research
        and development activities by large multinational corporations in the Euro-
        pean regions：the role of spillovers and externalities[J].Regional Studies，

2005,39(1):1-16.

[97]   CASLER S D. A theoretical context for shift and share analysis[J].Regional Studies, 1989,23(1):43-48.

[98]   CHANDRA S. Regional economy size and the growth - instability frontier: evidence from Europe[J].Journal of Regional Science, 2003, 43(1): 95-122.

[99]   YANJING C.Agglomeration and location of foreign direct investment: the case of China[J].China Economic Review, 2009,20(3):549-557.

[100]   CICCONE A. Agglomeration effects in Europe[J].European Economic Review, 2002,46(2):213-227.

[101]   CICCONE A,Hall R E. Productivity and the density of economic activity[J]. American Economic Review, 1996,86(1):54-70.

[102]   COMBES P P. Economic structure and local growth: France, 1984—1993 [J].Journal of Urban Economics, 2000,47(3): 329-355.

[103]   COMBES P P,LAFOURCADE M. Transportation costs decline and regional inequalities: evidence from France[R].CERAS Working Paper, 2001, No. 01-01.

[104]   CRONON, WILLIAM. Nature's metropolis: Chicago and the Great West [M].New York:Norton,1991.

[105]   DAVIES R B. Hypothesis testing when a nuisance parameter is present only under the alternative[J].Biometrika, 1977,64(2):247-254.

[106]   DÉMURGER S, SACHS J D, WOO W T, et al. Geography, economic policy, and regional development in China[J].Asian Economic Papers, 2002, 1(1): 146-197.

[107]   DEKLE R, EATON J. Agglomeration and land rents: evidence from the prefectures[J].Journal of Urban Economics, 1999,46(2):200-214.

[108]   DIXIT A,STIGLITZ J E. Monopolistic competition and optimum product diversity[J].American Economic Review, 1977,67(3):297-308.

[109]   FELDMAN M P,AUDRETSCH D B. Innovation in cities: science-based diversity, specialization and localized competition[J].European Economic Review, 1999,43(2):409-429.

[110]   FORSLID R, HAALAND J I, MIDELFART KNARVIK K H.A u-shaped Europe: a simulation study of industrial location[J].Journal of International Economics, 2002,57(2):273-297.

[111]   FUJITA M,KRUGMAN P,VENABLES A J. The spatial economy: cities, re-

gions and international trade[M].Cambridge MA：MIT Press，1999.

[112] FUJITA M，KRUGMAN P.The new economic geography：past，present and the future[J].Journal of Regional Science，2004,83(1)：139-164.

[113] FUJITA M，THISSE J F.The economics of agglomeration：cities，industrial location，and regional growth[M].Cambridge ：Cambridge University Press，Cambridge,2002.

[114] FUJITA M，THISSE J F.Dose geographical agglomeration foster economic growth? And who gains and loses from it?[J].The Japanese Economic Review，2003,54(2)：121-145.

[115] GILLESPIE A E，GREEN A E.The changing geography of producer services employment in Britain[J].Regional Studies，1987,21(5)：397-411.

[116] GLAESER E L，KALLAL H D，SCHEINKMAN J A，et al. Growth in cities[J].Journal of Political Economy，1992,100(6)：1126-1152.

[117] GLAESER E L，GYOURKO J，SAKS R E.Urban growth and housing supply [J].Journal of Economic Geography，2006,6(1)：71-89.

[118] GROSSMAN G M，HELPMAN E.Innovation and growth in the global economy[M].Cambridge MA：MIT Prss,1991.

[119] HANSEN B E.Inference when a nuisance parameter is not identified under the null hypothesis[J].Econometrica，1996,64(2)：413-430.

[120] HANSEN B E.Threshold effects in non-dynamic panels：estimation，testing，and inference[J].Journal of Econometrics，1999,93(2)：345-368.

[121] HANSON.G H.Market potential, increasing returns and geographic concentration[J].Jounal of International Economics,2005,67(1)：1-24.

[122] HANSON L.Large sample properties of generalized method of moments estimators[J].Econometrica,1982(50)：1029-1054.

[123] HARRIS C.The market as a factor in the localization of industry in the United States[J].Annals of the Association of American Geographers，1954,44(4)：315-348.

[124] HAYAKAWA K.Small sample bias properties of the system GMM estimator in dynamic panel data models[J].Economics Letters，2006,95(1)：32-38.

[125] HEAD K，MAYER T.Market potential and the location of Japanese investment in the European Union[R].Mimeo,2001.

[126] HEAD K, RIES J, SWENSON D.Agglomeration benefits and location choice：evidence from Japanese manufacturing investments in the Unit-

ed States[J].Journal of International Economics, 1995,38(3):223-247.

[127] HERING L, PONCET S.Market access impact on individual wages: evidence from China[J].The Review of Economics and Statistics, 2010,92 (1):145-159.

[128] HELPMAN E.The size of regions[M]// Pines D, Sadka E, Zilcha Y. Topics in public economics: theoretical and applied analysis.Cambridge: Cambridge University Press,1998:33-54.

[129] HENDERSON J V.Urban development: theory, fact, and illusion[M]. OUP USA ,1991.

[130] HENDERSON J V.Marshall's scale econonies[J].Journal of Urban Economics, 2003a,53(1):1-28.

[131] HENDERSON J V.The urbanization process and economic growth: The so-what question[J].Journal of Economic Growth, 2003b,8(1):47-71.

[132] HIRSCHMAN, ALBERT O.The strategy of economic development[M]. New Haven, Conn.: Yale Univ. Press,1958.

[133] HOHENBERG P,LEES L H.The making of urbal Europe(1000—1950)[M]. Cambridge ,MA: Harvard University Press,1985.

[134] HOHENBERG P M.The historical geography of European cities: an interpretive essay[J].Handbook of Regional and Urban Economics, 2004(4): 3021-3052.

[135] HOPPES R B.Rejoinder: industry-level shift-share analysis[J].Economic Development Quarterly, 1994,8(2):214-217.

[136] IMBS J,WACZIARG R.Stages of diversification[J].American Economic Review, 2003,93(1):63-86.

[137] JAFFE A B,TRAJTENBERG M, HENDERSON R. Geographic localization of knowledge spillovers as evidenced by patent citations[J].The Quarterly Journal of Economics, 1993,108(3):577-598.

[138] JAFFE A B,TRAJTENBERG M. International knowledge flows: evidence from patent citations[J].Economics of Innovation and New Technology, 1999,18(1-2):105-136.

[139] JENSEN J B,KLETZER L G,BERNSTEIN J,et al.Tradable services: understanding the scope and impact of services offshoring with comments and discussion[R].Brookings Trade Forum, The Brookings Institution, 2005:75-133.

[140] KANBUR R, ZHANG X.Fifty years of regional inequality in China: a jour-

ney through central planning, reform, and openness[J].Review of Development Economics, 2005,9(1):87-106.

[141] KEEBLE D, NACHUM L.Why do business service firms cluster? Small consultancies, clustering and decentralization in London and southern England[J].Transactions of the Institute of British Geographers, 2002,27 (1):67-90.

[142] KELLER W.Geographic localization of international technology diffusion[R]. National Bureau of Economic Research,2000.

[143] KIM S.Expansion of markets and the geographic distribution of economic activities: the trends in US regional manufacturing structure, 1860—1987 [J].The Quarterly Journal of Economics, 1995,110(4):881-908.

[144] KRUGMAN P.Geography and trade[M]. Cambridge MA:MIT Press, 1991.

[145] KRUGMAN P.Increasing returns and economic geography[J].Journal of Political, 1991b ,99(3):483-499.

[146] KRUGMAN P.First nature, second nature , and metropolitan location[J]. Journal of Regional Science, 1993,33(2):129-144.

[147] KRUGMAN P.Development, geography, and economic theory[M]. Cambridge MA:MIT Press,1997

[148] KRUGMAN P,ELIZONDO R L.Trade policy and the third world metropolis [J].Journal of Development Economics, 1996,49(1):137-150.

[149] LAWSON C,LORENZ E.Collective learning, tacit knowledge and regional innovative capacity[J].Regional Studies, 1999,33(4):305-317.

[150] LEE S,LI Q.Uneven landscapes and the city size distribution[J].Journal of Urban Economics,2013(41):1-27.

[151] MARKUSEN J R,VENABLES A J.The theory of endowment, intra-industry and multi-national trade[J].Journal of International Economics, 2000, 52(2):209-234.

[152] MARSHALL A.principles of economics[M].London:Macmillan,1920.

[153] MARTIN P,OTTAVIANO G.Growing locations: industry location in a model of endogenous growth[J].European Economic Review, 1999,43(2): 281-302.

[154] MARTIN P,OTTAVIANO G.Growth and agglomeration[J].International Economic Review, 2001,42(4):947-968.

[155] MASKELL P,MALMBERG A.Localised learning and industrial competitiveness[J].Cambridge Journal of Economics,1999,23(2):167-185.

[156] MCCANN P, SIMONEN J.Innovation, knowledge spillovers and local labour markets[J].Papers in Regional Science, 2005, 84(3): 465–485.

[157] MILLS E S.An aggregative model of resource allocation in a metropolitan area[J].American Economic Review, 1967, 57(2): 197–210.

[158] MION G. Spatial externalities and empirical analysis: the case of Italy[J]. Journal of Urban Economics, 2004, 56(1): 97–118.

[159] MONFORT P, NICOLINI R.Regional convergence and international integration[J].Journal of Urban Economics, 2000, 48(2): 286–306.

[160] MOULAERT F, GALLOUJ C.The locational geography of advanced producer service firms: the limits of economies of agglomeration[J].Service Industries Journal, 1993, 13(2): 91–106.

[161] MULLIGAN G F, SCHMIDT C. A note on localization and specialization[J]. Growth and Change, 2005, 36(4): 565–576.

[162] MURPHY A J, MUELLBAUER, CAMERON G.Housing market dynamics and regional migration in Britain[R].Department of Economic Discussion Paper Series, Department of Economics, University of Oxford, 2006, No.275.

[163] MUTH R.Cities and housing[M].Chicago: University of Chicago Press, 1969.

[164] OTTAVIANO G I P, PUGA D. Agglomeration in the global economy: a survey of the new economic geography[J].World Economy, 1998, 21(6): 707–731.

[165] OTTAVIANO G I P, PINELLI D. Market potential and productivity: evidence from Finnish regions[J].Regional Science and Urban Economics, 2006, 36(5): 636 – 657.

[166] OTTAVIANO G, THISSE J F. Agglomeration and economic geography[J]. Handbook of Regional and Urban Economics, 2004(4): 2563–2608.

[167] PACI R, USAI S. Technological enclaves and industrial districts: an analysis of the regional distribution of innovative activity in Europe[J].Regional Studies, 2000, 34(2).

[168] PALUZIE E. Trade policy and regional inequalities[J].Papers in Regional Science, 2001, 80(1): 67–85.

[169] PANDIT N R, COOK G A S, SWANN P G M. The dynamics of industrial clustering in British financial services[J].Service Industries Journal, 2001, 21(4): 33–61.

[170] PINCH S, HENRY N. Paul Krugman's geographical economics, industrial clustering and the British motor sport industry[J].Regional Studies, 1999, 33(9):815-827.

[171] RATTI R, BRAMANTI A, GORDON R.The dynamics of innovative regions: the GREMI approach[C].Aldershot, Ashgate,1997.

[172] REDDING S, VENABLES A. Economic geography and international inequality[J].Journal of International Economics, 2004,62(1):53-82.

[173] RICE P, VENABLES A J, PATACCHINI E. Spatial determinants of productivity: analysis for the regions of Great Britain[J].Regional Science and Urban Economics, 2006,36(6):727-752.

[174] ROBACK J. Wages, rents and the quality of life[J].Journal of Political Economy, 1982:1257-1278.

[175] SAKS, RAVEN E. Housing supply restrictions across the United States[J]. Wharton Real Estater Review, 2004(Fall).

[176] SCHMUTZLER A. The new economic geography[J].Journal of Economic Surveys, 1999,13(4):355-379.

[177] SEBRGAMI F. Agglomeration and economic growth: some puzzles[R]. HEI Working Paper,2002,No. 02/2002.

[178] SENN L.Service activities' urban hierarchy and cumulative growth[J].Service Industries Journal, 1993,13(2):11-22.

[179] SUNLEY P. Paul Krugman's geographical economics and its implications for regional development theory: a critical assessment[J].Economic Geography, 1996,72(3):259-292.

[180] Stilwell F J B. Further thoughts on the shift and share approach[J].Regional Studies, 1970,4(4):451-458.

[181] STORPER M. The resurgence of regional economies, ten years later the region as a nexus of untraded interdependencies[J].European Urban and Regional Studies, 1995,2(3):191-221.

[182] VENABLES A. Equilibrium location with vertically linked industries[J].International Economic Review, 1996,37(2):341-359.

[183] WALZ U. Transport costs, intermediate good, and localized growth[J].Regional Science and Urban Economics, 1996,26(6):671-695.

[184] YAN W, YUDONG Y.Sources of China's economic growth 1952—1999: incorporating human capital accumulation[J].China Economic Review, 2003,14(1):32-52.

[185] WANG S, CHAN S H, XU B. The estimation and determinants of the price elasticity of housing supply: evidence from China[J].Journal of Real Estate Research, 2012,34(3):311-344.

[186] WILLIAMSON J G. Regional inequality and the process of national development[J].Economic Development and Cultural Change, 1965,13(4): 3-45.

[187] WINDMEIJER F. A finite sample correction for the variance of linear efficient two-step GMM estimators[J].Journal of Econometrics, 2005, 1 (126):25-51.

[188] YOUNG A. The razor's edge: distortions and incremental reform in the People's Republic of China[J].The Quarterly Journal of Economics, 2002, 115(4):1091-1135.

[189] ZHANG D, CHENG W, NG Y K. Increasing returns, land use controls and housing prices in China[J].Economic Modelling, 2013(31):789-795.

索　引